■基礎コース［経済学］― 8 ■

基礎コース

計量経済学

Econometrics

森棟 公夫

新世社

Excel（Microsoft Excel）は，米国 Microsoft 社の登録商標です．
TSP は，米国 TSP International 社の登録商標です．
EViews は，米国 Quantitative Micro Software 社の登録商標です．
本書では，Ⓡ と ™ は明記していません．

はしがき

　本書は，学部レベルの計量経済学の教科書です．特に，計算しながら学習を進める，という方針の下に書かれています．計算演習は，計量分析の理解のために重要です．回帰分析の基本的な計算はExcelでできますが，高度な手法を使うには，計量分析用のソフト，EViewsやTSPが必要になります．

　理論的な諸性質に関する証明は，最後の章にまとめました．厳密に勉強をしたい読者は，最後の章まで読んで下さい．章末にも，補論として，本文中に使われる諸性質の証明を与えました．これらの補論や，見出しに∗印がついた節などは読み飛ばしても，本論の理解には差し支えないでしょう．

　第1章は，基礎的なデータの処理方法を解説します．平均，分散，相関係数の計算の仕方などはやさしいでしょうが，大学で学ぶ統計学として重要なのは，検定です．検定は，例えば分析対象の平均は0ではないか，といった分析対象に関する直感が正しいかどうか，科学的に確かめる方法です．分析対象に対する直感を，仮説とよびます．

　第2章は，回帰分析のための序章になります．最も簡単な状況において，線形回帰法，ならびに，回帰係数に関するt検定を説明します．最も簡単な状況での説明ですが，回帰分析を理解するためには，この章が鍵になります．回帰式には，誤差項が含まれます．

　第3章は第2章の拡張ですが，偏相関係数という概念を導入します．偏相関係数は，3個の変数がある場合に，その中の2個の変数間の相関係数を測る測度です．特に，第3の変数の影響を排除すると，2個の変数間の相関はどうなるのか，という疑問に答えます．そして，説明変数が2個ある回帰式の推定は，この偏相関係数と結びついて説明することができるのです．検定としては，t検定だけでなく，F検定が必要になります．

はしがき

　第4章は，一般的な回帰式の扱いを説明します。推定ならびに検定の基礎が，全て与えられます。したがって，この章の内容を習熟すれば，通常の線形回帰の計算，ならびに結果の解釈が問題なくできます。また，この章の内容までは，Excelで計算することもできます。t 検定と F 検定が，再度，使われます。

　第5章は，標準的な線形回帰式の推定に障害を生じる，誤差項の諸問題を扱います。誤差項に起きる様々な性質の代表は，時系列データの回帰に関する系列相関ですが，系列相関の有無は，ダービン=ワトソン（DW）検定で調べます。DW 検定は，時系列回帰分析では，t 検定，F 検定と並んで，標準的な検定の一つです。残念ながら，Excelでは，自動的には計算されません。

　第6章は，線形回帰式では表現できない，多くのトピックを詰め込んでいます。この章は，各トピックを説明し，その応用例を示し，推定結果の解説をする，という方針で書かれています。最後に扱うのは，同時方程式とよばれる複数式の推定で，マクロモデルの推定につながります。授業では，トピックを厳選しないと，大変な時間がかかります。

　第7章は，全ての章で扱う，統計理論の基礎を与えます。第6章までででは，平均，分散，共分散以外の期待値は使われません。また，統計理論に係るさまざまな性質は証明せず，利用するだけ，という方針で書き進められています。しかし，それでは，一段上の勉強に全くつながらないため，この章で，確率変数の分布や，確率変数の期待値などから始め，必要とされる定理や性質を証明します。中級の本を読むために，この章は必要です。

　なお，巻末の「本書の使い方・文献案内」に学習方法やより進んだ勉強についての情報を紹介しています。練習問題の略解も示しましたが，詳細な解答は筆者のホームページ，http://www.econ.kyoto-u.ac.jp の教員紹介，森棟を参照して下さい。

　パソコンにより，計量分析は大いに裾が広まりました。特に，汎用の表計算ソフト Excel は広範に普及しており，Excel を使えば最低限のことができま

す。そこで，Excel の使い方を，丁寧に説明しました。もちろん，Excel を全く知らない人には不十分でしょうが。

　計量分析用のソフトも発達してきており，一昔前は，大型計算機でしかできなかった計算が，パソコン用ソフトを使って，容易に処理できます。私は EViews と TSP を使うので，この 2 ソフトでの計算の仕方を，解説しました。これらのソフトの応用の範囲を広げていけば，高度な分析ができるようになると確信します。

　理論を充分学んだうえで計算をする，というのが我々の時代の計量経済学でしたが，今日では，計算をしながら理論も少し学ぶという，逆の方向の学習になっています。これは，計量経済学にとって望ましい状況であると，筆者は考えます。難しい理論なしに，必要な計算ができる時代が，目前に来ているのではないでしょうか。

　本書の原稿は，2004 年度の学部ゼミの教科書に用いました。ゼミの進行に負けずに原稿を書くのは大変でしたが，何とか間に合って一息ついています。

　また，新世社の御園生晴彦氏と本宮稔氏は，本書の完成度を高めるために忍耐強く編集の仕事をして下さいました。深く感謝いたします。

　　　2004 年 12 月

　　　　　　　　　　　　　　　　　　　　　　　　森棟　公夫

目　次

はじめに　1

1　データの性質　7
- 1–1　平均と分散 ……………………………………………… 8
- 1–2　相　関 …………………………………………………… 17
- 1–3　検　定 …………………………………………………… 23
- 練習問題　34
- 第 1 章の数学補論　35

2　単回帰　37
- 2–1　線形回帰式 ……………………………………………… 38
- 2–2　回帰式の推定 …………………………………………… 41
- 2–3　決定係数 ………………………………………………… 45
- 2–4　推定結果に関する検定 ………………………………… 52
- 2–5　最小 2 乗法の諸性質 …………………………………… 61
- 練習問題　68
- 第 2 章の数学補論　70

3　偏相関係数と回帰　71
- 3–1　3 変数データ …………………………………………… 72
- 3–2　偏共分散と偏相関係数 ………………………………… 74
- 3–3　回帰分析 ………………………………………………… 82
- 3–4　最小 2 乗法 ……………………………………………… 86
- 3–5　推定結果に関する検定 ………………………………… 91
- 3–6　コブ=ダグラス生産関数 ……………………………… 96

練習問題　　102
　　　第3章の数学補論　　103

4 多変数の回帰　109

- 4–1　K 変数回帰 ………………………………………………… 110
- 4–2　推定結果に関する検定 ………………………………… 119
- 4–3　基準化変数 ……………………………………………… 126
- 4–4　ダミー変数 ……………………………………………… 133
- 4–5　残差変動の性質 ………………………………………… 141
- 4–6　残差による回帰診断* ………………………………… 144
- 　　　練習問題　　149
- 　　　第4章の数学補論　　151

5 誤差項の諸問題　155

- 5–1　系列相関 ………………………………………………… 156
- 5–2　ダービン=ワトソン (DW) 検定 ……………………… 161
- 5–3　ラグランジュ乗数 (LM) 検定 ………………………… 164
- 5–4　系列相関回帰の推定 …………………………………… 167
- 5–5　不均一分散 ……………………………………………… 173
- 5–6　他の診断検定* …………………………………………… 178
- 　　　練習問題　　183

6 発展した分析法　185

- 6–1　分布ラグモデル ………………………………………… 186
- 6–2　離散選択 ………………………………………………… 195
- 6–3　分布に制約がある回帰 ………………………………… 202
- 6–4　パネル分析 ……………………………………………… 209
- 6–5　SUR モデル ……………………………………………… 216
- 6–6　同時方程式 ……………………………………………… 219

目　次

　　練習問題　　235

　　第 6 章の数学補論　　239

7　統計分析の基礎　　241

7–1　二項確率変数 …………………………………………………… 242

7–2　二項確率変数の標本平均 ……………………………………… 245

7–3　二項確率変数の標本分散 ……………………………………… 250

7–4　離散確率変数 …………………………………………………… 252

7–5　連続確率変数 …………………………………………………… 255

7–6　同時分布 ………………………………………………………… 260

7–7　標本平均，分散，共分散 ……………………………………… 265

7–8　標本平均の分布 ………………………………………………… 270

7–9　最小 2 乗推定量の分布 ………………………………………… 272

7–10　系列相関 ……………………………………………………… 282

　　練習問題　　286

本書の使い方・文献案内　　287

練習問題略解　　289

付　表　　293

索　引　　299

はじめに

　計量経済学とは，経済分析に必要な統計的処理法の総称である。経済分析では線形回帰法が多く使われるために，線形回帰を中心とした統計処理の体系を，計量経済学と呼ぶことが多い。この本も，線形回帰を中心に置きながら，派生する問題を整理する形でまとめている。

　計量経済学は「econometrics」の和訳であるが，この用語は，1930年代初め，アメリカで創設された Econometric Society (計量経済学会) と，学会とともに創刊された学会誌 *Econometrica* に，深いつながりがある。econometrics とは，経済学 economics と，測定するといった意味の metric の合成語である。他の分野でも，計量生物学 biometrics, 計量心理学 psychometrics, など，同類の合成語は多くある。

　計量経済学の研究内容は，当初は理論経済学と密接に結びついていた。例えば一国の景気循環が，経済要因間のいかなる相互関係を通して繰り返し生じるのか，という疑問に対して，理論経済学は複数の数式で答える。そして，それらの式体系から，経済変動に関する様々なシナリオがもたらされる。しかし，これらの式には数多くの未知係数が含まれており，実際の経済の過去，あるいは将来を説明するようなシナリオを得るには，数式に含まれる未知係数の値を決める必要が生じるのである。そこで，過去の経済データを利用して，式に含まれる諸係数値を決める作業が，新たに必要となる。これが，計量経済学の発端である。

　簡単な例を検討してみよう。例えば，需要関数であれば，経済学では，
$$q = f(p)$$

はじめに

と表現される。需要関数では，需要量 q は価格 p の関数になっており，価格 p が上昇すれば，需要量 q は減少する。けれども，果たして実際の需要関数は，どのような関数なのであろうか。この疑問に答えるためには，商品を選び，また，関数の形を選ばないとならない。任意の関数 $f(p)$ では，データを用いても，関数の決めようがない。そこで選ばれるのが，一次式，

$$q = \alpha + \beta p + u$$

となる。変数 q と p の定義は変わらないが，式には，値が分からない係数 α と β（ギリシャ文字のアルファとベータ）が含まれる。そして，市場から得られる価格と需要量の観測値から，一次式の係数，α と β を定めることになる。統計分析では，この作業を推定とよぶ。

ところが，上記の一次式には u という余分な項が付いている。この u が，経済理論と計量分析の差を生む。一般的には，経済理論では，需要関数は

$$q = f(p)$$

となるが，計量分析では，

$$q = f(p) + u$$

となる。違いは，前者は確定的 (deterministic) な関係であり，後者は確率的 (stochastic) な関係であることである。確定的な関係とは，例えば消費者甲のみかんの需要関数は，特定の価格 50 円に対して 1 個，25 円なら 1.8 個と，正確に決まっていることを意味する。他方，確率的な関係では，価格に対して需要量がばらつくことが意味される。50 円なら，0.6 個かもしれないし，1.3 個かもしれない。しかし，平均すれば 1 個だろう，ということである。誤差項 u は確率変数であり，甲の気まぐれ，商品としてのみかんのわずかな差，香り，皮，また，その日の気温，湿度，などがまとめて表されている。経済理論では，「他の諸条件が同じならば」（セテリス・パリブス ceteris paribus）が常套句であるが，実際の市場には，セテリス・パリブスはあてはまらず，また，生のデータを採る場合にも，この常套句は適用できないのである。

1930 年代に始まったこのような研究から，数式から成立するモデルを作成

するのは理論経済学，データを用いてモデルを現実に当てはめ，モデルの意味や精度を調べることが計量経済学の役割と考えられるようになった。したがって経済理論と計量経済学の間には，実際の経済変動を表現する，理論と実証という深い結びつきがあったのである。

　1950年頃から，マクロ経済モデルが発展するようになった。これは，国民経済における諸要因間の経済的な結びつきを，式で表現することを目的とするものである。クライン（Lawrence Robert Klein; 1920–2013）およびその周辺の研究者は，様々なマクロ経済要因を，経済的な意味付けに基づいて関係付け，諸要因の変動を，回帰式により説明しようとした。そして，マクロ経済モデルは，数多くの国で，経済分析の基準的な手法として採用されるに至った。

　こうしたマクロ経済モデルでは，計量経済学と経済学は裏腹の関係を保っていたが，1970年頃から広まった時系列分析では，経済学的な知識が否定されるようになる。すなわち時系列分析では，経済システムはブラックボックスであり，マクロ経済モデルのように経済的な意味を持つ式で表現するのは，不可能であると考えるのである。そして，単純に，自己の過去によって，自己の変動を説明しようとする。これについては個人の行動を，その個人の過去の行動で説明するという比喩が上げられる。他の人々の行動は，個人に影響を与えるが，外からの影響を，客観的に同意できる形にまとめることが不可能だと考えるわけである。

　時系列分析以後にも，離散選択データの解析や，ノンパラメトリック解析法を中心として，様々な分析法が発展する。計量経済学の新しい手法は，より高度な解析法に基づいていることが多く，数学的に難しくなってくる。そのため，実証分析とかけ離れている，といった印象をもたらされることになった。さらに批判として，他に下記のような3点が指摘された。

　1. 経済理論からの批判：ある定理が理論的に否定されるなら，それは理論上の重要な発展であり，全ての理論家は注目する。しかし，何らかの観測データに基づく計量分析の結果が，経済理論と整合的でないといっても，ほとんどの人は気にも止めない。

はじめに

 2. データ作成者からの批判：統計理論的に優れた手法が開発されたにしろ，データの質を考えれば，新手法の意味はない。データの改良が重要である。

 3. 実証分析者からの批判：統計理論的な発展より，難しいのはデータの取得である。興味ある経済分析上の問題と，それに関するデータを得ることが重要であり，新手法の開発は些細な問題である。

 批判に囲まれると，八方ふさがりのようであるが，批判に値するほど重要だということでもある。アメリカの経済学教育では，歴史的に，マクロ，ミクロ，計量が三本柱になっており，これは変わっていない。ちなみに，上について簡単な反論をあげておくと，1については，定理の正しさは，理論系とセテリス・パリブスに依存しているのだから，定理と現実との摺り合わせは必要であろう。2と3については，新しい分析法はデータの活用に繋がることがある，ということが指摘できる。

 計量経済学の発展と，コンピュータの利用可能性は切り離すことができない。マクロ経済モデルの初期は，手計算に近い状況で分析が進められたが，1970年頃には，大型計算機の利用が可能になった。そして1990年以後は，パソコンで計算が処理され，同時に，パソコン用の計算ソフトが広く出回るようになった。一昔前までは，計量経済学を学ぶことは，数学的に分析方法を学ぶことであったが，最近は，ソフトの利用法を学べば，数学的な解析を理解せずとも，実証分析ができる時代になってきた。

 以上のような背景の下に，本書は作成されている。分析において援用するパソコンのソフトウェアとしては，進んだ計算は何もできないが，回帰分析だけは可能なExcel，対話型で，かなり高度な計算もできるEViews，そして，計算結果が豊富なTSPを視野に入れている。ExcelはマイクロソフトのOfficeに付いているので，普及度は著しく高い。どこに居ても基本的な計算ができるため，私は，従来から，必ず授業で取りあげている。中国からの留学生も，国に帰って使えるのがExcelである。EViewsとTSPは専門的になるが，多くの大学で，利用できるようになってきている。

 本書の章建ては，次のようになる。

はじめに

　まず第1章では，基本的な統計分析と検定法を解説する。次に第2章では，相関係数と単回帰といった，線形回帰式分析の基礎を解説する。第3章では，回帰分析の基礎となる偏相関係数と，多変数回帰分析の導入が与えられる。第4章は，多変数回帰の解説となる。以上が，回帰分析の基礎となる。

　第5章では，先に触れた，誤差項の諸性質に関する分析を扱う。第6章では，回帰分析を越え，新たに用いられるようになった分析ツールを紹介する。第7章は，確率変数の分布，密度，数学的期待値，最小2乗推定量の統計的性質，といった，計量経済理論の基礎を説明する。

第 1 章

データの性質

　統計学の目的は，データを用いて観測対象の性質を調べることである。観測対象の全体を母集団とよび，また母集団を特徴づける指標を母数と言う。母数の例としては，母平均や母分散があるが，観測対象に関するデータを集め，データを使って母数の値を定めることを推定と言う。データは標本ともよばれる。この節で説明する標本平均や標本分散は，母平均と母分散の推定方法の一つである。推定方法のことを，推定量とよぶ。

1 データの性質

□ 1–1　平均と分散 □

■ 標本平均

変数 x に関するデータ $\{x_1, x_2, \cdots, x_n\}$ が与えられているとする。変数 x の**標本平均**は

$$\overline{x} = \frac{1}{n}\sum_{i=1}^{n} x_i \tag{1.1}$$

と定義される。ギリシャ文字の和記号シグマは全ての観測値の和

$$\sum_{i=1}^{n} x_i = x_1 + x_2 + \cdots + x_n \tag{1.2}$$

を意味する。標本平均は n 個の観測値 $\{x_1, x_2, \cdots, x_n\}$ の中心の位置を示す。

初等統計学では，観測値の中心の値として，**中央値**（メディアン）も使われる。中央値とは，n 個の観測値を，最小の値から最大の値まで順に並べた列の中心に位置する値を言う。観測値を小から大に並べ，$\{3, 7, 8, 12, 20\}$ となったとすれば，標本平均は

$$\frac{1}{5}(3 + 7 + 8 + 12 + 20) = 10$$

であり，中央値は中央の値であるから 8 となる。

最後の観測値 20 が存在しなければ，標本平均は 7.5 である。中央値は，7 と 8 の平均 7.5 となる。したがって，標本平均と中央値は一致する。

観測個数が偶数個の場合は，中心の値を定めることができないから，中心の 2 値の平均を中央値とする。

データから 20 が除かれた結果，標本平均は 10 から 7.5 に大きく減少する。しかし，中央値は 8 から 7.5 に減少しただけで，減少分は小さい。このように，中央値は特に大きな値や，特に小さな値の影響を受けにくく安定している。

観測個数が大きければ，この性質はますます顕著になるが，この性質を中央値の**頑健性**（robustness）と言う．

平均の一種として，**加重平均**もよく知られている．加重平均は，観測値毎に異なる**重み**（**ウエイト**）を与え，重みを使って平均を計算する．重みは負でない値であり，その和を 1 とする．先のデータであれば，加重平均は

$$\frac{1}{9}3 + \frac{2}{9}7 + \frac{3}{9}8 + \frac{2}{9}12 + \frac{1}{9}20 = \frac{85}{9} = 9.44$$

となる．各観測値には重みが掛けられているが，その重みの和は 1 である．また，中央に近い値に，大きな重みが与えられている．標本平均は，重みが均等である場合の，加重平均に他ならない．加重平均は，一般的には，負でない重み w_i を使って

$$\sum_{i=1}^{n} w_i x_i = w_1 x_1 + w_2 x_2 + \cdots + w_n x_n \qquad \sum_{i=1}^{n} w_i = 1 \qquad (1.3)$$

と定義される．重みは 0 であっても良いが，重み 0 は，対応する観測値を無視することを意味する．

■ 標本分散

標本分散は，標本平均を中心としてデータの広がり具合を示す指標であり，

$$s_x^2 = s_{xx} = \frac{1}{n-1} \sum_{i=1}^{n} (x_i - \overline{x})^2 \qquad (1.4)$$

と定義される．和記号シグマを使わなければ，n 個の項の 2 乗和

$$\sum_{i=1}^{n} (x_i - \overline{x})^2 = (x_1 - \overline{x})^2 + (x_2 - \overline{x})^2 + \cdots + (x_n - \overline{x})^2 \qquad (1.5)$$

になる．各項は，観測値と標本平均 $\overline{x}$ の差の 2 乗であり，シグマはそれらを足し合わせることを意味する．だから，標本分散は，各観測値と標本平均 $\overline{x}$ の差の 2 乗に関する平均である．データが平均の周りにかたまっていれば，標本分散は小さな値を取る．平均から離れた値が多くあれば，標本分散も大きな値になる．

平均を求める際に，(1.4) 式では $(n-1)$ で割っている．本書では，標本分散はこの定義で統一する．n で割ることも多いが，n が大きい場合は結果にほ

1 データの性質

とんど差を生じない。観測対象全体について調査を行って得る**センサス**（全標本，悉皆調査）では，分母を n とする。

■ 標本分散の分解公式

標本分散の計算は，次の公式により簡略化できる。

$$\sum_{i=1}^{n}(x_i-\overline{x})^2 = \sum_{i=1}^{n}x_i^2 - n\overline{x}^2 = \sum_{i=1}^{n}x_i^2 - \frac{1}{n}(\sum_{i=1}^{n}x_i)^2 \qquad (1.6)$$

証明 左辺は

$$(x_1^2 - 2x_1\overline{x} + \overline{x}^2) + (x_2^2 - 2x_2\overline{x} + \overline{x}^2) + \cdots + (x_n^2 - 2x_n\overline{x} + \overline{x}^2)$$

だから，括弧内の第 1 項，第 2 項，第 3 項を各々まとめて

$$(x_1^2 + x_2^2 + \cdots + x_n^2) - 2(x_1 + x_2 + \cdots + x_n)\overline{x} + (\overline{x}^2 + \overline{x}^2 + \cdots + \overline{x}^2)$$
$$= (x_1^2 + x_2^2 + \cdots + x_n^2) - 2n\overline{x}^2 + n\overline{x}^2$$

となり，(1.6) 式の右辺が導かれる。左辺より，右辺の方が計算は容易である。

標本平均の定義により，平均から測った偏差の和は 0，

$$\sum_{i=1}^{n}(x_i - \overline{x}) = 0 \qquad (1.7)$$

となるが，この性質を使い別の証明を与える。

偏差の 2 乗和は

$$\sum_{i=1}^{n}\{(x_i-\overline{x})^2\} = \sum_{i=1}^{n}\{(x_i-\overline{x})(x_i-\overline{x})\} = \sum_{i=1}^{n}\{(x_i-\overline{x})x_i - (x_i-\overline{x})\overline{x}\}$$
$$= \sum_{i=1}^{n}(x_i-\overline{x})x_i - \sum_{i=1}^{n}(x_i-\overline{x})\overline{x}$$

と分解できる。この第 1 項は

$$\sum_{i=1}^{n}(x_i-\overline{x})x_i = \sum_{i=1}^{n}(x_i^2 - \overline{x}x_i) = \sum_{i=1}^{n}x_i^2 - \overline{x}\sum_{i=1}^{n}x_i$$

となる。第 2 項は

$$\sum_{i=1}^{n}(x_i-\overline{x})\overline{x}=(x_1-\overline{x})\overline{x}+\cdots+(x_n-\overline{x})\overline{x}=\overline{x}\sum_{i=1}^{n}(x_i-\overline{x})$$

だから，(1.7) 式により 0 である。（終わり）

例えばデータ $\{3, 7, 8, 12, 20\}$ について，標本平均は 10 となる。このデータの分散は，平均 10 からの偏差の 2 乗を求めて，

$$\frac{1}{4}(7^2+3^2+2^2+2^2+10^2)=41.5$$

と計算できる。あるいは観測値の 2 乗和から，平均の 2 乗の 5 倍を引いて

$$\frac{1}{4}\{(3^2+7^2+8^2+12^2+20^2)-5\times 10^2\}=41.5$$

と計算しても良い。平均の 2 乗の 5 倍を引くのではなく，

$$\frac{1}{4}\{(3^2+7^2+8^2+12^2+20^2)-\frac{1}{5}\times 50^2\}=41.5$$

と，総和の 2 乗の 5 分の 1 を引いても良い。

■ **標本標準偏差**

標本分散の正の平方根 s_x を，**標本標準偏差**と言う。標本分散は，観測値と標本平均の差の 2 乗に関する平均である。したがって，標本分散からは，標本平均を中心とした，観測値の分布状況について，直感的な情報を得ることはできない。測定単位も元の単位の 2 乗になる。それゆえ標本標準偏差によってデータの性質を表す必要がある。

標本標準偏差の値は，平均を中心とした，データの散らばり具合を理解するために有用である。標本標準偏差は，しばしばシグマとよばれるが，特に次に説明するシグマ区間は，データの広がりを直感的に理解するための，重要なツールである。例えば平均を中心とする **1 シグマ区間**

1 データの性質

$$(平均 - 標本標準偏差, 平均 + 標本標準偏差)$$

には，全体の半分を超える観測値が含まれ，2シグマ区間

$$(平均 - 2 \times 標本標準偏差, 平均 + 2 \times 標本標準偏差)$$

には，ほとんどの観測値が含まれると理解される。さらに，3シグマ区間

$$(平均 - 3 \times 標本標準偏差, 平均 + 3 \times 標本標準偏差)$$

には，通常，全ての観測値が含まれると考えられる。（母標準偏差，つまり母集団の標準偏差はギリシャ文字の小文字シグマ σ で表記されることが多い。）

データ $\{3, 7, 8, 12, 20\}$ について，標準偏差は 6.4 だから，1シグマ区間は

$$(10 - 6.4, 10 + 6.4) = (3.6, 16.4)$$

となり，5個の内3個の観測値がこの区間に含まれる。2シグマ区間には全ての観測値が入る。

観測対象が正規分布をする正規母集団の場合では，観測値が1シグマ区間に入る割合はほぼ 70%，2シグマ区間に入る割合は 95% であり，3シグマ区間に入る割合は 99% 以上である。データの散らばり具合に関しては，チェビシェフの不等式が，大まかではあるが一般的な基準を与える。

> **チェビシェフの不等式**
>
> k を正の整数とすると，平均を中心とする k シグマ区間は
>
> $$(\overline{x} - k \times 標本標準偏差, \overline{x} + k \times 標本標準偏差) \quad (1.8)$$
>
> と定められる。全観測値の内，この区間に含まれない観測値の割合は $(1/k^2)$ 以下である。

この不等式の証明は章末で与えよう。チェビシェフの不等式はあらゆるデータに妥当するが，2シグマ区間からはみ出る観測値の割合は，$1/4 = 0.25$ だから，25% 以下という風に，粗い情報しかもたらさない。同じく，3シグマ区間からはみ出る割合は，$1/9$ 以下である。1シグマ区間からはみ出る割合は1以

1–1 平均と分散

表 1–1 平均と標準偏差

国	G	G^2	L	L^2	G×L
ラオス	1.5	2.3	54	2916	83
バングラデッシュ	1.7	2.7	61	3721	101
インド	2.4	5.7	63	3969	151
インドネシア	2.8	8.1	66	4356	187
ブラジル	7.3	53.6	67	4489	490
フィリピン	4.2	17.8	69	4761	291
トルコ	7.0	49.4	69	4761	485
タイ	6.3	40.1	69	4761	437
中国	3.9	15.5	70	4900	276
イラン	5.9	34.8	71	5041	419
マレーシア	8.4	69.9	72	5184	602
サウジアラビア	11.1	122.1	72	5184	796
韓国	17.3	300.7	73	5329	1266
アメリカ	34.3	1173.7	77	5929	2638
シンガポール	25.0	623.5	78	6084	1948
イスラエル	19.3	373.3	78	6084	1507
香港	25.7	658.4	80	6400	2053
日本	26.5	700.1	81	6561	2143
和	210.6	4251.8	1270	90430	15871

G: 購買力平価(PPP)で評価された一人あたりGNI(US1000ドル単位)
GNI(国民総所得)はGNPに海外で生じる一次所得を加算して求める
L: 出生時の平均余命
出典: 『世界開発報告』

下となり，意味を持たない．このように，非常に粗い不等式ではあるが，観測値の分布についての，直感的なイメージを得るために有用である．

例 1.1 アジアを中心とした国々についての，寿命と所得に関する 2002 年のデータが，Excel を使って，**表 1–1** に与えられている．(表中の最終列は共分散の項で利用する．) G は所得，L は寿命を示すが，表は G と L の平均と分散を計算する手続きを示す．表中の 18 カ国の所得については，平均 11700 ドル，分散は

$$\frac{1}{17}(4251.8 - \frac{1}{18}210.6^2) = 105.16(1000\$^2)$$

標準偏差 10.25 (1000$) = 10250 ドルと求まる．(表中の，和が 210.6 である．) 分散の単位は千ドルの 2 乗になることに注意しよう．同じく年齢については平均 70.6 歳，分散は

$$\frac{1}{17}(90430 - \frac{1}{18}1270^2) = 48.5 \, 歳^2$$

1 データの性質

であり，標準偏差は 7.0 歳となる．所得についての 1 シグマ区間を求めると，

$$(11700 - 10250, 11700 + 10250) = (1450 \text{ ドル}, 21950 \text{ ドル})$$

となり，18 カ国の中では，14 カ国が区間に含まれる．2 シグマ区間を求めてみると，

$$(11700 - 2 \times 10250, 11700 + 2 \times 10250) = (-8800 \text{ ドル}, 32200 \text{ ドル})$$

となり，負の所得が区間に含まれる．18 カ国の中では，アメリカのみが 2 シグマ区間からはみ出ている．年齢についての 1 シグマ区間は

$$(70.6 - 7, 70.6 + 7) = (63.6 \text{ 歳}, 77.6 \text{ 歳})$$

となり，11 カ国が区間に含まれる．2 シグマ区間は

$$(70.6 - 2 \times 7, 70.6 + 2 \times 7) = (56.6 \text{ 歳}, 84.6 \text{ 歳})$$

となり，ラオスだけが区間に入らない．いずれのデータにおいても，2 シグマ区間に含まれない観測値の割合は 1/18 で，5.6%である．当然であるが，この割合は 1/4 より小である．

例 1.2 表 1–1 において，平均の計算のために，Excel を使って変数 G の列の総和を求めよう．

1. マウス・ポイントを H21 セルに置いて，関数 f_x をクリックし，「数学/三角」の「SUM」を選ぶ．
2. 「数値1」の範囲を，H3 セルから H20 セルをドラッグして指定する．「OK」をクリックすれば和が求まる．
3. $\sum$ ボタンがツールバーに出ていれば，このボタンをクリックして列和を求めることもできる．
4. 平均は，総和を 18 で割って求める．あるいは，1. において，関数 f_x をクリックし，「統計」の「AVERAGE」を選び，2. の手続きを行っても良い．

一方，分散の計算のためには G の 2 乗値の総和を計算するが，その操作は以下のようになる．

1. I3 セルに式「= H3^2」を入力する．
2. **フィルハンドル**を使い I20 セルまで 2 乗値を計算する．フィルハンドルとは，

1–1 平均と分散

I3 セルの右下角にマウスポイントを当てれば出てくる「+」記号である。そして，この「+」記号を I20 セルまでドラッグすれば良い。ここではドラッグに応じてセル番地が変っていく相対参照を利用している。セル番地の，列番 H や行番に「$」をつけると，ドラッグしてもセル番号は変わらない。絶対参照，複合参照と言う。

3. フィルハンドルと同じ結果は，I3 セルをコピーし，I4 から I20 をドラッグして選択し（色を黒くし），貼り付けても得られる。
4. 以上の計算を I27 セルで行ったとしよう。標本分散は，例えば，I28 セルに「=(I27−H21^2/18)/17」と式を記入すれば求まる。
5. 標本標準偏差を I29 セルで求めるとすると，I29 セルに「= SQRT(I28)」と記入すれば良い。
6. f_x の「統計」で，「VAR」と「STDEV」を選んでも，4. と 5. の結果を得る。

■ ボラティリティ

ボラティリティは，近年の金融統計分析および金融工学において，もっとも頻繁に用いられる用語の一つであるが，これは金融資産の不安定性を意味している。不安定性はリスクと言われるが，このリスクという曖昧な物を定量化する一つの方法として，標準偏差を用いることが多い。図 1–1 は日経平均株価（日経 225：日次）の収益率の軌跡であるが，y 軸の目盛りとしては，標

図 1–1 日経 225 の収益率

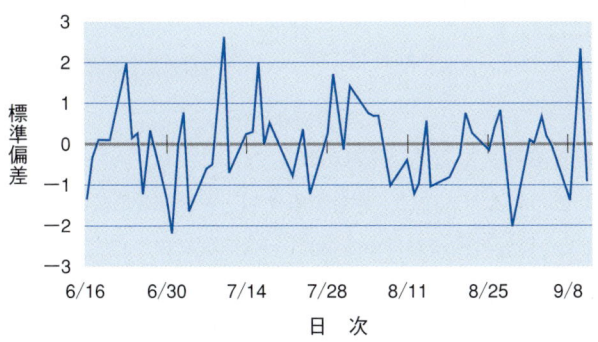

1 データの性質

準偏差（シグマ）を用いている。図より，収益率は 64 日間で 5 回，2 シグマを越えることがわかる。これは 5% より高い比率である。

■ データの標準化

データ $\{x_1, x_2, \cdots, x_n\}$ の標本平均 $\overline{x}$ と，標本標準偏差 s_x が求まれば，データを標準化（基準化）することができる。標準化は，各 x 値から平均を引き標準偏差で割る操作であり，

$$z_1 = \frac{x_1 - \overline{x}}{s_x}, \cdots, z_n = \frac{x_n - \overline{x}}{s_x} \tag{1.9}$$

と求める。データの標準化は統計分析の基礎であるが，標準化データは次の性質を満たす。

> 標準化されたデータの標本平均は **0**，標準偏差は **1** となる。平均を中心とした **k** シグマ区間は $(-k, k)$ となる。

証明 標準化されたデータの標本平均は，0 である。標本分散は

$$\begin{aligned}
\frac{1}{n-1}\sum_{i=1}^{n} z_i^2 &= \frac{1}{n-1}\sum_{i=1}^{n}\left(\frac{x_i - \overline{x}}{s_x}\right)^2 \\
&= \frac{1}{s_x^2}\frac{1}{(n-1)}\sum_{i=1}^{n}(x_i - \overline{x})^2 \\
&= 1
\end{aligned} \tag{1.10}$$

となる。k シグマ区間については，不等式

$$\overline{x} - ks_x < x_i \leqq \overline{x} + ks_x$$

の各辺から $\overline{x}$ を引き，s_x で割れば，

$$-k < z_i \leqq k$$

となり，求める不等式を得る。（終わり）

例 1.3 表 1–2 の第 3 行 (z) は，寿命データ (L) を標準化して求めている。ラオス (国番号 1 とする) 以外の国における寿命は，−1.5 シグマから 1.5 シグマに入っていることがわかる。1 シグマ区間 $(-1, 1)$ には，18 カ国の内 11 カ国が入る。2 シグマ区間 $(-2, 2)$ には，17 カ国が入っている。表を元にして得たヒストグラムが，図 1–2

表 1-2 寿命 (L) と標準化値 (z)

国	1	2	3	4	5	6	7	8	9	10	11	12	13	14	15	16	17	18
L	54	61	63	66	67	69	69	69	70	71	72	72	73	77	78	78	80	81
z	−2.4	−1.4	−1.1	−0.7	−0.5	−0.2	−0.2	−0.2	−0.1	0.1	0.2	0.2	0.4	0.9	1.1	1.1	1.4	1.5

図 1-2 標準化された年齢のヒストグラム

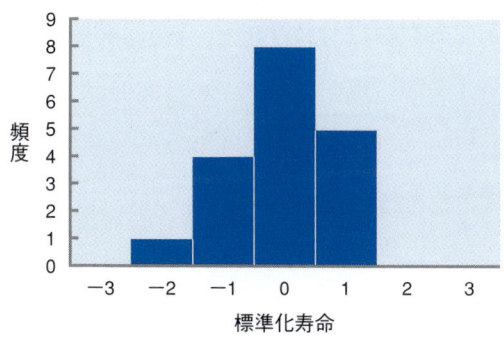

である。観測個数は 18 カ国しかないので、左右対称な釣り鐘型のヒストグラムにはならない。ヒストグラムでは、日本の寿命より右の裾が、切断されている。(観測個数が多い場合では、ヒストグラムは、左右対称なきれいな山型になることが多い。)

□ 1-2 相 関 □

■共 分 散

観測値が、観測対象に関する複数の特性を示す場合は、平均と標準偏差だけではなく、共分散や相関係数を計算する。

n 人についての、身長 x と体重 y に関するデータ
$$(x_1, y_1), (x_2, y_2), \cdots, (x_n, y_n)$$
を例としよう。(x_1, y_1) は 1 番目の人に関する観測値を意味する。同様に、添

1 データの性質

字は対象の番号を意味する。このように，n 人についての 2 特性に関するデータを得れば，身長と体重の，標本平均と標本標準偏差を計算することができる。身長と体重の標本平均と標本標準偏差を，各々 $\bar{x}, \bar{y}, s_x, s_y$ としておこう。

平均や標準偏差などの，1 変数に関するデータの性質を示す代表値では，x と y との結び付きは無視されている。言い方を変えれば，$\bar{x}$ と s_x の計算には，データ $\{x_1, x_2, \cdots, x_n\}$ だけが必要であり，y 変数の情報は用いられない。$\bar{y}$ と s_y の計算においても，x 変数の情報は無視されている。このとき，身長 x，体重 y の 2 特性の関連を示す代表値として，x と y の**標本共分散**,

$$s_{xy} = \frac{1}{n-1} \sum_{i=1}^{n} (x_i - \bar{x})(y_i - \bar{y}) \tag{1.11}$$

が定義される。標本共分散は，x と y の間に関係がなければ 0 に近い値になる。$\sum$ 計算は

$$(x_1 - \bar{x})(y_1 - \bar{y}) + (x_2 - \bar{x})(y_2 - \bar{y}) + \cdots + (x_n - \bar{x})(y_n - \bar{y}) \tag{1.12}$$

を意味する。この計算では，x 値および y 値の各々の平均からの乖離を求め，その積を合計する。しかし，標本分散に関する (1.6) 式のように，以下のように分解する方が，計算は容易である。

$$\sum_{i=1}^{n} (x_i - \bar{x})(y_i - \bar{y}) = \sum_{i=1}^{n} x_i y_i - n\bar{x} \times \bar{y} \tag{1.13}$$

$$= \sum_{i=1}^{n} x_i y_i - \frac{1}{n} \sum_{i=1}^{n} x_i \times \sum_{i=1}^{n} y_i \tag{1.14}$$

証明 (1.12) 式の各項を分解して整理すればよい。

$$= (x_1 y_1 - \bar{x} y_1 - \bar{y} x_1 + \bar{x} \times \bar{y}) + \cdots + (x_n y_n - \bar{x} y_n - \bar{y} x_n + \bar{x} \times \bar{y})$$

$$= (x_1 y_1 + \cdots + x_n y_n) - \bar{x}(y_1 + \cdots + y_n)$$

$$\quad - \bar{y}(x_1 + \cdots + x_n) + (\bar{x} \times \bar{y} + \cdots + \bar{x} \times \bar{y})$$

$$= (x_1 y_1 + \cdots + x_n y_n) - \bar{x}(n\bar{y}) - \bar{y}(n\bar{x}) + n\bar{x} \times \bar{y}$$

第2の証明は (1.7) 式と同様，平均からの偏差の和が 0 になることを使い

$$\sum_{i=1}^{n}(x_i-\overline{x})(y_i-\overline{y}) = \sum_{i=1}^{n}(x_i-\overline{x})y_i - \overline{y}\sum_{i=1}^{n}(x_i-\overline{x})$$
$$= \sum_{i=1}^{n}(x_iy_i - \overline{x}y_i)$$
$$= \sum_{i=1}^{n}x_iy_i - \overline{x}\sum_{i=1}^{n}y_i$$

と整理して求める。これより，(1.13) 式が導かれる。（終わり）

例 1.4 変数 x と y に関するデータ $\{(3,12),(7,7),(8,5),(12,2),(20,4)\}$ について，共分散を計算しよう。平均からの偏差を求めて計算すると，

$$\frac{1}{4}\{(-7)\times 6 + (-3)\times 1 + (-2)\times(-1) + 2\times(-4) + 10\times(-2)\} = -17.75$$

となる。(1.13) 式の右辺に従い，原データの積の形で求めると，

$$\frac{1}{4}\{(3\times 12 + 7\times 7 + 8\times 5 + 12\times 2 + 20\times 4) - 5\times 10\times 6\} = -17.75$$

あるいは，(1.13) 式の第 2 の等号を使うと，

$$\frac{1}{4}\{(3\times 12 + 7\times 7 + 8\times 5 + 12\times 2 + 20\times 4) - \frac{1}{5}\times 50\times 30\} = -17.75$$

となる。

例 1.5 表 1–1 の右端の列（所得と寿命の積；G×L）では，(1.13) 式の第 1 項を計算した。和には n 項含まれるが，これを $(n-1)$ で割って標本共分散を得る。（n で割ることも多い。）

$$共分散 = \frac{1}{17}(15871 - \frac{1}{18}\times 210.6\times 1270) = 59.5$$

と計算できる。（後述の Excel での計算との違いは，小数点以下の取り方による。）

Excel を用いる場合は，分散および共分散は，メニューバーから「ツール」，「分析ツール」をクリックし，分析ツールの一つである「共分散」を選択し，一括して計算することができる。共分散のダイアログボックスでは，以下の設定を行う。

1. 入力範囲は，データが入った表部分をドラッグして指定する。この操作により，自動的に行番にも列番にも「$」が付いた絶対参照により，必要なデータ部分を指定できる。

1　データの性質

表 1-3　分散共分散行列

	n-1で割る			nで割る	
	G	L		G	L
G	105.2	59.7	G	99.4	56.4
L	59.7	48.5	L	56.4	45.8

G	L
1.53	54
1.65	61
2.39	63
2.84	66
7.32	67
4.22	69
7.03	69
6.33	69
3.94	70
5.9	71

2. データ方向は，表にあわせて「列」を選ぶ。
3. 表の第1行には変数名が入っているので，「先頭行をラベルとして使用」にチェックを入れる。
4. この例では，出力先として同じシートの K3 セルを指定する。

結果は，表 1-3 右のような，分散共分散行列の形式で与えられる。分散共分散行列では，対角部分に分散，非対角部分に共分散が示される。変数名は，第1列および第1行に与えられているので，意味は明らかであろう。Excel では $(n-1)$ でなく，n で割った結果となっている。(メニューバーの「ツール」に「分析ツール」が見当たらないときは，同じ「ツール」の中の「アドイン」をクリックし，「分析ツール」にチェックを入れる。もし，「分析ツール」がインストールされていなければ，Office のディスクが必要となる。)

■標本相関係数

標本相関係数とは，標準化された変数間の標本共分散である。x と y データ

の標本標準偏差を s_x と s_y とすれば，標準化した x と y は，全ての i について，$(x_i - \overline{x})/s_x, (y_i - \overline{y})/s_y$ と定義される．このとき標本相関係数は以下のようになる．

$$r_{xy} = \frac{1}{n-1}\sum_{i=1}^{n}\left(\frac{x_i - \overline{x}}{s_x} \cdot \frac{y_i - \overline{y}}{s_y}\right) \tag{1.15}$$

n 項の和において，分母 $s_x s_y$ は共通だから，共通な分母を和記号の前に出して計算すれば，

$$\begin{aligned}r_{xy} &= \frac{1}{s_x s_y}\frac{1}{n-1}\sum_{i=1}^{n}(x_i - \overline{x})(y_i - \overline{y}) \\ &= \frac{s_{xy}}{s_x s_y}\end{aligned} \tag{1.16}$$

となる．これは，標本共分散を，標本標準偏差の積で割った値であり，

$$r_{xy} = \frac{\sum_{i=1,n}(x_i - \overline{x})(y_i - \overline{y})}{\sqrt{\sum_{i=1,n}(x_i - \overline{x})^2 \sum_{i=1,n}(y_i - \overline{y})^2}} \tag{1.17}$$

と表現できる．s_{xy}, s_x^2, s_y^2 は各々和を $(n-1)$ で割って定義するが，(1.17) では $(n-1)$ は分母分子から消去され，$(n-1)$ に依存しない．したがって，分散および共分散を n で割って定義しても，r_{xy} の値は変わらない．なお，この相関係数は，2変数間の特性であるので，単相関係数とよぶこともある．

標本相関係数は，その下限と上限が

$$-1 \leqq r_{xy} \leqq 1 \tag{1.18}$$

と与えられる．この理由により，変数間の結びつきを示す代表値として，標本相関係数は標本共分散よりも意味が明確である．((1.18) 式は，章末で与える，コーシー=シュワルツの不等式によって証明される．)

2変数が同じ方向の変動をする場合には，相関係数は正の値をとる．正の相関と言うが，2変数の内，1変数が増加すれば他の変数も増加し，1変数が減少すれば他の変数も減少する状況を言う．また，変動の具合が似ていれば似ているほど，相関係数は1に近い値を取る．極端な場合として，2変数が比を一

1 データの性質

図 1–3　相関する変数の散布図

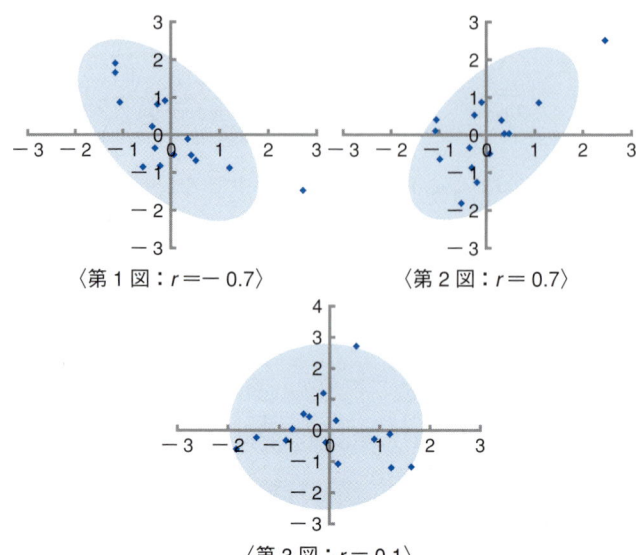

〈第 1 図：$r=-0.7$〉　　〈第 2 図：$r=0.7$〉

〈第 3 図：$r=0.1$〉

定として同じ変化をするなら，相関係数は 1 になる。

　一方が増加すれば他方は減少すると言ったように，2 変数が逆に変動するならば，相関係数は負の値を示す。<u>負の相関</u>があると表現する。

例 1.6　標本相関係数を，表 1–3 の値を用いて計算すると，

$$\frac{59.7}{\sqrt{105.2 \times 48.5}} = \frac{56.4}{\sqrt{99.4 \times 45.8}} = 0.835$$

となる。この例では，平均所得が高いから寿命も延びる，という因果関係が予想される。Excel では関数 f_x の中の統計より「CORREL」を選び，2 変数のデータ範囲を指定する。

　図 1–3 では，相関がある 2 個の標準正規確率変数 x と y の値を，人工的に 15 ずつ発生して，散布図を作成した。第 1 図は負の相関の場合で，x と y の相関係数は -0.7 として，コンピュータ実験によりデータを作っている。作成した値を散布図に描き，全体の傾向を楕円で囲むと，楕円の主軸は負の傾きを示す。

第 2 図は，正の相関 0.7 がある場合で，散布図のほとんどの観測点を囲む楕円を描くと，主軸は正の傾きを持つ．第 3 図は 2 変数間にほとんど相関がない場合で，原点を中心とした円上に，観測点が均等に散らばった状態となる．

1–3　検　定

■ 検　定

平均と分散の推定は既に説明が終わったが，統計分析では推定だけではなく，推定結果についての検定を行う．検定を説明するために推定を思い起こすと，母集団を特徴づける未知の母数の値を，データを用いて定めることが推定である．

統計学理論においては，同じ分布を持つ互いに独立な n 個の確率変数 $\{X_1, X_2, \cdots, X_n\}$ を，無作為標本 (random sample) という．母集団とは，確率変数の分布と同義であり，母数とは，分布を特徴付ける平均，分散などの未知の定数のことである．未知の定数をパラメターともよぶ．データは，無作為標本を意味すると理解して良い．

推定した母数の値が，推定前にイメージしていた母数の値と，似ているか否かを調べることを検定という．推定前にイメージしていた母数の元の値を，帰無仮説とよぶ．帰無仮説と異なる，変化の結果として定まる母数の値を，対立仮説とよぶ．

帰無仮説で指定される母数値を中心として，母数値が，大小いずれかで帰無仮説と異なるとする対立仮説を，両側仮説という．対立仮説が両側仮説であるような検定を，両側検定という．対立仮説により指定される母数値が，帰無仮説で指定される母数値より大であるとする検定を，片側検定とよぶ．小である場合も，片側検定とよぶ．この節では，基本的な検定方法を説明しよう．

1 データの性質

表 1–4　10 日分の株価および収益率

9104.1	8923.4	8932.3	8919.3	9137.1	9120.4	9110.5	9093.0	9033.0	8839.8
20.9	−180.7	8.9	−13.0	217.9	−16.8	−9.9	−17.5	−60.0	−193.2

株価は9083.2が初期値であるとする。

行1	
平均	−24.328
標準誤差	35.97386
中央値 (メ	−14.875
最頻値 (モ	#N/A
標準偏差	113.7593
分散	12941.19
尖度	1.992316
歪度	0.534458
範囲	411.05
最小	−193.17
最大	217.88
合計	−243.28
標本数	10

■ **平均の検定**

　ある会社の 10 日分の収益について，**表 1–4** のようなデータを得たとする。この 10 日の内，収益がプラスだったのは 3 日，マイナスだったのは 7 日である。Excel の分析ツールを用いて基本となる統計量を計算してみる。基本統計量のダイアログボックスを**表 1–4** に示すが，

1. 入力範囲は，表の第 1 行をドラッグして指定する。
2. 表に合わせ，データ方向として「行」を選択する。
3. 出力先として，表の下のセル「X54」を指定する。
4. 統計情報にチェックを入れる。

　以上の指定により，ダイアログボックスの右の表が出力される。この表より，平均収益は −24.3，標準偏差 s は 113.8 と求まる。(分散は s^2，標本平均からの乖離の程度を表す標準誤差は，$s/\sqrt{n}$ である。尖度と歪度は，観測値の平均周りの 3 乗と 4 乗に基づく統計量である。(5.41) と (5.42) 式で，回帰残差について定義されるが，尖度は Excel では，(5.42)−3，である。範囲は，最大値と最小値の差を言う。)

データを眺めて，A 氏は「平均収益はマイナスだから，何らかの対策を講じるべきだ」という意見を持ったが，B 氏は「平均収益は −24.3 であったが，株価はほぼ 1 万円であるから，株価の水準と比較して，平均収益は 0 と見なしうるのではないか」という意見であった。どちらの主張が正しいか，判定しなくてはいけない。ここでは統計的検定により，平均収益が 0 かどうか検討する。

検定では，分析の対象となる母数の値を，帰無仮説として記述しなくてはならない。収益データにおいては，平均収益を母数とし，また「平均収益=0」を帰無仮説と置く。帰無仮説が間違いである，と述べるのが対立仮説だが，対立仮説としては「平均収益はマイナス」とするのが適当であろう。「平均収益は 0 でない」という対立仮説を選ぶことも可能であるが，この場合は検定は両側検定になる。

検定を進めるために，母集団に関して次のような前提条件を追加する。観測個数が n の無作為標本 $\{X_1, X_2, \cdots, X_n\}$ を構成する個々の確率変数は，独立に分布し，その母平均は μ，母分散は σ^2 である。(母平均と母分散は，母集団の平均と分散のことで，各々 $E(X_i)$ と $V(X_i)$ に等しい。第 7 章を参照すること。) 収益率データは，観測個数が 10 である。表1-4 の 10 個の収益率を産み出す元が，無作為標本 $\{X_1, X_2, \cdots, X_{10}\}$ であると理解すれば良い。例えば，X_1 は確率変数であり，どのような値を取るか分からないが，たまたま抽出した観測値が 20.9 であった，と理解する。

■ 検定手続き

1 検定では，検定統計量を基準として，帰無仮説の正否を判断する。現在の問題では，*t*検定を使う。t 検定統計量は，標本平均を標本標準偏差で割り，観測個数の平方根を掛けて求める。標本平均，標本標準偏差，ならびに観測個数 10 を用いれば，

$$t = \sqrt{10}\frac{(-24.3)}{113.8} = \frac{(-24.3)}{36.0} = -0.68$$

1 データの性質

となる。(Excel の計算結果では，平均，標準偏差，標準誤差を用いている。) (1.21) 式が公式である。

検定統計量の計算法から分かるように，平均だけを眺めても，正しい判断はできない。だから，A 氏の推論の仕方は間違っている。また B 氏の主張とは違い，株価水準も直接には検定に影響を与えない。平均を 0 と見なしうるか否かは，標本平均が 0 に近いか否かではなく，検定統計量 t の値が 0 に近いか否かに依存している。

2 検定統計量 t が 0 に近いとか遠いと言っても，判断基準が問題になる。この基準として使われるのが，**境界値**（限界値），境界値の背後にあるのが**棄却域**である。現在の例では，t 分布の左裾 5% 点を境界値として用いる。

（観測個数 -1）$=9$ だから，**自由度**が 9 の t **分布表**を参照する。(t 分布は，**自由度という指標により分布が決まる**。）この分布の右裾 5% 点を調べると，1.83 であり，左裾 5% 点は符号を変えた -1.83 になる。（巻末**付表 1** を参照すること。）この左裾の 5% 点を境界値とよび，境界値より外側の領域を棄却域とよぶ。そして計算された t の値が棄却域に入れば，標本平均は帰無仮説から遠いと判断され，収益は 0 であるという帰無仮説は棄却される。

3 現在の例では，t の値は -0.68 であるから，棄却域に入らない。したがって，**標本平均は 0 から離れていると判断されず，帰無仮説は棄却できない**。B 氏の直感は正しいと言うことになる。

■検定統計量

この検定では，標本平均 $\overline{X}$ の標準化された量

$$z = \frac{\overline{X} - \mu}{\sqrt{V(\overline{X})}} \tag{1.19}$$

を基として，検定統計量が定められる。(7.29) 式で導出されるが，母集団に関する情報により，標本平均の**期待値**（理論的な平均）は，$E(\overline{X}) = \mu$（μ; ミュウ）となる。しかし，帰無仮説では，「平均収益は 0」だから，$\mu = 0$ とする。

図 1–4 自由度 9 の t 密度関数

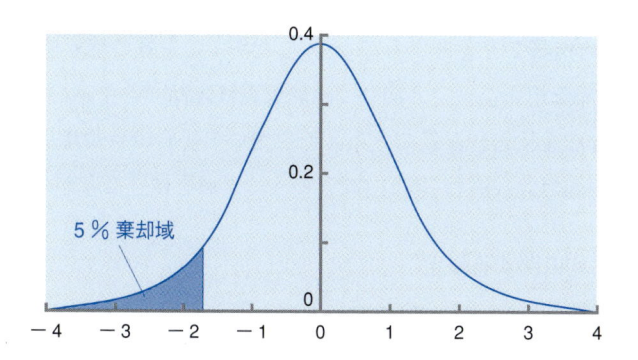

5 % 棄却域

$V(\overline{X})$ は，標本平均の分散（理論的な分散）で，

$$V(\overline{X}) = \frac{\sigma^2}{n} \tag{1.20}$$

となる．(7.30) 式で導かれる．これは未知母数 σ^2 を含み，計測が不可能であるので，検定では σ^2 の推定量として，観測値の標本分散 s_x^2, (1.4) 式が用いられる．このように，$V(\overline{X})$ をその推定量で置き換えると，z は t 検定統計量

$$t = \frac{\overline{X}}{s_x/\sqrt{n}} = \sqrt{n}\frac{\overline{X}}{s_x} \tag{1.21}$$

になる．

■ 検定統計量の分布

検定統計量 t の分布形は，図 1–4 のようになる．これは帰無仮説が正しい場合の分布である．このような分布を，帰無仮説の下での分布と言う．

棄却域の面積を 5% にすると，この検定を片側 5%検定という．棄却域の面積を，検定の大きさ（サイズ）という．検定の大きさは，観測個数が 50 以下くらいなら 5%，それを越えると 1% に取ることが多い．検定に臨む際は，検定統計量の値を計算する前に，検定の大きさをあらかじめ決めておくというルールがある．

1 データの性質

　以上では，境界値を自由度が 9 の t 分布より求めたが，**標準正規分布**から境界値を求めることも多い。標準正規分布を使った場合は，右裾 5% 点は 1.65 になる。（巻末**付表 2** を参照すること。）したがって左裾の境界値は -1.65 となるが，t 分布を用いた検定と同じく帰無仮説は棄却できない。

　標準正規分布を検定統計量の分布として用いる場合は自由度は必要とされないから，観測個数に係わらず 1.65 という境界値を使うことができる。

■2 標本の平均に関する検定

　同じ会社の収益について，20 カ月にわたる第 1 期間と，最近の 17 カ月に関する第 2 期間のデータを得た。データは**表 1–5** に示されている。第 1 期間では，収益の平均は負の値であるが，第 2 期間では正の値に変化している。そこで A 氏は「景気は好転した」と考える。B 氏は「第 2 期間はまだ短いので，景気好転の判断は時期尚早である」と言う。そこで検定を行う。

　現在の問題に関しては，標本は 2 組あり，検定の帰無仮説では，**第 1 期間の平均と第 2 期間の平均が等しい**とされる。平均の差は 0 と言っても良い。さらに，対立仮説では，景気が好転し，第 2 期間の平均収益は正になった，とする。第 1 期間の平均から，第 2 期間の平均を引けば負になる，というのが対立仮説である。収益の分散は，両期間で同じになるとは考えられないから，両期間で異なることを前提として検定を進める。

　この検定では，Excel 分析ツールの，「分散が等しくない 2 標本による t-検定」が使える。この分析ツールでは以下の操作を行う。

1. 入力範囲としては，第 1 期間と第 2 期間のデータ範囲を選択する。
2. 「二標本の平均の差」としては 0 を入れる。
3. α は検定の大きさで，0.05（5%）を選ぶ。
4. 計算結果は**表 1–5** に与えられているが，検定統計量は

$$t = \frac{(-55.2) - 33.7}{\sqrt{\frac{12685.4}{20} + \frac{18249.8}{17}}} = -2.15 \tag{1.22}$$

1–3 検　定

表 1–5　分散が等しくない 2 標本による t–検定

	Z	AA	AB	AC	AD	AE
1	期間1	期間2		表1．5　分散が等しくない2標本によるt–検定		
2	65.7	70.2				
3	-238.3	158.9			期間1	期間2
4	-33.0	-48.5		平均	-55.18	33.71
5	-3.8	69.5		分散	12685.36	18249.79
6	68.7	201.7		観測数	20	17
7	-25.6	5.6		仮説平均との差	0.00	
8	-19.9	-191.9		自由度	31.00	
9	-326.6	23.0		t	-2.15	
10	-118.3	-55.7		P(T<=t) 片側	0.02	
11	83.8	-129.4		t 境界値 片側	1.70	
12	23.6	41.8		P(T<=t) 両側	0.04	
13	-55.9	-28.9		t 境界値 両側	2.04	
14	4.5	237.1				
15	81.5	15.0				
16	-70.6	4.6				
17	-118.0	-120.3				
18	-141.1	320.3				
19	-169.5					
20	50.0					
21	-160.7					
22						
23						

となる．分子は平均の差であるが，分母の平方根の中は，各期間の標本分散を，観測個数で割った値の和になっている．

5. 検定の大きさを 5% に決めれば，検定手続きは，先の節と同じである．しかし，t 統計量の自由度については高度な研究があり，この例では 31.3 となる．（異分散の場合のウェルチ（Welch）検定とよばれている．）したがって，t 分布表も直接には使えない．Excel で示される自由度 31 は正確な値ではないが，近似値と理解しよう．この近似自由度を使えば，片側 5% 検定の境界値は -1.7 となる．

6. したがって，帰無仮説は棄却され，A 氏の理解が正しいという結果を得る．

7. 対立仮説を「第 2 期間の平均は第 1 期間の平均と異なる」とすると，平均の差は正でも負でも良いから，両側検定を使う．棄却域は t 分布の両裾

29

1　データの性質

に設定し，2.5%点より，境界値は 2.04 と −2.04 になる．これらの境界値の外側の面積を合計すると，5% になる．両側検定も，帰無仮説を棄却する．

8. 標準正規分布表（巻末**付表2**）を利用するなら，片側 5% 検定の境界値は −1.65 と）なるが，帰無仮説は棄却される．つまり第 1 期間と第 2 期間の平均の差は負であり，A 氏の直感が正しいという結論になる．

9. 標準正規分布表では，両側 5% 検定の境界値は −1.96 と 1.96 である．両側検定によっても，帰無仮説は棄却される．

■ P 値

Excel のアウトプット中,

$$P(T \leqq t) \text{ 片側} = 0.02$$

とは，自由度が 31 の t 分布において，t の値 −2.15 より左の面積を言う．確率値，あるいは **P 値**とよぶ．Excel のアウトプット中,

$$P(T \leqq t) \text{ 両側} = 0.04$$

というのは，**両側検定における P 値**である．

P 値が与えられる場合は，その値が 0.05 より大であれば，帰無仮説を棄却できない，逆に小であれば，帰無仮説は棄却される．検定は P 値で行えるから，P 値が分かるときは，境界値を分布表より求めることが不必要になる．

標準正規分布によると，片側検定の P 値は，0.016 となる．両側検定の P 値は，0.032 である．

■分散比に関する検定

表 1-5 では，2 標本の標本分散が与えられているが，この 2 個の標本分散を用いて，2 母集団における母分散が等しいか否かの検定をする．収益の標準偏差はボラティリティだから，これはボラティリティが，2 標本間で同じか否かという検定になっている．分散比でいえば，帰無仮説は 1，対立仮説は 1 でないとなるから，これは両側検定である．検定統計量は

図 1-5　$F(19, 16)$ の密度関数

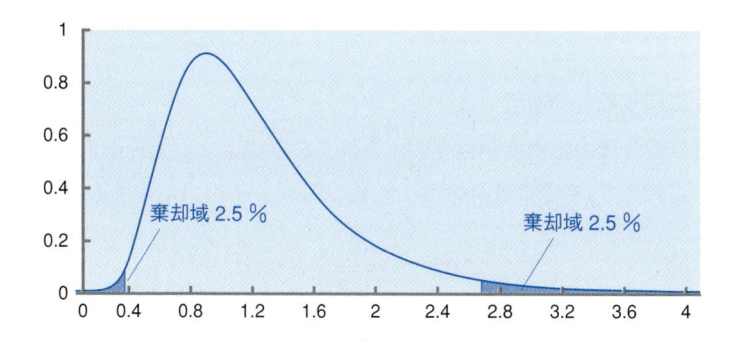

$$f = \frac{12685.4}{18249.8} = 0.70 \tag{1.23}$$

となる。

この検定に使われるのは **F 分布** で，分子の自由度が $19 = (20-1)$，分母の自由度が $16 = (17-1)$ になる（**図 1-5**）。共に各期間における観測個数から 1 を引いて得られる。巻末 **付表 4** のように，通常の F 分布表では，このような分子の自由度が大きい分布の境界値 (2.5% 点 0.39 と，97.5% 点 2.70) は，与えられていないことが多い。Excel では関数 FINV を使えば，計算できる。あるいは，次に述べる近似的な χ^2(カイ 2 乗，chi-square) 検定を行う。

検定統計量の値 0.70 は，両側検定の境界値に挟まれるから，帰無仮説は棄却できない。Excel で計算すると，

$$P\{F(19,16) < 0.70\} = 0.223$$

となるから，両側検定では P 値は 0.45 となる。これは 5% よりはるかに大きい。

F 検定では，分母分子を逆にして統計量を計算し，検定を進めても良い。逆数は

$$f = \frac{18249.8}{12685.4} = 1.44$$

となる。自由度は，16,19 と分母分子が逆になる。右裾の確率は，

1 データの性質

$$P\{F(16, 19) > 1.44\} = 0.223$$

となる。

■ **分散比に関する χ^2 検定**

F 統計量の分母の自由度が大きいときは，F 検定よりも制約が少ない χ^2 検定が用いられる。χ^2 検定統計量は，F 統計量に分子の自由度をかけて，

$$C = 16 \times \frac{18249.8}{12685.4} = 23.0$$

となる。帰無仮説の下での分布は，自由度が 16 の χ^2 分布である。巻末付表 3 によれば，5% 点は 26.3 であるので，帰無仮説は棄却できない。

■ **棄却する，棄却できない**

検定統計量の値が棄却域に入れば，帰無仮説を棄却する。しかし，棄却域に入らない場合は，「帰無仮説を採択する」ではなく，「帰無仮説を棄却できない」という。なぜなら，分散比の検定であれば，分散比 1 を採択するだけでなく，分散比は 0.9 といった帰無仮説も，採択できる。分散比が 1.1 という帰無仮説も，採択できる。このように採択できる仮説は無数にあり，検定結果の叙述として明確でないからである。

しかし，多くの研究報告において，「帰無仮説が採択される」といった表現が使われている。

■ **2 変数の相関に関する検定**

例 1.6 では，2 変数間の標本相関係数が 0.84 となった。観測個数は 18 である。2 変数間の相関係数が 0 であるという帰無仮説を，相関係数が 0 でないという対立仮説に対して検定しよう。検定統計量は，相関係数の計算精度を小数点 4 桁として

$$t = \sqrt{18 - 2} \frac{0.8355}{\sqrt{1 - 0.8355^2}} = 6.08 \tag{1.24}$$

と計算する。帰無仮説の下での分布としては，自由度が 16 の t 分布を使う（巻末**付表 1**）。棄却域の取り方などは，既に述べた t 検定の場合と変わらない。（この例は**例 2.9** で，もう一度取り上げられる。）既に述べたように，**帰無分布**（帰無仮説の下での分布）として t 分布を使う検定では，母集団が正規分布であるという強い前提が必要である。

観測個数が大きいなら，t 分布の代わりに標準正規分布を使っても良い。なぜなら，観測個数が十分に大きいときは，標準正規分布と t 分布の差がなくなるからである（巻末**付表 1**，および**付表 2**）。**例 1.6** では，検定統計量の値が 6 を越えるので，どちらの分布を使っても帰無仮説は棄却される。実際，0.84 という相関係数は無視できない高い相関である。

1 データの性質

● 練 習 問 題

1. (a) c を定数として，$\sum_{i=1}^{n} c$ を求めなさい。
   (b) $\bar{x}$ を n 個の観測値の標本平均として，$\sum_{i=1}^{n}(x_i - \bar{x})$ を求めなさい。$\sum_{i=1}^{n} c(x_i - \bar{x})$ を求めなさい。
   (c) $\sum_{i=1}^{n} y_i(x_i - \bar{x}) = \sum_{i=1}^{n} x_i(y_i - \bar{y})$ であることを証明しなさい。

2. (a) x と y のデータを $\{1, 2, 3, 4\}$ $\{4, 3, 2, 1\}$ として，標本分散，標準偏差，共分散，相関係数を計算しなさい。
   (b) x と y のデータを $\{1, 2, 3, 4\}$ $\{1, 2, 3, 4\}$ として，標本分散，標準偏差，共分散，相関係数を計算しなさい。
   (c) x と y のデータを $\{1, 2, 3, 4\}$ $\{-4, -3, -3, -4\}$ として，標本分散，標準偏差，共分散，相関係数を計算しなさい。

3. 2 変数 x, y に関するデータが，例えば y 軸に関して対称であれば，2 変数の共分散は 0 になる。y 軸に関して対称な例，x 軸に関して対称な例，原点に関して対称な例を 1 つずつ示しなさい。

4. 表 1–5 の期間 1 および期間 2 において，平均収益は 0 であるという帰無仮説を検定しなさい。ただし期間 1 では対立仮説は平均収益は負，期間 2 では正である，とする。12685 の平方根は 113，18249 の平方根は 135 として良い。帰無分布として，t 分布ならびに標準正規分布を使うこと。

5. 表 1–5 の期間 1 と期間 2 を市場 1 と市場 2 と理解しよう。さらに，データを 2 つの市場におけるファンドの同日に観測された収益の推移であると理解する。最初の 17 個の観測値を使って収益率間の標本相関係数を求めると，-0.1 であった。この結果を用いて，2 つの市場の収益に相関があるか否か検定しなさい。

第1章の数学補論

1.1 データに関するチェビシェフの不等式 (1.8)

データ $\{x_1, x_2, \cdots, x_n\}$ を，(1.9) 式により標準化し，$\{z_1, z_2, \cdots, z_n\}$ としておこう．標準化すれば標本分散が 1 になることを使い，標準化されたデータについて，チェビシェフ (Chebyshev) の不等式を証明する．

> **チェビシェフの不等式**
>
> $(z_i \leqq -k)$ である z_i の個数を l, $(k \leqq z_i)$ である z_i の個数を m とすると，区間 $(-k, k)$ に含まれない z_i の割合 $\frac{1}{n}(l+m)$ に関して，不等号
>
> $$\frac{1}{k^2} \geqq \frac{1}{n}(l+m)$$
>
> が成立する．

証明 2乗和 $\sum_{i=1,n} z_i^2$ において，$(z_i \leqq -k)$ である l 項と，$(k \leqq z_i)$ である m 項のみを集める．この $(l+m)$ 項の和は，総和 $\sum_{i=1,n} z_i^2$ より小である．さらに，この $(l+m)$ 項の各々は k^2 より大であり，その下限が k^2 となる．したがって，平均すれば

$$1 = \frac{1}{n}\sum_{i=1}^{n} z_i^2 \geqq \frac{1}{n}(l+m)k^2$$

となる．最初の等号からわかるように，チェビシェフの不等式の証明では，標本分散は n で割って定義される．（終わり）

1.2 コーシー=シュワルツの不等式

x と y の n 個の観測値を用いる．さらに，(1.17) 式の表現を簡素化するため，$\overline{x}$ と $\overline{y}$ を 0 としておこう．

> **コーシー=シュワルツの不等式**
>
> $$\left|\sum_{i=1}^{n} x_i y_i\right| \leqq \sqrt{\sum_{i=1}^{n} x_i^2} \sqrt{\sum_{i=1}^{n} y_i^2} \qquad (1.25)$$

証明 x と y の n 個の観測値を，x ベクトルと y ベクトルで表記すると，両ベクト

1 データの性質

ルの内積は $^T\vec{x}\cdot\vec{y}$, ベクトルの大きさ（ノルム）$|\vec{x}|$ は $\sqrt{\sum_{i=1,n}x_i^2}$, コーシー=シュワルツ (Cauchy=Schwartz) の不等式は,

$$\left|^T\vec{x}\cdot\vec{y}\right| \leqq |\vec{x}||\vec{y}|$$

となる。x ベクトルと y ベクトルの内積は, θ を 2 ベクトル間の角とすれば,

$$^T\vec{x}\cdot\vec{y} = |\vec{x}|\cdot|\vec{y}|\cos\theta$$

となる。$\cos\theta$ の絶対値は 1 より小であるから, 不等式が証明できる。等号は, $\cos\theta$ の絶対値が 1 のときに成立するが, これは 2 ベクトルが平行であり, ベクトル間に, $\vec{x}=a+b\vec{y}$ という関係式が成立することを意味する。b が正であれば相関係数は 1 になり, 負であれば -1 になる。（終わり）

第 2 章

単 回 帰

　相関係数は，2変数間の結び付きを示す代表値であるが，2変数間に強い相関が認められるからといって，xの変化がyの変化の原因であり，yはxの結果であるという判断はできない。同様に，yの変動が原因となり，結果としてxの変動がもたらされるとも言えない。相関の強弱にかかわらず，相関係数から，原因と結果の関係を知ることは不可能である。

　変数xとyの間に，xは原因変数であり，yは結果変数であるという原因結果の関係が知られている場合には，相関分析よりも回帰分析が有効である。本章では，回帰分析に使われる最小2乗法の意味，計算方法，結果の解釈，そして検定などの基礎的な手続きを学ぶ。

2 単回帰

2-1 線形回帰式

■回帰式

回帰分析では，変数間の関係は

$$y_i = \alpha + \beta x_i + u_i \quad i = 1, 2, \cdots, n \quad (2.1)$$

といった一次式で表現される。この一次式を線型回帰式とよぶが，式中の α と β は未知係数である。ただし，未知係数に与えた記号 α と β は任意であって，別の記号に自由に変えて良い。y_i と x_i は，データ

$$\{(x_1, y_1), (x_2, y_2), \cdots, (x_n, y_n)\}$$

の i 番目の観測値を意味している。右辺中の x_i は原因となる変数であり，左辺の y_i は結果となる変数である。x_i と y_i は，説明変数，被説明変数とよばれる。独立変数と従属変数，あるいは回帰変数と被回帰変数などとよばれることもある。このように，説明変数が1個だけ含まれている回帰式を，単回帰式とよぶ。

例えば車の走行スピード (x_i) と，ブレーキを踏んでから停止するまでの距離 (y_i) の実験を行い，結果をデータとして得たとしよう。この場合，y_i の変動をもたらす主原因は，スピード x_i である。ブレーキ作動に影響する要因は，他にも車の重量，道路の状況など種々あろう。同じ人が運転していても，反応速度は時と場合により変化しよう。しかし，大ざっぱに言って，スピード x_i が早いから，ブレーキ作動までの距離 y_i が長くなるのであり，逆は考えられない。逆が考えられないから，x_i が説明変数，y_i が被説明変数になる。また実験ではスピード x_i は，自由に調整できることにも注意しよう。

■誤差項

(2.1) 式中の u_i を誤差項とよぶ。この項は，各観測値 (x_i, y_i) が必ずしも直線には乗らず，直線からはずれることを考慮して，式に入れられている。先に

も述べたように，スピード x_i は，自分で選ぶことができる。そうすると，この与えられた x_i に対して，期待されるブレーキ作動距離は $(\alpha + \beta x_i)$ であるが，実験の結果求まる距離の観測値は y_i であり，これは $(\alpha + \beta x_i)$ から u_i だけはずれていると理解するのである。このようなズレが生じる原因として，ブレーキ作動に影響を及ぼす，スピード以外の諸要因を考えれば良い。

理論的には，誤差項 u_i は説明変数 x_i と統計的に独立であると仮定される。両者は独立に分布するといっても良い。直感的には，統計的独立とは2個の確率変数が，お互いに影響を与え合わないことを意味する。この例では x_i の値を自由に選ぶことができるから，x_i は確率変数でない。したがって，誤差項が説明変数に影響を与えることは不可能である。逆に，説明変数の値が誤差項に影響を与えることもない。

以下の分析では，誤差項 u_i は確率変数であり，その期待値 $E(u_i)$ は 0，母分散 $V(u_i)$ は σ^2 であるとする。($E(u_i)$ と $V(u_i)$ は，u_i の理論的な平均と分散を意味する。期待値については，第7章を参照すること。) 式で表現すれば，

$$E(u_i) = 0,\ V(u_i) = \sigma^2 \qquad i = 1, 2, \cdots, n \qquad (2.2)$$

となる。このように誤差項を確率変数とするのは，直線からのズレに統一性がなく，バラバラに定まるという状況を説明するために，都合が良いからである。さらに，個々のズレが，お互いに影響を与えあうことはないと考えて良いから，n 個の誤差項は，互いに独立に分布する確率変数であるとする。

■ 推 定

期待される距離 $(\alpha + \beta x_i)$ において，α と β はともに未知である。回帰式の推定では，未知の α と β の値を，データを用いて計算する。これを推定と言う。ここでの推定とは，データを用いて最も適切な直線を定めることである。計算された値を，$\widehat{\alpha}, \widehat{\beta}$ と表記しよう (^ はハットと読む)。スピード x_i から予期される停止距離は

$$\widehat{y}_i \equiv \widehat{\alpha} + \widehat{\beta} x_i \qquad (2.3)$$

と計算できるが，このとき $\widehat{y}_i$ を回帰値とよぶ。他にも理論値，予測値，内挿値

2 単回帰

表 2–1　スピードと停止距離

x	45	50	55	60	65	70	75 (km/h)
y	5.3	7.5	5.9	9.2	8.8	7.5	12 (m)

図 2–1　スピードと停止距離

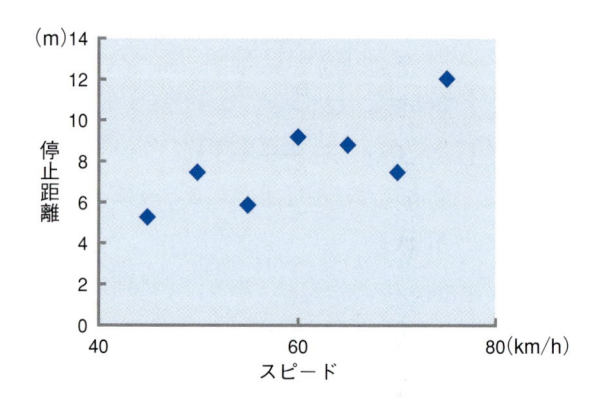

などの名称がある．ここで $\equiv$ は，定義を表す記号である．

式からも明らかなように，$(x_i, \widehat{y}_i)$ は，推定された回帰直線上の座標になる．全ての x_i について，回帰値 $\widehat{y}_i$ を計算する．また，被説明変数の観測値 y_i と，回帰値 $\widehat{y}_i$ の差を求めるが，この差

$$\widehat{u}_i = y_i - \widehat{y}_i = y_i - (\widehat{\alpha} + \widehat{\beta} x_i) \qquad i = 1, 2, \cdots, n \qquad (2.4)$$

を残差という．

例 2.1　スピード x_i と，停止までの距離が表 2–1 のように与えられているとする．このデータに関する散布図は図 2–1 だが，全体として x が上がれば y も上昇する傾向を示す．散布図中に，スピード x_i と距離 y_i の関係を示す直線を引けば，それが線型回帰式の一つの推定になる．データ全体を見て，散布図全体の傾向を示す直線の，切片 α と勾配 β の値を決めることが，線型回帰式の推定である．推定をすれば，はずれの測度である残差を計算する．図 2–2 ではこの推定式を直線で示し，さらに，x_i が 75 km や 70 km の際の残差を図中に示す．残差は，所与の x_i に対応する観測値 y_i と，回帰値 $\widehat{y}_i$ の差である．65 km では，残差はほとんど 0 である．与えられた x_i

図2-2 回帰直線

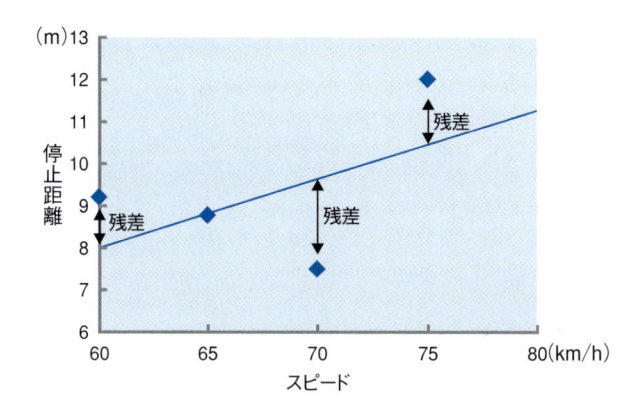

について，残差は y 軸と平行に計測される。これは，スピード x_i は，自由に選ぶことができるという理由に基づいている。線型回帰分析では，説明変数 x_i は常に x 軸で測られ，被説明変数 y_i は y 軸で測られる。

例 2.2 Excel を利用すれば，推定は容易である。散布図の中に直線を引くだけであれば，散布図がアクティブな状況で，メニューバーより「グラフ」⟶「近似曲線の追加」を選択し，近似曲線の図の中から，直線の図を選べばよい。この操作により，x_i の最小値と最大値の間に直線が引かれる。最小値や最大値を越えて近似線を引きたい場合は，ダイアログ・ボックスのオプションの中で，「前方補外」および「後方補外」を調整する。

2-2　回帰式の推定

■最小2乗法

このように，Excel を使えば，回帰直線の計算は自動的に行われるが，この計算は，最小2乗法の原則に基づいて行われている。最小2乗法 (Ordinary Least Squares, OLS) は，残差の2乗和 (Φ；ファイ) を最小にするように，$\hat{\alpha}$

2 単回帰

と $\widehat{\beta}$ を定めるという原則である。残差は，(2.4) 式で定義されていることを想起しよう。

最小2乗推定量

残差の2乗和

$$\Phi = \sum_{i=1}^{n} \left(y_i - \widehat{\alpha} - \widehat{\beta} x_i \right)^2 \tag{2.5}$$

を最小にする $\widehat{\alpha}$ と $\widehat{\beta}$ は，x_i と y_i の標本平均を各々 $\overline{x}, \overline{y}$ として

$$\widehat{\beta} = \frac{\sum_{i=1,n} (x_i - \overline{x})(y_i - \overline{y})}{\sum_{i=1,n} (x_i - \overline{x})^2} \tag{2.6}$$

$$= \frac{\sum_{i=1,n} (x_i - \overline{x}) y_i}{\sum_{i=1,n} (x_i - \overline{x})^2} \tag{2.7}$$

$$= \frac{\sum_{i=1,n} x_i y_i - n \overline{x}\, \overline{y}}{\sum_{i=1,n} x_i^2 - n\overline{x}^2} \tag{2.8}$$

$$\widehat{\alpha} = \overline{y} - \widehat{\beta} \overline{x} \tag{2.9}$$

となる。

これが，$\widehat{\alpha}$ と $\widehat{\beta}$ を計算するための，計算方法である。2–5 節で，これらの公式の導出をする。推定量とは計算方法と理解しても良い。$\widehat{\beta}$ の分母と分子は，各々分散と共分散の分解式，10 頁の (1.6) と 18 頁の (1.13) 式を応用した方が，計算が容易である。それを示したのが，(2.8) 式である。x_i と y_i の間の標本相関係数を r_{xy}，標本標準偏差を s_x, s_y とすれば，

$$\widehat{\beta} = \frac{s_{xy}}{s_{xx}} = r_{xy} \frac{s_y}{s_x} \tag{2.10}$$

となり，勾配の推定式は，相関係数に x_i と y_i の標準偏差の比を掛ければ得られることが分かる。(1.4) 式，(1.11) 式，(1.16) 式などを参照せよ。したがって，標本相関係数と $\widehat{\beta}$ には，密接な関係がある。特に，各変数の標準偏差が同じであれば，両者は一致する。

2-2 回帰式の推定

■ 回帰値と残差変動

回帰値 $\widehat{y}_i$ は，各 i について，1 個ずつ計算する必要がある．残差 $\widehat{u}_i$ についても同様である．さらに，残差の 2 乗和を**残差 2 乗和**（あるいは**残差変動**）とよび，RSS と略記する．RSS is sum of the squared residuals を省略した記号である．(2.5) 式で定義された，**残差 2 乗和 Φ を最小にする**ことが，最小2 乗法の原則であり，その**最小化された値が，RSS** である．残差を 1 個ずつ求めた上で，2 乗和を計算して RSS を求めても良いが，次式で簡単な計算法を与える．

$$RSS = \sum_{i=1}^{n}(y_i - \widehat{\alpha} - \widehat{\beta}x_i)^2 \qquad (2.11)$$

$$= \sum_{i=1}^{n}y_i^2 - \widehat{\alpha}\sum_{i=1}^{n}y_i - \widehat{\beta}\sum_{i=1}^{n}x_i y_i \qquad (2.12)$$

この式において，$\widehat{\alpha}, \widehat{\beta}, \sum_{i=1,n} y_i$，そして $\sum_{i=1,n} x_i y_i$ は，回帰係数の計算式，(2.7) と (2.9) 式において，既に計算が終わっている．したがって，RSS を得るために新たに必要な計算は，(2.12) 式第 1 項の y_i の 2 乗和だけである．証明は 2-5 節で与える．

■ 残差分散

(2.2) 式で，誤差項 u_i の分散 σ^2 を定義したが，この分散も未知であるから，データを用いて推定しないといけない．そしてこの誤差項の分散を推定するために，残差 2 乗和（残差変動）を用いる．

誤差項 u_i は，y_i と回帰式における直線部分 $(\alpha + \beta x_i)$ の差であり

$$u_i = y_i - (\alpha + \beta x_i)$$

となる．**残差**は，観測値と推定された回帰式の差

$$\widehat{u}_i = y_i - (\widehat{\alpha} + \widehat{\beta}x_i)$$

だから，2 式を比べれば分かるように，残差は誤差項の推定値のような役割を果たしている．したがって誤差分散 σ^2 は，残差の標本分散によって推定でき

2 単回帰

表 2–2 係数の推定

変数	y	x	x^2	xy	y^2
	5.3	45	2025	238.5	28.09
	7.5	50	2500	375	56.25
	5.9	55	3025	324.5	34.81
	9.2	60	3600	552	84.64
	8.8	65	4225	572	77.44
	7.5	70	4900	525	56.25
	12	75	5625	900	144
和	56.2	420	25900	3487	481.48

る。ところが，後で示される (2.44) 式により，残差の平均は 0 であるから，残差の標本平均は 0 となる。したがって，誤差分散は

$$s^2 = \frac{\sum_{i=1,n}\widehat{u}_i^2}{n-2} \tag{2.13}$$

と推定される。**残差分散**とよぶ。標本分散と違い $(n-2)$ で割るが，これは，後述する最小 2 乗残差が満たす 2 性質，(2.44) 式および (2.45) 式に基づいている。残差分散は，次章で説明される，x を所与としたときの y の**標本偏分散** $s_{yy|x}$ に等しい。

例 2.3 表 2–1 のデータを用いて，回帰式の推定をしよう。まず，推定に必要な数値を表 2–2 で計算する。この計算結果を用いれば，

$$\widehat{\beta} = \frac{\sum_{i=1,n}x_iy_i - (\sum_{i=1,n}x_i)(\sum_{i=1,n}y_i)/n}{\sum_{i=1,n}x_i^2 - (\sum_{i=1,n}x_i)^2/n}$$

$$= \frac{3487 - (420 \times 56.2)/7}{25900 - (420 \times 420)/7} = 0.1643$$

$$\widehat{\alpha} = \left(\frac{1}{n}\sum_{i=1,n}y_i\right) - \widehat{\beta}\left(\frac{1}{n}\sum_{i=1,n}x_i\right)$$

$$= \frac{56.2}{7} - 0.1643 \times \frac{420}{7} = -1.8294$$

と計算できる。この結果を使って，回帰値と残差は

表 2-3 回帰値と残差

変数	y	x	回帰値	残差	y^2	回帰値^2	残差^2
	5.3	45	5.56	−0.26	28.09	30.96	0.07
	7.5	50	6.39	1.11	56.25	40.78	1.24
	5.9	55	7.21	−1.31	34.81	51.94	1.71
	9.2	60	8.03	1.17	84.64	64.46	1.37
	8.8	65	8.85	−0.05	77.44	78.32	0.00
	7.5	70	9.67	−2.17	56.25	93.54	4.72
	12	75	10.49	1.51	144	110.10	2.27
和	56.2	420	56.2	0	481.48	470.10	11.38
変動和					30.27	18.89	11.38

$$\widehat{y}_1 = -1.8294 + 0.1643 \times 45 = 5.564$$

$$\widehat{u}_1 = 5.3 - 5.564 = -0.264$$

などと，逐一計算していくが，他の値は**表 2-3** に示す．RSS は，(2.12) 式を使えば，

$$RSS = 481.48 - (-1.8294) \times 56.2 - (0.1643) \times 3487 = 11.38$$

と求まる．残差分散は

$$s^2 = \frac{11.38}{5} = 2.28$$

となる．

2-3 決定係数

■ 総 変 動

(2.5) 式から理解できるように，残差 2 乗和（RSS）は，最小 2 乗法の基礎となる Φ と直接結びつく指標である．この RSS は，残差変動ともよばれる．残差変動は，Φ の最小化された値として得られるが，この値だけを検討

しても，残差変動の大小を論じることはできない。残差変動の比較には**総変動** (TSS)

$$TSS = \sum_{i=1}^{n} (y_i - \overline{y})^2 \qquad (2.14)$$
$$= \sum_{i=1}^{n} (y_i - \overline{y}) y_i$$
$$= \sum_{i=1}^{n} y_i^2 - n\overline{y}^2$$

が必要である。(TSS は total sum of the squared deviations の省略型である。) TSS は，**被説明変数と平均の偏差の 2 乗和**であり，回帰式中の説明変数には全く依存しない。

総変動と残差変動には，

$$TSS \geqq RSS \qquad (2.15)$$

という不等式が成立する。この不等式は，第 4 章で説明する，一般の回帰式の推定においても成立する。

証明 Φ を最小化する係数 $\widehat{\alpha}$ と $\widehat{\beta}$ は，(2.7) 式と (2.9) 式で与えられる。Φ を最小化しない係数の一例として，$\widehat{\beta} = 0, \widehat{\alpha} = \overline{y}$ を選ぶと，Φ は TSS になる。(終わり)

■ **決 定 係 数**

回帰式の推定が終われば，推定された式の**当てはまり（フィット）**を調べてみる必要がある。推定式は，データ全体をどのくらい説明しているのだろうか，という素朴な疑問に答えることが目的である。当てはまりの良さを示す簡単な指標として，RSS と TSS の比によって定義される**決定係数**

$$R^2 = 1 - \frac{RSS}{TSS} \qquad (2.16)$$

が常に用いられる。先にも述べたように TSS は RSS より大である。そして，TSS に占める RSS の割合が小さければ，決定係数は 1 に近い値を取る。逆に RSS が TSS に近ければ，決定係数は 0 に近い値となる。TSS に比して，RSS は小さければ小さい方が望ましいから，決定係数の値はできるだけ 1 に

近い方が良い。

■ 総変動の分解

残差の定義により，被説明変数 y_i，回帰値 $\widehat{y}_i$，残差 $\widehat{u}_i$ の間には次の恒等式が成立している。

$$(y_i - \overline{y}) = (\widehat{y}_i - \overline{y}) + (y_i - \widehat{y}_i) \tag{2.17}$$
$$= (\widehat{y}_i - \overline{y}) + \widehat{u}_i$$

総変動は，この式の左辺の 2 乗和である。残差変動は，右辺第 2 項の 2 乗和である。ここで，右辺第 1 項 $(\widehat{y}_i - \overline{y})$ の 2 乗和

$$\begin{aligned} ESS &= \sum_{i=1}^{n} (\widehat{y}_i - \overline{y})^2 \tag{2.18} \\ &= \sum_{i=1}^{n} (\widehat{y}_i - \overline{y}) \widehat{y}_i \\ &= \sum_{i=1}^{n} \widehat{y}_i^2 - \overline{y} \sum_{i=1}^{n} \widehat{y}_i \\ &= \sum_{i=1}^{n} \widehat{y}_i^2 - n \overline{y}^2 \end{aligned}$$

を回帰変動 (ESS) とよぶ。注意すべきなのは，(2.18) 式は，回帰値 $\widehat{y}_i$ と，観測値の平均 $\overline{y}$ の差によって定義されていることである。後で示す (2.47) 式により，観測値 y_i の平均と回帰値 $\widehat{y}_i$ の平均は一致する。だから，(2.17) における右辺第 1 項，および (2.18) 式は，回帰値とその平均の差で構成されている。再び (2.47) 式により，(2.18) 式の 4 行目で示される展開が証明できる。

ESS は explained sum of squares of deviations の省略型である。以上により，総変動，残差変動，回帰変動と 3 個の偏差の 2 乗和が定義されたが，この 3 個の偏差 2 乗和には，次の関係が維持される。

$$TSS = ESS + RSS \tag{2.19}$$

証明は，2–5 節で与えるが，この等式を総変動の分解という。

総変動を $(n-1)$ で割れば，標本分散になる。このことから分かるように，総変動は，被説明変数の変動の測度である。同様に，回帰変動は，回帰値の変

2 単回帰

動の測度である。そして，残差変動は，被説明変数と回帰値の差の変動和である。総変動の分解は，(2.17) 式の各項を 2 乗して和を求めれば，再び等号が成立することを示している。また決定係数 R^2 も，

$$R^2 = \frac{ESS}{TSS} \tag{2.20}$$

と表現できる。RSS については (2.12) 式で計算方法を示したが，(2.14) 式と (2.18) 式により，

$$RSS = \sum_{i=1}^n y_i^2 - \sum_{i=1}^n \widehat{y}_i^2 \tag{2.21}$$

と表現しても良いことが分かる。

例 2.4 観測個数 n が 2 であるとしよう。この場合，散布図は 2 点のみから成るから，線形回帰式は 2 点を通る直線となり，残差は 2 個とも 0 となる。だから，$RSS = 0$，$R^2 = 1$ となる。n が 2 の場合について，(2.7) 式と (2.9) 式を計算すると，線形回帰式は「2 点を通る直線」に一致することが分かる。

例 2.5 例 2.3 を続けると，回帰値と残差は，45 頁の表 2–3 のようになった。残差和は 0 である。y の観測値の和と，回帰値の和も一致する。3 個の変動和を求めるために，観測値，回帰値，ならびに残差の 2 乗も示した。最終行「変動和」では，TSS, ESS, RSS を計算したが，TSS と ESS は (2.14) 式と (2.18) 式に従って，

$$TSS = 481.48 - \frac{1}{7} 56.2 \times 56.2$$

$$ESS = 470.10 - \frac{1}{7} 56.2 \times 56.2$$

と求めた。R^2 は 0.62 であった。

■最小 2 乗推定量の行列表示

行列計算を使うと，$\widehat{\alpha}$ と $\widehat{\beta}$ は，方程式

$$\begin{pmatrix} n & \sum_{i=1,n} x_i \\ \sum_{i=1,n} x_i & \sum_{i=1,n} x_i^2 \end{pmatrix} \begin{pmatrix} \widehat{\alpha} \\ \widehat{\beta} \end{pmatrix} = \begin{pmatrix} \sum_{i=1,n} y_i \\ \sum_{i=1,n} x_i y_i \end{pmatrix} \tag{2.22}$$

から直接計算することができる。(この式は 2–5 節で示される，正規方程式から導かれた，(2.40) 式と (2.41) 式を整理したものである。) 行列計算の知識が必要だが，(2.7) 式と (2.9) 式の計算と比べて，(2.22) 式の計算の方が容易である。

例 2.6 例 2.3 を続ければ，

$$\begin{pmatrix} 7 & 420 \\ 420 & 25900 \end{pmatrix} \begin{pmatrix} \widehat{\alpha} \\ \widehat{\beta} \end{pmatrix} = \begin{pmatrix} 56.2 \\ 3487 \end{pmatrix}$$

だから，逆行列を用いて

$$\begin{pmatrix} \widehat{\alpha} \\ \widehat{\beta} \end{pmatrix} = \begin{pmatrix} 7 & 420 \\ 420 & 25900 \end{pmatrix}^{-1} \begin{pmatrix} 56.2 \\ 3487 \end{pmatrix}$$

$$= \frac{1}{7 \times 25900 - 420 \times 420} \begin{pmatrix} 25900 & -420 \\ -420 & 7 \end{pmatrix} \begin{pmatrix} 56.2 \\ 3487 \end{pmatrix}$$

$$= \begin{pmatrix} -1.829 \\ 0.1643 \end{pmatrix}$$

となる．Excel を使う方法は，3–3 節で説明する．

■ **標準化変数に関する回帰**

変数の標準化は，16 頁の (1.9) 式で定義したが，回帰分析において，被説明変数と説明変数が各々標準化されている場合がある．標準化されていれば，被説明変数と説明変数の標準偏差は 1 である．だから，回帰係数の最小 2 乗推定量は，2 変数間の標本相関係数に一致し

$$\widehat{\beta} = r_{xy} \tag{2.23}$$

となる．この結果は，(2.10) 式からも確認できる．

■ **トレンド回帰**

被説明変数は経済変数だが，西暦年などの**トレンド変数**を説明変数とする線形回帰を，**トレンド回帰**と言う．得られる回帰直線を，**トレンド線**とよぶ．GDP などのように，経済変数が単調に成長している状況では，成長具合を端的に表現する目的で，トレンド直線が引かれる．回帰係数の計算方法には，新しいものはない．トレンド変数はしばしば t と表現されるが，1980 年から 2002 年までの GDP などの経済変数を y_t として，回帰式は

$$y_t = \alpha + \beta t + u_t \quad t = 1980, \cdots, 2002 \quad (2.24)$$

と書かれる。推定の方法は変わらない。

トレンド変数から定数を引いたり足したりすると，定数項 α は変化するが，β の推定結果は変化せず，回帰値も変わらない。例えば，(2.24) 式から求まる $\widehat{\beta}$ と，トレンド変数を $t^* = t - 1979$ とした回帰式

$$y_t = \alpha_1 + \beta t^* + u_t \quad t = 1980, \cdots, 2002 \quad (2.25)$$

から求まる $\widehat{\beta}$ は，同じになる。回帰値についても同様である。なぜなら，(2.24) 式は

$$y_t = (\alpha + 1979 \times \beta) + \beta(t - 1979) + u_t \quad t = 1980, \cdots, 2002$$

と書けるからで，この式より，定数項は

$$\widehat{\alpha}_1 = \widehat{\alpha} + 1979 \times \widehat{\beta}$$

と推定される。

同様に，トレンド変数をその平均から測り，$t^* = t - 1991$ と定義しよう。こうすると $t^* = -11, -10, \cdots, 11$ となるが，回帰式

$$y_t = \alpha_2 + \beta t^* + u_t \quad t = 1980, \cdots, 2002 \quad (2.26)$$

から求まる β の推定結果は変わらない。定数項は以下のようになる。

$$\widehat{\alpha}_2 = \widehat{\alpha} + 1991 \times \widehat{\beta}$$

例 2.7 図 2–3 では，日本の GDP データとトレンド線を示す。GDP は兆円が単位である。データは，近年のマイナス成長期を含むために，トレンド線としてはフィットが悪いが，成長経路を直線で表現するという目的は，理解できよう。80 年代のみのトレンド線を引けば，勾配の値はより大となり，フィットは良くなる。しかし，2002 年までの推定を行うことにより，90 年代以降の低成長，ならびに，最近のマイナス成長を顕著に示すことができる。このトレンド線の推定式は，

$$\widehat{y}_t = -26730.1160 + 13.6361 \times t \quad t = 1980, \cdots, 2002 \quad (2.27)$$

となった。$TSS = 210228.1, RSS = 22054.6, ESS = 188173.5, R^2 = 0.895$ であった。Excel を使えば，トレンド線を含む散布図，図 2–3 は容易に作成できる。データ

2–3 決定係数

図 2–3 日本の GDP とトレンド線

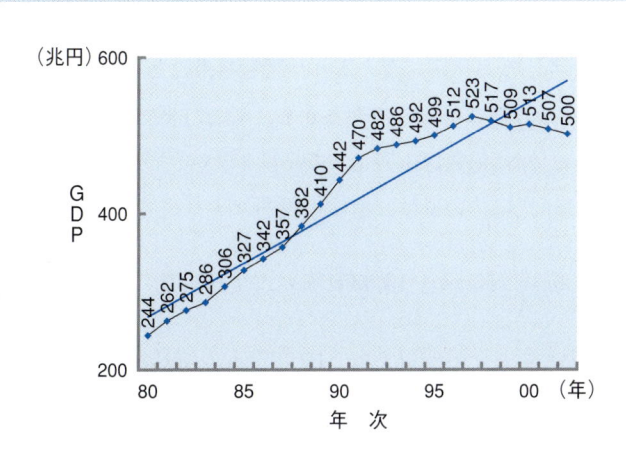

(兆円) 600

GDP 400

200

80　　　85　　　90　　　95　　　00 (年)
年　次

データ点: 244, 262, 275, 286, 306, 327, 342, 357, 382, 410, 442, 470, 482, 486, 492, 499, 512, 523, 517, 509, 513, 507, 500

としては 23 年分の GDP 値と，トレンド値（西暦年）だけが必要である。**例 2.2** を参照せよ。

このような推定結果を用い，2010 年の GDP を予測することもできる。トレンド式によって，2010 年の GDP を予測できるはずはないが，予測は，推定された回帰式の説明変数に，将来値を代入して行う。右辺の t に 2010 を代入すれば，678.5 兆円という結果を得る。図からも理解できようが，直線トレンドだから，t の値が大であれば，GDP 値も異常に大きな値になる。

第 3 章で説明する計算法だが，トレンド式を拡張して，説明変数としてトレンドの 2 乗を含めても良い。推定結果は

$$\widehat{y_t} = -2753191.8 + 2752.5 \times t - 0.688 \times t^2 \tag{2.28}$$

$RSS = 5298.5, ESS = 204929.6, R^2 = 0.975$ となる。決定係数は改善している。仮に 2010 を右辺の t に代入して予測値を計算すると，-255.6 兆円になる。トレンドの 2 乗を説明変数に含むことは，被説明変数がトレンドの二次関数になることを意味しており，大きな t の値に対して，被説明変数は必ず負になる。

2 単回帰

■計測単位の変更

(2.27) 式の推定では，GDP は兆円単位で計測されている．もし被説明変数の測定単位を，兆円から億円に変えると，測定結果はどうなるだろうか．これは，左辺の値が 1 万倍になるのであるから，(2.27) 式の両辺に 1 万を掛ければ分かるように，回帰係数は 1 万倍になる．

さらに，(2.25) 式については，前項の説明により

$$\widehat{y}_t = 255.54 + 13.6361 \times t \qquad t = 1, 2, \cdots, 43$$

と推定されるが，トレンド変数 t を，10 分の 1 の値に変更したら推定結果はどうなるだろうか．つまり，$t = 0.1, 0.2, \cdots, 4.3$，と定義するのである．この場合は，定数項は変化せず，勾配だけ 10 倍になる．式で示せば，

$$\beta t = (\beta \times 10) \times \left(\frac{1}{10}t\right)$$

という変換が，最小 2 乗推定において維持される．この性質は，任意の説明変数について妥当する．

このように，被説明変数ならびに，説明変数の測定単位の変更をした場合は，係数に測定単位の変更を消す処置を施すことにより，新たな推定結果を導くことができる．

□ 2–4　推定結果に関する検定 □

■回帰係数に関する t 検定

1–3 節において基本的な検定を紹介したが，回帰係数の推定結果でも，同様の検定が使われる．帰無仮説を「回帰係数は β_0 である」とし，対立仮説を「回帰係数は β_0 でない」とする検定は，回帰式の分析における標準的な手続きの一つである．ここで，β_0 は既知の値である．

検定の帰無仮説を，$H_0 : \beta = \beta_0$，とする．26 頁の (1.19) 式以下では，標本平均などを標準偏差で割って標本平均を基準化し，それを基に検定統計量を導いた．回帰係数の推定量についても同様の基準化を行う．例えば $\widehat{\beta}$ については，$\widehat{\beta} - \beta_0$ を標準偏差（分散の平方根）で割った値

$$z = \frac{\widehat{\beta} - \beta_0}{\sqrt{V(\widehat{\beta})}} \tag{2.29}$$

が，検定統計量の基本式である．$V(\widehat{\beta})$ は $\widehat{\beta}$ の分散（理論的な分散）であり

$$V(\widehat{\beta}) = \frac{\sigma^2}{\sum_{i=1,n}(x_i - \overline{x})^2} = \frac{\sigma^2}{(n-1)s_{xx}} \tag{2.30}$$

となるが，その導出は (7.49) 式で与えられる．(1.19) 式以下と同じく，$V(\widehat{\beta})$ は未知母数 σ^2 を含む．これは (2.13) 式により，推定量 s^2 に置き換えられる．t 検定統計量は

$$t_\beta = \frac{\widehat{\beta} - \beta_0}{\sqrt{s^2/\{(n-1)s_{xx}\}}} \tag{2.31}$$

と定義される．*t 値*ともよばれる．分母は標準偏差の推定量であるが，**標準誤差**とよばれる．

検定の手続きは，(1.21) 式以下の説明と変わらない．最も頻繁に使われる β_0 の値は，0 である．多くの推定結果では，係数推定値と共に標準誤差，あるいは t 値が示されている．

■区間推定

データを使って，母数 β の値を決めることを**点推定**という．点ではなく，未知である母数 β の値を，区間で推定することもある．**区間推定**という．

区間推定とは，母数 β が含まれると考えられる区間 (c_1, c_2) を定めることであるが，境界値 c_1 と c_2 は，例えば

$$P\{c_1 \leqq \beta \leqq c_2\} = 0.95$$

を満たすように定められる．上式を満たす場合を，**95%信頼区間**とよぶ．**母数がこの区間に入る確率が 0.95**，という意味である．離散確率変数の場合では，この式の等号は，不等号 $\leqq$ に置き換えられる．

信頼区間を導くために必要な情報は，$\widehat{\beta}$ と標準誤差

$$\sqrt{\frac{s^2}{(n-1)s_{xx}}}$$

だけだが，t 検定統計量の分布を用いれば，95% 信頼区間は

$$\widehat{\beta} - t_{97.5}\,(標準誤差) < \beta < \widehat{\beta} + t_{97.5}\,(標準誤差) \tag{2.32}$$

となる．$t_{97.5}$ は，自由度が $(n-2)$ の t 分布の，97.5% 点（右裾 2.5% 点）である．同じく 99% 信頼区間は

$$\widehat{\beta} - t_{99.5}\,(標準誤差) < \beta < \widehat{\beta} + t_{99.5}\,(標準誤差) \tag{2.33}$$

となる．

導出 (2.31) 式において，未知である母数 β の信頼区間を導くために，β_0 を β に置き換える．t_β は自由度が $(n-2)$ の t 確率変数であるから，不等式を満たす t 分布の左裾 2.5% 点 $t_{2.5}$ と，97.5% 点 $t_{97.5}$（右裾 2.5% 点）を，自由度 $(n-2)$ の t 分布より求める．t 分布の性質により，不等式

$$t_{2.5} < \frac{\widehat{\beta} - \beta}{標準誤差} < t_{97.5}$$

は，95% の確率で成立する．図 2–4 を参照のこと．この不等式を，母数 β に関する不等式に変換すると，

$$\widehat{\beta} - t_{97.5}\,(標準誤差) < \beta < \widehat{\beta} - t_{2.5}\,(標準誤差)$$

となるが，これが β の 95% 信頼区間である．t 分布は原点に関して対称であり，$t_{2.5} = -t_{97.5}$ であることに注意しよう．

観測個数が多いなら，t 分布を標準正規分布で置き換える．この場合は，97.5% 点は 1.96 である．**この値を近似的に 2 とすれば，95% 信頼区間は 2 シグマ区間に一致する．**（終わり）

図 2–4　自由度 5 の t 密度関数と右裾 5% 域

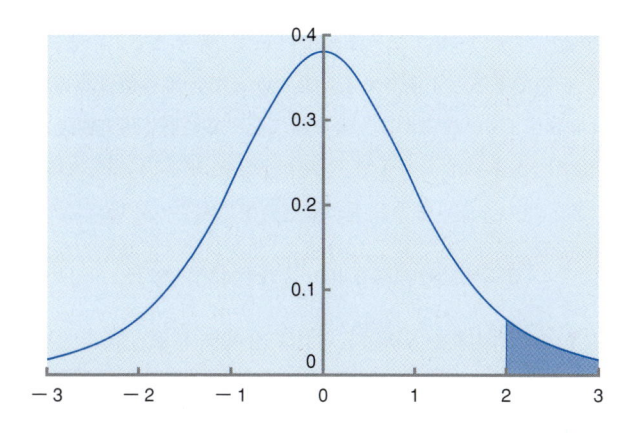

■信頼区間と検定

信頼区間は係数の推定の一つであるが，信頼区間を用いて，係数の検定ができる。5% の検定であれば，信頼区間 (2.32) 式に，帰無仮説の下での値 β_0 が入らなければ，帰無仮説は棄却される。入れば帰無仮説は棄却できない。

したがって，回帰式の推定結果に各係数の t 値が与えられていれば，係数の t 検定をする。しかし，各係数の標準誤差が与えられている場合は，信頼区間を作成し，信頼区間に β_0 が入るか否かにより検定を行えば良い。

どちらの方法であれ，95% 点として 2 を使う場合は，検定は非常に容易にできる。

例 2.8　例 2.3 の結果は，添え字を除くと

$$\widehat{y} = -1.8294(-0.527) + 0.1643(2.881)x$$

と表記される。括弧内は，各係数推定値の (2.31) 式で定義された t 値である。検定は，(1.19) 式と同じ要領で行えば良い。帰無仮説下での，t 分布の自由度は $n-2=5$ であるから，右裾の 5% 点と 2.5% 点は各々 2.02, 2.57 となる。（観測個数が小さいので，標準正規分布は用いない。）

検定 1　（t 検定）定数項については，推定値の符号は未知であるから，検定は両側

2 単回帰

になり，5% 検定の境界値は -2.57 および 2.57 になる。t 値は，境界値を越えないから，帰無仮説は棄却できない。P 値は両側 0.62 である。

検定 2（t 検定）勾配については，高スピードは，停車までの距離にプラスの影響を与えるから，正値であると予測される。したがって，境界値は右裾の 5% 点 2.02 とする。t 値は境界値より，はるかに大きな値になっている。帰無仮説は棄却される。P 値は片側 0.017 である。

検定 3（信頼区間の作成）標準誤差が推定結果に示される場合は

$$\hat{y} = -1.8294(-3.469) + 0.1643(0.057)x$$

となる。勾配係数の，自由度が 5 の t 分布による 90% 信頼区間は，

$$(0.1643 - 2.02 \times 0.057,\ 0.1643 + 2.02 \times 0.057)$$

となる。勾配係数の標準正規分布による 90% 信頼区間は，

$$(0.1643 - 1.645 \times 0.057,\ 0.1643 + 1.645 \times 0.057)$$

となる。母数はこの区間に，90% の確率で含まれる。

検定 4（信頼区間を用いた検定）勾配の信頼区間に 0 が入らないので，勾配が 0 であるという帰無仮説は棄却される。

例 2.9 32 頁の (1.24) 式で，相関係数に関する検定の方法を説明した。そこで用いられたデータは G（所得）と L（平均余命）に関するもので，**表 1–1** に与えられている。同じデータを用いて，回帰式

$$L_i = \alpha + \beta G_i + \varepsilon_i \qquad i = 1, 2, \cdots, 18$$

を推定すると，添え字を除いて

$$\hat{L} = 63.9(44.6) + 0.567(6.08)G$$

となった。括弧内は各係数の t 値である。勾配に関する t 値は，(1.24) 式と同値になる。

このように，相関係数に関する t 検定統計量の値は，2 変数間に回帰式を想定した場合の，勾配に関する t 値に等しい。（証明は章末で与えられる。）

回帰式は，所得が高い国では平均余命が長くなる，という意味を持つ．R^2 は 0.698 であった．次節で示す単回帰に関する性質 9 により，R^2 は 2 変数間の標本相関係数の 2 乗に等しいはずであるが，確かに

$$0.8355^2 = 0.698$$

となる．

因果関係が考えられる訳ではないが，回帰式の説明変数と，被説明変数を入れ替えてみよう．この場合，係数推定値は変化するが，勾配に関する t 値は変わらない．推定結果は

$$\widehat{G} = -75.13(-5.24) + 1.231(6.08)L$$

となる．変数を逆にしたこの回帰式の R^2 は，元の回帰式の R^2 と同じである．

例 2.10 ジップ (Ziph) の法則によると，都市人口と人口順位の積は，ほぼ一定になるという．表に示したのは，京都府下の 12 市の人口と，人口順位である．式で表現すれば

$$人口 \times 人口順位 = 定数$$

となる．この式の両辺の対数をとり，人口を P として次のように表現する．

$$\log(P) = 定数 - \log(i)$$

この式を回帰式と理解しよう．被説明変数は人口の対数値，説明変数は人口順位の対数値であり，その係数は (-1) である．

表 2–4 のデータがこの式を満たすかどうか検討してみよう．回帰式は，説明変数の係数を未知の β とし，誤差項を入れて

$$\log(P_i) = 定数 + \beta \log(i) + u_i \qquad i = 1, 2, \cdots, n$$

とする．検定の帰無仮説は，$H_0: \beta = -1$ である．β の推定値が (-1) に近ければ，ジップの法則は正しいということになる．推定では，人口と人口順位の対数値を Excel

表 2–4 京都 12 市の人口とその順位

順位	1	2	3	4	5	6	7	8	9	10	11	12
人口（千人）	1390	186	94	94	85	77	73	67	53	53	40	25

などでまず計算する。対数変換された値の間に回帰式を推定すると，

$$\widehat{\log(P_i)} = 6.53(23.7) - 1.235(-8.1)\log(i)$$

となった。勾配は (-1) にはならない。

検定 1　(t 検定) 括弧内は t 値だが，(2.31) 式を使って標準誤差を計算すると，

$$-1.235 \times \frac{1}{-8.1} = 0.152$$

となる。この勾配の推定値が (-1) と見なせるか否かの検定をするために，次の t 値を求める。

$$t = \frac{-1.235 - (-1)}{0.152} = -1.55$$

検定統計量の分子は，推定された値と仮説の値の差，分母は標準誤差である。t 分布の自由度は 10，P 値は両側 0.15 であり，帰無仮説 $H_0: \beta = -1$，は棄却できない。(観測個数が小さいので，標準正規分布は用いない。)

検定 2　(信頼区間による検定) 同じ回帰式を標準誤差を用いて推定結果を示すと，

$$\widehat{\log(P_i)} = 6.53(0.276) - 1.235(0.152)\log(i)$$

となる。95% 信頼区間は，

$$(-1.235 - 2.2 \times (0.152), -1.235 + 2.2 \times (0.152))$$

となり，この区間は -1 を含む。したがって，帰無仮説は 5%の両側検定によっては棄却できない。

検定 3　(係数の変換による検定) 同じ検定は，以下の要領でも行える。β が (-1) に近いか否かに関心があるわけだから，$\beta = -1 + \gamma$，と表現する。この書き換えにより検定の帰無仮説は $H_0: \gamma = 0$，となる。回帰式は

$$\log(P_i) = 定数 + (-1 + \gamma)\log(i) + u_i$$

となるから，推定する必要のない $(-1)\log(i)$ を左辺に移項すると，回帰式は

$$\log(i \times P_i) = 定数 + \gamma \log(i) + u_i$$

となる。この式の推定結果は

$$\widehat{\log(i \times P_i)} = 定数 - 0.235(-1.55)\log(i)$$

となり，t 値は先の値と一致する。

■CAPM 式の推定

ファイナンス理論の中でも，**資産価格決定モデル**（capital asset pricing model，略して **CAPM**，キャップエムと表現される）は，最も広範に用いられている分析法の一つである。シャープ（William F. Sharpe；1934– ）によって提案されたが，シャープはその功績により 1990 年にノーベル経済学賞を受賞している。この節の内容に関連してここで，その実証分析を簡単に説明する。

ポートフォリオとは，**様々な資産の複合体を言う**。投資家は特定の資産ではなく，資産の集合であるポートフォリオを持つことにより，できるだけ危険（リスク）を回避し，期待される収益率を高めようとする。資産市場には，数え切れない資産が存在する。CAPM は，**市場全体**を 1 つのポートフォリオと見なし，それを**市場ポートフォリオ**とよぶ。

ある期の資産価格を x 円，1 期前の資産価格を $x(-1)$ としよう。収益率は，価格の変動から生じる儲け，もしくは損を元の価格で割って，

$$r = \frac{x - x(-1)}{x(-1)}$$

と計算される。あるいは

$$r = \log\left(\frac{x}{x(-1)}\right)$$

と計算して求めることも多いが，値はあまり変わらない。

個別資産の期待収益率を r，市場ポートフォリオの期待収益率を r_M として，CAPM は両者の間に安定した関係

$$r - r_f = \beta(r_M - r_f) \qquad (2.34)$$

が存在すると主張する。r_f は，危険が全くない資産（**無危険資産**）の期待収益率で，CAPM では $r - r_f$ と $r_M - r_f$ が，(2.34) 式が示すように，比例関係にあるとする。r_f は，収益率の平均（期待値）であると考えられているから，$r - r_f$ や $r_M - r_f$ は，平均からの乖離分になる。β は市場ポートフォリオのリスク（危険度）を基準とした，特定資産のリスクの感応度を表す係数である。β が 1 を越えれば，その資産は，市場ポートフォリオより敏感にリスクに反応

する。同様に，β が 1 以下であれば，市場ポートフォリオより安定的であり，ほぼ 1 であれば，市場ポートフォリオと類似したリスクを持つと理解される。

このような理論的な関係を検証するために，r には特定資産の収益率を当てはめる。回帰式は，観測値番号の添え字を省いて

$$r - r_f = \alpha + \beta(r_M - r_f) + u$$

とする。さらに，2.1 節で述べたように，誤差項 u と，右辺の説明変数 $(r_M - r_f)$ の間には相関がないと仮定する。(2.34) 式においては，定数項 α は 0 である。そこで，定数項の入った回帰式を推定し，定数項が 0 か否かの検定を行う。もし α が 0 でなければ，r の平均は r_f ではなく $(r_f + \alpha)$ になる。この場合は，収益率の平均が，無危険資産の収益率であるという理論が成立しない。$((r_M - r_f)$ の平均は 0 と理解される。誤差項の平均も 0 である。)

例 2.11 市場ポートフォリオは計測が不可能なので，市場全体の動きを示す指標として日経平均を選び，r_M に，日経平均の収益率を当てはめる。さらに，r_f には郵便貯金の利息を当てはめて，NTT に関する CAPM 式を推定しよう。推定結果は，添え字を除いて

$$\widehat{r} - r_f = -0.00053(-0.44) + 0.874(10.8)(r_M - r_f)$$

となった。データは，2003 年の全日 239 日分を使った，日次（日々）データである。R^2 は 0.32，括弧内は t 値を示す。定数項に関する t 値の絶対値は 2 よりはるかに小さいから，定数項が 0 であるという帰無仮説は棄却できない。（観測個数が大であるので，帰無分布として標準正規分布を用いる。）自由度が 237 の t 分布を元にした P 値は，両側で 0.66 であった。定数項は 0 と見なして良いだろう。勾配は 1 より小であり。また明らかに有意である。(つまり，勾配が 0 であるという帰無仮説は，t 検定により棄却される。) 勾配が 1 より小であるので，NTT の変動は市場ポートフォリオより安定していることが分かる。しかし，係数 $\beta = 1$ と有意な差が見られるだろうか。検定で確かめよう。帰無仮説は，$\beta = 1$ である。

検定 1（t 検定）標準誤差は

$$0.874 \times \frac{1}{10.8} = 0.081$$

と計算できる．したがって，t 統計量は

$$t = \frac{0.874 - 1}{0.081} = -1.56$$

となる．正規分布から得る片側 5% の境界値は -1.65 だから，帰無仮説は棄却できない．このケースのように自由度が大きい場合では，t 分布から境界値を求める必要はない．P 値は両側で 0.12 である．

検定 2 （信頼区間による検定） 標準正規分布を用いた 95% 信頼区間は，

$$(0.874 - 2 \times 0.081, 0.874 + 2 \times 0.081)$$

と求まる．この信頼区間には 1 が入るから，$\beta = 1$ という帰無仮説は棄却できない．

2–5 最小2乗法の諸性質

■最小2乗推定量の導出

(2.5) 式で定義された，Φ の最小化をもたらす $\widehat{\alpha}$ と $\widehat{\beta}$ の公式，(2.7) と (2.9) 式，を導出しよう．導出には，最小化のための数学的手法を用いるが，まず，$\widehat{\alpha}$ と $\widehat{\beta}$ に関する Φ の偏微分を計算し，この偏微分を 0 と置く．（$\widehat{\alpha}$ についての偏微分とは，$\widehat{\beta}$ を固定しておいて，$\widehat{\alpha}$ に関する微分を計算することである．$\widehat{\beta}$ についての偏微分も同様．）

$$\frac{\partial \Phi}{\partial \widehat{\alpha}} = 0, \quad \frac{\partial \Phi}{\partial \widehat{\beta}} = 0 \quad \text{(最小化のための一次条件)} \quad (2.35)$$

この 2 式を満たす $\widehat{\alpha}$ と $\widehat{\beta}$ が，(2.7) 式と (2.9) 式である．$\widehat{\alpha}$ に関する偏微分を計算すると

$$\begin{aligned}
\frac{\partial \Phi}{\partial \widehat{\alpha}} &= \frac{\partial \Phi}{\partial \left(y_i - \widehat{\alpha} - \widehat{\beta} x_i\right)} \frac{\partial \left(y_i - \widehat{\alpha} - \widehat{\beta} x_i\right)}{\partial \widehat{\alpha}} \quad (2.36) \\
&= \sum_{i=1}^{n} \left\{ (-2) \left(y_i - \widehat{\alpha} - \widehat{\beta} x_i\right) \right\} = 0
\end{aligned}$$

となる。同じく $\widehat{\beta}$ に関しては

$$\frac{\partial \Phi}{\partial \widehat{\beta}} = \frac{\partial \Phi}{\partial \left(y_i - \widehat{\alpha} - \widehat{\beta} x_i\right)} \frac{\partial \left(y_i - \widehat{\alpha} - \widehat{\beta} x_i\right)}{\partial \widehat{\beta}} \quad (2.37)$$
$$= \sum_{i=1}^{n} \left\{(-2)\left(y_i - \widehat{\alpha} - \widehat{\beta} x_i\right) x_i\right\} = 0$$

となる。両式を (-2) で割ると，**正規方程式**を得る。正規方程式は，最小2乗推定法に関する諸性質の元となる。

以上が最小化のための**一次条件**であるが，**二次の条件**は，一次の条件をもう一度偏微分して求める。例えば，$\partial \Phi / \partial \widehat{\beta}$ をさらに $\widehat{\beta}$ について偏微分すると，

$$\frac{\partial^2 \Phi}{(\partial \widehat{\beta})^2} = 2 \sum_{i=1}^{n} (x_i)^2$$

となるが，これは正値である。これが最小化のための二次の条件になる。第3章ならびに第4章で説明する一般の回帰式においても，最小化のための二次の条件は全て満たされている。

正規方程式 1

$$\sum_{i=1}^{n} \left(y_i - \widehat{\alpha} - \widehat{\beta} x_i\right) = 0 \quad (2.38)$$

$$\sum_{i=1}^{n} \left(y_i - \widehat{\alpha} - \widehat{\beta} x_i\right) x_i = 0 \quad (2.39)$$

正規方程式中の $\sum$ 計算を進めて整理すると，正規方程式1は

正規方程式 2

$$n\widehat{\alpha} + \left(\sum_{i=1}^{n} x_i\right) \widehat{\beta} = \sum_{i=1}^{n} y_i \quad (2.40)$$

$$\left(\sum_{i=1}^{n} x_i\right) \widehat{\alpha} + \left(\sum_{i=1}^{n} x_i^2\right) \widehat{\beta} = \sum_{i=1}^{n} x_i y_i \quad (2.41)$$

となる。(n が3の場合について，(2.38) と (2.39) から，(2.40) 式と (2.41) 式を丁寧に導いてみよう。) (2.40) 式を n で割ると

$$\widehat{\alpha} + \widehat{\beta}\overline{x} = \overline{y} \tag{2.42}$$

となり，(2.9) 式が導かれる。($\widehat{\beta}$ はまだ求まっていないが，$\widehat{\beta}$ が求まれば，$\widehat{\alpha}$ の値も決まることに注意しよう。) この $\widehat{\alpha}$ を (2.41) 式に代入すると，

$$\widehat{\beta}\left(\sum_{i=1}^{n} x_i^2 - n\overline{x}^2\right) = \sum_{i=1}^{n} x_i y_i - n\overline{x}\cdot\overline{y} \tag{2.43}$$

と整理でき，(2.8) 式が導かれる。

■ 最小 2 乗法の性質

最小 2 乗法に関しては，次のような性質が知られているが，これらの性質は，全て正規方程式から導かれる。証明は次の項でまとめて与える。

【性質 1】 残差和は 0 である：

$$\sum_{i=1}^{n} \widehat{u}_i = 0 \tag{2.44}$$

【性質 2】 残差と x_i は<u>直交</u>する：

$$\sum_{i=1}^{n} \widehat{u}_i x_i = 0 \tag{2.45}$$

定数項を，値が常に 1 の変数と考えれば，(2.44) 式は，$\widehat{u}_i$ と 1 の積和が 0 という意味になる。したがって上の 2 式は，残差が，回帰式に含まれる変数 1 および x_i と直交していることを意味する。

【性質 3】 観測値の和は，回帰値の和に等しい：

$$\sum_{i=1}^{n} y_i = \sum_{i=1}^{n} \widehat{y}_i \tag{2.46}$$

【性質 4】 観測値の平均は，回帰値の平均に等しい：

$$\overline{y} = \frac{1}{n}\sum_{i=1}^{n} \widehat{y}_i \tag{2.47}$$

【性質 5】 残差と回帰値は直交する：

$$\sum_{i=1}^{n} \widehat{u}_i \widehat{y}_i = 0 \tag{2.48}$$

【性質 6】 座標 $(\overline{x}, \overline{y})$ は，回帰直線上に位置する：

$$\overline{y} = \widehat{\alpha} + \widehat{\beta}\overline{x} \tag{2.49}$$

【性質 7】 観測値と回帰値の積和は，回帰値の平方和に等しい：

$$\sum_{i=1}^{n} y_i \widehat{y}_i = \sum_{i=1}^{n} \widehat{y}_i^2 \tag{2.50}$$

【性質 8】 R^2 は，回帰値 $\widehat{y}_i$ と観測値 y_i の相関係数の 2 乗に等しい．回帰値 $\widehat{y}_i$ と観測値 y_i の相関係数は，<u>重相関係数</u>とよばれる．

【性質 9】 R^2 は，y_i と x_i の相関係数の 2 乗に等しい．これは単回帰に限られる性質である．

■ **諸性質の証明** *

各性質，RSS の展開 (2.11) 式，ならびに TSS の分解 (2.19) 式の証明を以下で与える．

【性質 1】 最小 2 乗推定量は，正規方程式 (2.38) 式と，(2.39) 式から導出された．したがって，最小 2 乗推定量はこの両式を満たす．また，残差 $\widehat{u}_i$ は (2.4) 式で定義されているが，この定義を使うと，(2.38) 式は (2.44) 式となる．

【性質 2】 同様に，(2.39) 式は (2.45) 式である．

【性質 3】 残差は (2.4) 式で定義されるから，

$$\sum_{i=1}^{n} \widehat{u}_i = \sum_{i=1}^{n} (y_i - \widehat{y}_i)$$
$$= \sum_{i=1}^{n} y_i - \sum_{i=1}^{n} \widehat{y}_i$$

となり，明らかである．(終わり)

【性質 4】 (2.46) 式を n で割って導く．

【性質 5】 $\widehat{y}_i = \widehat{\alpha} + \widehat{\beta} x_i$ だから，

$$\sum_{i=1}^{n} \widehat{u}_i \widehat{y}_i = \sum_{i=1}^{n} \widehat{u}_i (\widehat{\alpha} + \widehat{\beta} x_i)$$
$$= \widehat{\alpha} \sum_{i=1}^{n} \widehat{u}_i + \widehat{\beta} \sum_{i=1}^{n} \widehat{u}_i x_i$$

となり，ここで，各項は 0 である．(終わり)

【性質 6】 (2.40) 式より自明である。いかなるデータであれ，回帰直線は座標 $(\overline{x}, \overline{y})$ を通る。(終わり)

【性質 7】 (2.48) 式を展開すれば，

$$\begin{aligned} 0 &= \sum_{i=1}^{n} \widehat{u}_i \widehat{y}_i \\ &= \sum_{i=1}^{n} (y_i - \widehat{y}_i) \widehat{y}_i \\ &= \sum_{i=1}^{n} y_i \widehat{y}_i - \sum_{i=1}^{n} \widehat{y}_i^2 \end{aligned}$$

となる。(終わり)

【性質 8】 $\widehat{y}_i$ と y_i の相関係数の 2 乗を計算すると

$$\frac{\{\sum_{i=1,n}(y_i - \overline{y})(\widehat{y}_i - \overline{y})\}^2}{\sum_{i=1,n}(y_i - \overline{y})^2 \sum_{i=1,n}(\widehat{y}_i - \overline{y})^2}$$

となる。分子の共分散は，性質 5 などにより

$$\begin{aligned} \sum_{i=1}^{n} (y_i - \overline{y})(\widehat{y}_i - \overline{y}) &= \sum_{i=1}^{n} (\widehat{u}_i + \widehat{y}_i - \overline{y})(\widehat{y}_i - \overline{y}) \\ &= \sum_{i=1}^{n} (\widehat{y}_i - \overline{y})^2 \end{aligned}$$

となる。(終わり)

【性質 9】 s_{xy}, s_x^2, s_y^2 を，9 頁の (1.4) 式，18 頁の (1.11) 式などで定義される標本共分散ならびに標本分散とする。$\widehat{y}_i$ の定義と，(2.49) 式により，

$$\begin{aligned} ESS &= \sum_{i=1}^{n} (\widehat{y}_i - \overline{y})^2 \\ &= \widehat{\beta}^2 \sum_{i=1}^{n} (x_i - \overline{x})^2 \\ &= \frac{(n-1)(s_{xy})^2}{s_x^2} \end{aligned}$$

となる。TSS は $(n-1)s_y^2$ だから，

$$R^2 = \frac{ESS}{TSS} = (r_{xy})^2$$

2 単回帰

となる。この性質は単回帰の場合にしか維持されない。（終わり）

RSS の展開：(2.11) 式の証明

残差2乗和は

$$\sum_{i=1}^n \widehat{u}_i^2 = \sum_{i=1}^n \widehat{u}_i (y_i - \widehat{y}_i)$$
$$= \sum_{i=1}^n \widehat{u}_i y_i - \sum_{i=1}^n \widehat{u}_i \widehat{y}_i$$

と展開できる。この右辺第2項は，(2.48) 式により 0 であるから，RSS は右辺第1項に等しい。右辺第1項は

$$\sum_{i=1}^n \left(y_i - \widehat{\alpha} - \widehat{\beta} x_i\right) y_i = \sum_{i=1}^n \left(y_i^2 - \widehat{\alpha} y_i - \widehat{\beta} x_i y_i\right)$$
$$= \sum_{i=1}^n y_i^2 - \widehat{\alpha} \sum_{i=1}^n y_i - \widehat{\beta} \sum_{i=1}^n x_i y_i$$

となる。

異なる表現も可能である。(2.42) 式を使って $\widehat{\alpha}$ を書き直せば，

$$RSS = \sum_{i=1}^n \{(y_i - \overline{y}) - \widehat{\beta}(x_i - \overline{x})\}^2 \tag{2.51}$$
$$= \sum_{i=1}^n (y_i - \overline{y})^2 - \widehat{\beta} \sum_{i=1}^n (x_i - \overline{x})(y_i - \overline{y})$$
$$= (n-1)\left(s_{yy} - \frac{s_{xy}^2}{s_{xx}}\right)$$

となる。次章で説明する標本偏分散の定義 (3.13) 式を用いると，

$$s^2 = s_{yy|x} = \frac{n-1}{n-2}\left(s_{yy} - \frac{s_{xy}^2}{s_{xx}}\right) \tag{2.52}$$

となる。（終わり）

TSS の分解：(2.19) 式の証明

(2.17) 式の両辺の2乗を計算し，和を計算すると，

$$\sum_{i=1}^n (y_i - \overline{y})^2 = \sum_{i=1}^n (\widehat{y}_i - \overline{y})^2 + \sum_{i=1}^n \widehat{u}_i^2 + 2\sum_{i=1}^n \widehat{u}_i (\widehat{y}_i - \overline{y}) \tag{2.53}$$

となる。右辺第3項は，性質1と性質5により0である。（終わり）

■ 予　測

回帰分析の目的の一つに予測がある。予測は，次の手順によって行われる。

1 過去のデータを用いて，回帰係数を推定する。

2 回帰値は

$$\widehat{y}_i = \widehat{\alpha} + \widehat{\beta} x_i \tag{2.54}$$

となるが，説明変数に**将来値** x_{n+1} を代入すれば，**予測値** $\widehat{y}_{n+1}$ を得る。

このような予測方式の背後には，予測時点についても，回帰式

$$y_{n+1} = \alpha + \beta x_{n+1} + u_{n+1} \tag{2.55}$$

が成立することが前提となる。特に，回帰係数は同じとする。また，誤差項 u_{n+1} は，過去の誤差項と同じ平均と分散を持つが，独立に分布するとされる。このような前提条件の下で，予測値は

$$\widehat{y}_{n+1} = \widehat{\alpha} + \widehat{\beta} x_{n+1} \tag{2.56}$$

と書かれる。予測の手順は，回帰値の計算と同じであり，容易であるが，実際は x_{n+1} を決めることが難しい。実際，来年度の y の値 y_{n+1} を予測する場合，来年度の説明変数 x_{n+1} の値は，通常，未知である。

予測に関しても，信頼区間を導くことができる。このためには予測値の分散を導く必要がある。そして，予測値と y_{n+1} の差の分散（理論的な分散）は，

$$V(\widehat{y}_{n+1} - y_{n+1}) = \sigma^2 \left\{ 1 + \frac{1}{n} + \frac{(x_{n+1} - \overline{x})^2}{\sum_{i=1}^{n}(x_i - \overline{x})^2} \right\} \tag{2.57}$$

となる。(証明は，(7.63) 式で与えられる。) この分散を，データに基づいて評価すれば，y_{n+1} の周辺での，予測の信頼区間を作ることができる。σ^2 を残差分散 s^2 に変えると，95% 信頼区間は

$$\widehat{y}_{n+1} - t_{97.5}\sqrt{\widehat{V}} < y_{n+1} < \widehat{y}_{n+1} + t_{97.5}\sqrt{\widehat{V}}$$

となる。

2 単回帰

● 練習問題

1. 次のデータを使い，回帰式の推定をしなさい。さらに，残差2乗和，R^2 を求めなさい。計算は表 2–2 の様式で行えば良い。

y	x	x^2	xy	y^2	回帰値	残差
1	1					
7	2					
10	3					

2. 問1のデータについて，今度は y が $-5, 1, 4$，x が $-1, 0, 1$，とする。各変数の平均は 0 になっている。この場合の各係数の推定値を，(2.40) 式，(2.41) 式より求めなさい。

3. (2.24) 式から求まる β の最小2乗推定量と，(2.25) 式から求まる β の最小2乗推定量が一致することを証明しなさい。

4. 回帰式が，$y_i = \alpha + \beta x_i + u_i$ ではなく，$x_i = \delta + \gamma y_i + v_i$ と定義されていたとする。(逆回帰と言う。) この回帰式の係数 δ と γ の最小2乗推定量を求めなさい。また，γ の推定量を，相関係数を用いて表現しなさい。$\widehat{\beta}$ と $\widehat{\gamma}$ の積が，相関係数の2乗になることを確認しなさい。例 2.9 で推定された回帰の勾配と，逆回帰の勾配より，決定係数 R^2 を求めなさい。

5. 線形回帰式が，$\widehat{y_i} = 1 + 2x_i$ と推定されたとする。被説明変数が 10 倍，説明変数が 100 倍の値になったとして，各係数の推定値を与えなさい。

6. 定数項しか含まない回帰式を考える。
$$\sum_{i=1}^{n}(y_i - \widehat{\mu})^2$$
を最小にする $\widehat{\mu}$ を求めなさい。残差の和 $\sum_{i=1}^{n}(y_i - \widehat{\mu})$ が 0 になることを示しなさい。また，このときの決定係数 R^2 を求めなさい。

7. 定数項が含まれない回帰式
$$y_i = \beta x_i + u_i \quad i = 1, 2, \cdots, n$$
を，最小2乗法で推定する。β の推定量を求めなさい。さらに，この推定から得られる残差が，x_i に直交するが，残差の和は 0 にならないことを示しなさい。(したがって，TSS の分解は成立しない。)

8. 2003 年の NTT ならびに日経平均の月々の収益率は下表のようになった。
   8.1 データを用いて，収益率の計算法を確認しなさい。

8.2 CAPM 式を推定しなさい。
8.3 CAPM 式の定数項推定値より，無危険利子率を推定しなさい。
8.4 この年の郵便貯金利子率は 0.5% であった。推定された無危険利子率は 0.5% と見なして良いか，検定により確かめなさい。($r_f = 0.005$ として CAPM 式を推定し，定数項が 0 か否か検定すればよい。)

月次	収益率		株価	
	NTT	日経平均	NTT	日経平均
12			479,000	9,174
1	−0.0872	−0.0516	439,000	8,713
2	−0.0930	−0.0247	400,000	8,500
3	0.0793	−0.0012	433,000	8,490
4	−0.0546	−0.0612	410,000	7,986
5	0.0145	−0.0155	416,000	7,863
6	0.0470	0.0834	436,000	8,547
7	0.0961	0.0821	480,000	9,278
8	0.0328	0.0353	496,000	9,611
9	0.0738	0.1045	534,000	10,670
10	−0.0618	−0.0294	502,000	10,361
11	−0.0242	0.0458	490,000	10,847
12	0.0916	−0.0418	537,000	10,403

2 単回帰

第2章の数学補論

2.1 例 2.9 の証明

この補論は，本書をできるだけ完備にするために用意されている．内容は高度であるので，初学者は飛ばして読んでも，次章以降の理解に差し支えはない．

1.3 節において相関係数に関する検定の方法を説明したが，この検定法と，例 2.9 の t 検定が一致することを証明する．

被説明変数が y，説明変数が x である線形回帰式の勾配に関する t 統計量は，(2.31) 式で示したように

$$t_\beta = \widehat{\beta}\sqrt{\frac{\sum_{i=1}^n (x_i - \overline{x})^2}{s^2}} = \widehat{\beta}\sqrt{\frac{(n-1)s_{xx}}{s^2}}$$

となる．(2.52) 式により

$$\widehat{\beta} = \frac{s_{xy}}{s_{xx}}, s^2 = \frac{n-1}{n-2}\left(s_{yy} - \frac{s_{xy}^2}{s_{xx}}\right)$$

だから，変形すると

$$\begin{aligned}
t_\beta &= \frac{s_{xy}}{s_{xx}}\sqrt{\frac{s_{xx}}{(s_{yy} - (s_{xy}^2/s_{xx}))/(n-2)}} \\
&= \sqrt{n-2}\frac{s_{xy}}{s_{xx}}\frac{\sqrt{s_{xx}}}{\sqrt{s_{yy}\{1 - (s_{xy}^2/(s_{xx}s_{yy}))\}}} \\
&= \sqrt{n-2}\frac{r}{\sqrt{1-r^2}}
\end{aligned} \tag{2.58}$$

となる．また，単回帰式では，性質 9 により，単相関係数は R^2 の平方根に等しいから，(2.58) 式は

$$t_\beta = \sqrt{n-2}\frac{R}{\sqrt{1-R^2}} \tag{2.59}$$

となる．多変数の回帰においては，単相関を偏相関に置き換えることにより (2.58) 式は成立するが，性質 9 が単回帰に限られるため (2.59) 式は成立しない．

第 3 章

偏相関係数と回帰

　前章では，互いに関連する 2 個の変数に関するデータについて，平均，標準偏差，相関係数などの基本的な指標の意味と計算方法を説明した．この章では，関連する 3 個の変数に関するデータ

$$\{(x_1, y_1, z_1), (x_2, y_2, z_2), \cdots, (x_n, y_n, z_n)\} \quad (3.1)$$

についての，基礎的な分析法，相関係数行列，偏相関係数，3 変数での回帰分析，最小 2 乗法の解説，ならびに検定法を説明する．この章は，第 2 章の一般化であると共に，第 4 章の多変数に関する回帰推定への架け橋となり，重要な内容を持つ．したがって，この章を十分に理解すれば，第 4 章は容易に読み進められる．

3 偏相関係数と回帰

□ 3–1　3変数データ □

■ 相関係数行列

3変数に関するデータであっても，第1章で行った，1変数の分析ならびに2変数の分析を適応することができる．例えば，前頁に示した (3.1) 式から x に関するデータ

$$\{x_1, x_2, \cdots, x_n\}$$

だけを取り出し，平均や標準偏差を計算すれば，$\overline{x}, s_x$ が求まる．同様に，y に関するデータから，$\overline{y}, s_y$，z に関するデータから $\overline{z}, s_z$ などを求めることができる．

(3.1) 式から x と y に関するデータ

$$\{(x_1, y_1), (x_2, y_2), \cdots, (x_n, y_n)\}$$

を取り出せば，x と y の間の共分散 s_{xy} と相関係数 r_{xy} を計算することができる．同様の処理は，y と z に関するデータ，ならびに z と x に関するデータに適用できるから，結果として，3個の標本共分散と3個の標本相関係数 $s_{xy}, r_{xy}, s_{yz}, r_{yz}, s_{zx}, r_{zx}$ が求まる．さらに共分散と相関係数は，各々**分散共分散行列**と**相関係数行列**にまとめて

$$V = \begin{pmatrix} s_{xx} & s_{xy} & s_{xz} \\ s_{yx} & s_{yy} & s_{yz} \\ s_{zx} & s_{zy} & s_{zz} \end{pmatrix} \tag{3.2}$$

$$R = \begin{pmatrix} 1 & r_{xy} & r_{xz} \\ r_{yx} & 1 & r_{yz} \\ r_{zx} & r_{zy} & 1 \end{pmatrix} \tag{3.3}$$

と表示することができる．（s_{xx} などは s_x の2乗であり，s_x^2 とも記される．）相関係数と共分散は，添字が逆でも値は同じで，$s_{xy} = s_{yx}, r_{xy} = r_{yx}$ などと

表 3–1　所得および支出データ

所得	教育	教養娯楽	教育残差	教娯残差
198,005	2,854	17,662	−247.0	−478.2
254,020	5,880	24,208	−2111.6	−651.6
290,237	11,995	30,538	841.4	1333.9
348,839	19,605	36,568	3335.0	334.2
452,356	23,490	48,113	−1817.8	−538.4

表 3–2　標本相関係数行列と分散・共分散行列

	相関係数行列			分散・共分散行列		
	所得	教育支出	教養娯楽	所得	教育支出	教養娯楽
所得	1.00000	0.96757	0.99741	7.56647E+09		
教育支出	0.96757	1.00000	0.97653	6.60610E+08	6.16071E+07	
教養娯楽	0.99741	0.97653	1.00000	9.07653E+08	8.01868E+07	1.09446E+08

n で割って求めている

なるから，分散共分散行列と相関係数行列は対称行列である．特に標本相関係数行列を検討することにより，3 変数間の結びつきを知ることができる．

以上の標本相関係数などは特定の 2 変数のデータから求まるもので，その計算では第 3 の変数は使われない．例として r_{xy} をあげれば，この計算では，z 変数のデータは無視されている．そして，この 3 番目の変数の影響を考察するのが，次節のテーマである．次節で説明する偏相関係数と対比して，第 3 の変数を考慮しない相関係数を，単相関係数とよぶこともある．

例 3.1　表 3–1 では，年間収入 5 分位階級別の，1 カ月平均所得と教育および教養・娯楽支出が示されている．（日本統計年鑑，平成 15 年．）計測単位は円であるが，この表を 5 家計についての，月々の所得，教育費，教養・娯楽費に関するデータであるとしよう．最後の 2 列は次節で用いる．最初の 3 列より，変数間の標本相関係数を計算すると，表 3–2 の標本相関係数行列が求まる．最上段と左端に変数名を示しているから，個々の相関係数と変数の対応は容易に理解できよう．どの相関係数をとっても，その値は 1 に非常に近い．

3 偏相関係数と回帰

Excel を使う場合は，**例 1.5** (19 頁) で説明した，共分散の計算法とほぼ同じ手続きにより，相関係数行列が計算できる。分析ツールは「相関」を選べばよい。分散および共分散行列において，「7.56647E+09」などの表現は有効数字 6 桁の数値で

$$7.56647 \times 10^9 = 7566470000$$

を意味する。Excel では，積和などを n で割って，標本分散と共分散を求めていることに注意しよう。相関係数は，分散共分散行列から容易に計算することができる。

□ 3-2　偏共分散と偏相関係数 □

■第 3 変数の影響

第 3 変数 z が及ぼす，変数 x への影響を考えてみよう。z が取る様々な値に対して，x が繰り返し観測できるとする。そして，

$z=1$ に対応する x の観測値の平均は 0.5,

$z=2$ に対応する x の観測値の平均は 1,

$z=4$ に対応する x の観測値の平均は 2,

$z=10$ に対応する x の観測値の平均は 5,

などとなっていたとする。このような関係を眺めると，変数 z が変数 x に及ぼす影響は $0.5z$ であることが分かる。したがって，変数 x から変数 z の影響を除くには，

$$x_i - 0.5 z_i$$

という計算をすれば良いだろう。変数 z は変数 x の平均に影響を与えているから，各 x 値から $0.5z$ を引くことにより，x 値から z の影響を除くことができる。

z の値に対して，x が繰り返し観測できない場合に，このような操作を一般化したのが，x_i を z_i に回帰して求める残差である。x_i を z_i に回帰して求める残差は，x_i から z_i の影響を除く方法の一つである。

3-2 偏共分散と偏相関係数

■ 残 差

　前項の例では，z の個々の値に対して，x の観測値が多数存在するとした。さらに個々の z 値に対する多数の x 値の平均は，z の値と正確な比例関係になるとした。しかし，このような状況が生じることは稀であり，通常は z の個々の値に対して，x の観測値は 1 個しかなく，グループ平均の計算はできない。グループ平均が計算できたとしても，グループ平均は，z の値と正確な比例関係になることはない。

　個々の z 値に対して x の観測値は 1 個しかなく，かつ x と z の値が正確な比例関係を示すことがないような場合を考えよう。このような場合には，どのようにすれば，変数 x から第 3 変数 z の影響を除去することができるだろうか。答の一つとして，第 2 章の回帰分析を使い，変数 x を変数 z に回帰して，回帰値と観測値の差である残差を求める方法がある。

　残差により変数の影響を除去するには，まず人工的な回帰式を設定しないといけない。変数 x から変数 z の影響を除去するために，人工的な回帰式を

$$x_i = \alpha_x + \beta_x z_i + u_{xi} \qquad i = 1, 2, \cdots, n \qquad (3.4)$$

とする。前章と同じく α_x と β_x は未知係数であり，u_{xi} は回帰式の誤差項である。添え字の x は，これらの係数と残差が，x を被説明変数とする回帰式に伴われていることを示している。

　回帰式の意味からして，回帰式の非確率部分 $\alpha_x + \beta_x z_i$ は，変数 x に占める変数 z の影響を示している。したがって，変数 x に対する第 3 変数 z の影響を測るには，この回帰式を推定すれば良い。推定は，前章で説明した手順通りに行う。

$$\sum_{i=1}^{n}(x_i - \widehat{\alpha}_x - \widehat{\beta}_x z_i)^2$$

を，$\widehat{\alpha}_x$ と $\widehat{\beta}_x$ に関して最小化し，$\widehat{\alpha}_x$ と $\widehat{\beta}_x$ を決める。z の影響度 $\alpha_x + \beta_x z_i$ は回帰値

$$\widehat{x}_i = \widehat{\alpha}_x + \widehat{\beta}_x z_i$$

によって推定できるから，変数 x から第 3 変数 z の影響を除去するには，残差

3 偏相関係数と回帰

$$\widehat{u}_{xi} = x_i - \widehat{x}_i = x_i - \widehat{\alpha}_x - \widehat{\beta}_x z_i \tag{3.5}$$

を求めればよい．最小化の手続において，直交性

$$\sum_{i=1}^n \widehat{u}_{xi} = 0, \sum_{i=1}^n \widehat{u}_{xi} z_i = 0 \tag{3.6}$$

が満たされている．変数 y から変数 z の影響を除く方法も同様で，

$$\widehat{u}_{yi} = y_i - \widehat{y}_i = y_i - \widehat{\alpha}_y - \widehat{\beta}_y z_i$$

と，残差を計算すれば良い．以上の分析をまとめておこう．

1. 変数 x から変数 z の影響を除くには，残差 $\widehat{u}_{xi}$ を求める．
2. 変数 y から変数 z の影響を除くには，残差 $\widehat{u}_{yi}$ を求める．

■第 3 変数の影響を除いた相関係数

以上のような計算により求まった，残差 $\widehat{u}_{xi}$ と $\widehat{u}_{yi}$ に関して，標本分散，標本共分散，標本相関係数を計算することができる．このような統計量を，変数 z を所与とした**標本偏分散，標本偏共分散，標本偏相関係数**という．標本偏分散などと言わず，条件つき標本分散ということもある．z を所与とした標本分散という意味である．定義は

$$s_{xx|z} = \frac{1}{n-2} \sum_{i=1}^n (\widehat{u}_{xi})^2 \tag{3.7}$$

$$s_{yy|z} = \frac{1}{n-2} \sum_{i=1}^n (\widehat{u}_{yi})^2 \tag{3.8}$$

$$s_{xy|z} = \frac{1}{n-2} \sum_{i=1}^n (\widehat{u}_{xi} \widehat{u}_{yi}) \tag{3.9}$$

$$r_{xy|z} = \frac{s_{xy|z}}{\sqrt{s_{xx|z} s_{yy|z}}} \tag{3.10}$$

と与えられる．「$|z$」は z の影響を除く，という意味を持つ．回帰式の推定において，未知係数を 2 個推定しているので，理論的な観点から 2 乗和などを $(n-2)$ で割ることが望ましい．しかし，簡単化のため n で割っている教科書も多い．この差異は標本偏相関係数には影響をもたらさない．

標本偏共分散の計算においては，残差の性質 (3.6) により

$$\sum_{i=1}^{n}(\widehat{u}_{xi}\widehat{u}_{yi}) = \sum_{i=1}^{n}(\widehat{u}_{xi}y_i) = \sum_{i=1}^{n}(x_i\widehat{u}_{yi}) \tag{3.11}$$

と簡略して書けることにも注意しよう。

前章では,被説明変数 y を x に回帰して残差を求めたが,これは標本偏分散を求める手続きでもある。だから,44 頁の (2.13) 式で定義した誤差分散の推定量 s^2 は,y を x に回帰して得た残差を元にしているから,正確には標本偏分散 $s_{yy|x}$ と表記すべきであろう。つまり,

$$s^2 = s_{yy|x}$$

である。さらに y を x に回帰して得た残差変動 RSS は,標本偏分散を用いれば,

$$RSS(y|x) = (n-2)s_{yy|x} \tag{3.12}$$

と表記できる。

例 3.2 例 3.1 において,教育費を x,教養・娯楽費を y,所得を z とする。そして,所得 z の影響を除去した上で,教育費 x と教養・娯楽費 y の偏相関係数を計測しよう。

教育費 x から,所得 z の影響を除去するためには,教育費 x を所得 z に回帰して,残差を求める。回帰式の推定結果は,添え字を除いて

$$\widehat{x} = -14186.3 + 0.0873z$$

となるから,残差は

$$\widehat{u}_x = x + 14186.3 - 0.0873z$$

となる。同様にして教養・娯楽費 y については

$$\widehat{u}_y = y + 5612.0 - 0.120z$$

と計算された。これらの残差式から残差を逐一求めると,**表 3-1** の最終 2 列のようになる。これらの残差より計算した標本偏分散ならびに標本偏共分散が,**表 3-3** に与えられる。(標本偏分散などは,残差の 2 乗和を,観測個数 3 で割って求めていることに注意しよう。計算は有効数字 16 桁で行っている。)

3 偏相関係数と回帰

表3-3 標本偏分散と標本偏共分散

	教育残差	娯楽残差
教育残差	6551485	
娯楽残差	1569883	944718

$n-2$ で割って求めている

標本偏相関係数を計算すると，

$$r_{xy|z} = \frac{1569883}{\sqrt{6551485 \times 944718}} = 0.6310$$

となった．したがって，所得 z の影響を除去した結果，相関係数の値は 0.9765 から 0.6310 に大きく下がる．

例 3.3 例 3.2 では，観測個数が 5 しかなく，十分に正確な検定ができるとはいえないが，2 変数間の単相関係数が 0 か否かという検定をしてみよう．相関係数が 0 であるという帰無仮説に対する検定統計量は，表 3-2 の単相関係数 0.9765 を使い，32 頁の (1.24) 式に従い計算すると，

$$\sqrt{5-2}\frac{0.9765}{\sqrt{1-0.9765^2}} = 7.85$$

となる．帰無仮説の下での分布は，自由度が 3 の t 分布であるから，片側 5% 検定の境界値は 2.35 となり，帰無仮説は棄却される．P 値は両側で 0.004 である．図 3-1 を参照のこと．実際，単相関係数 0.9765 はほぼ 1 であり，検定統計量も，境界値に比べて非常に大きな値になる．因果関係があるわけではないが，教育費 x を教養・娯楽費 y に単回帰すると，添え字を除いて

$$\hat{x} = -10254(-3.32) + 0.733(7.85)y$$

となり，括弧内に示された勾配に関する t 値と，相関係数に関する検定結果は一致する．例 2.9 (56 頁) を参照されたい．

次に，偏相関係数が 0 か否かという検定をしてみよう．標本偏相関係数 0.631 の場合の検定統計量は

$$t = \sqrt{5-3}\frac{0.631}{\sqrt{1-0.631^2}} = 1.15$$

3–2 偏共分散と偏相関係数

図 3–1　自由度 3 の t 密度関数

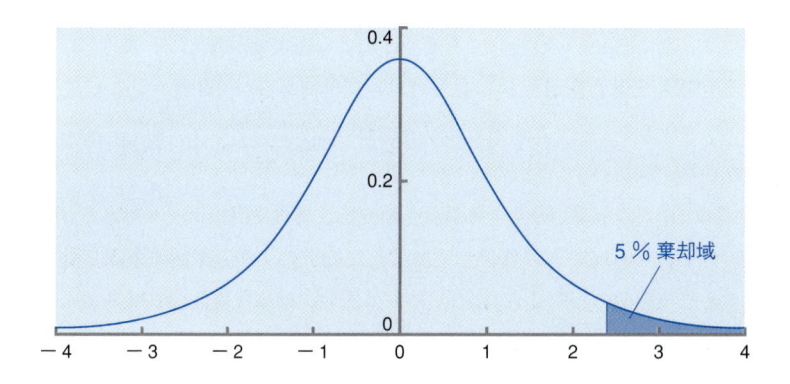

となる。帰無仮説の下での分布は自由度が 2 の t 分布であり，5% の境界値は 2.92 となる。したがって，有意な検定結果は得られず，偏相関係数は 0 でないとは言えない。P 値は両側で 0.37 になる。

以上の分析により，教育費と教養・娯楽費間の単相関係数が有意になったのは，両変数の直接的な結びつきによるのではなく，両変数が所得と強く結びついているという間接的な結びつきによることが分かる。所得の影響を除けば，両変数間の相関は有意ではない。このように，2 変数間の単相関係数は有意であるが，特定の要因の効果を除いた偏相関係数が有意にならない場合，2 変数間に見せかけの相関があるという。X 君と Y 君は共通の上司 Z 課長の下では仲良く振る舞うが，Z 課長から離れれば本来疎遠であるといった比喩があげられよう。

例 3.4　教育費 x を教養・娯楽費 y ならびに所得 z に回帰すると，添え字を除いて

$$\hat{x} = -4861(-0.54) + 1.66(1.15)y - 0.11(-0.64)z$$

となった。（この式の計算法は次節で説明する。）括弧内に示されている教養・娯楽費 y に関する t 値は，偏相関係数に関する検定統計量と同値になる。P 値は両側で 0.37 である。x と y を入れ替えた回帰式を推定すると，

$$\hat{y} = -2212.6(-0.67) + 0.24(1.15)x + 0.099(5.27)z$$

となり，x の係数に関する t 値は，y 係数に関する t 値と同じ値になる。

3 偏相関係数と回帰

例 3.5 見せかけの相関と同じく，**見せかけの無相関**という現象もある．標本単相関係数の値は変数間の結びつきを示さないが，隠れた要因の影響を考慮すると標本偏相関係数は有意になるという場合である．このような現象があることは容易に想像できる．政治家 A と暴力団組長 B は見かけは無関係であるが，財界の黒幕 C を通して強い結びつきがあるといった比喩もあげられる．しかし，データを用いた実例を示すことはなかなか難しい．

表 3–4 は 10 人の所得，野菜・海藻品への支出，外食支出のデータである．データは所得の低い方から高い方に整理してある．このデータから相関係数表を計算すると，外食と野菜の間の相関は 0.18 で，非常に低い．単相関係数が 0 であるという帰無仮説に対する t 検定統計量は

$$t = \sqrt{8}\frac{0.1814}{\sqrt{1-0.1814^2}} = 0.52$$

となり，有意にならない．P 値は両側で 0.62 である．しかし偏相関係数は，計算の結果 -0.808 となった．検定統計量は

$$t = \sqrt{7}\frac{-0.808}{\sqrt{1-0.808^2}} = -3.63$$

となり，強く有意である．P 値は 0 と言って良い．したがって，外食支出と野菜・海藻品支出には，所得の影響を除けば，負の相関がある．つまり外食をする人は野菜などを買わないということだが，この傾向は所得の影響を除いて，初めて明らかになる．

表 3–4　1 人当たり所得と野菜支出ならびに外食支出

年間収入（万円）	89	125	145	154	172	183	211	239	287	428
野菜・海藻（円）	2784	2964	2904	2578	2556	2467	2658	2683	2904	3042
外食（円）	2053	2502	2830	3065	3591	3722	3997	4301	4675	5699

家計調査年報（平成 14 年）

	収入	野菜	外食
年間収入	1		
野菜・海藻	0.3878	1	
外食	0.9658	0.1814	1

3–2 偏共分散と偏相関係数

■ 標本偏共分散と標本偏相関係数の表現

標本偏分散と標本偏共分散は，線形回帰式の残差を用いて計算するが，条件となる変数が 1 個しかない場合は，標本分散および標本共分散を用いて計算することができる．次に示す計算公式を利用するが，この式において，例えば s_{xx} は (1.4) 式で定義された x の標本分散であり，s_x^2 と同じである．

> **標本偏分散・標本偏共分散・標本偏相関係数**
>
> z を所与とする場合の変数 x と y の標本偏分散と標本偏共分散は，
>
> $$s_{xx|z} = \frac{n-1}{n-2}\left(s_{xx} - \frac{s_{xz}s_{zx}}{s_{zz}}\right) \tag{3.13}$$
>
> $$s_{yy|z} = \frac{n-1}{n-2}\left(s_{yy} - \frac{s_{yz}s_{zy}}{s_{zz}}\right) \tag{3.14}$$
>
> $$s_{xy|z} = \frac{n-1}{n-2}\left(s_{xy} - \frac{s_{xz}s_{zy}}{s_{zz}}\right) \tag{3.15}$$
>
> となる．標本偏相関係数 $r_{xy|z}$ は
>
> $$r_{xy|z} = \frac{s_{xy|z}}{\sqrt{s_{xx|z}s_{yy|z}}} = \frac{(r_{xy} - r_{xz}r_{zy})}{\sqrt{(1-r_{xz}^2)(1-r_{zy}^2)}} \tag{3.16}$$
>
> となる．

z の影響を示す第 2 項は，各式とも同じ形式を持つことに注意しよう．$s_{xz}s_{zx}$ は $(s_{xz})^2$ だが，形式の類似性を示すために (3.13) 式や (3.14) 式のように表現する．証明は章末で与えられる．また，標本分散を，残差の 2 乗和を n で割って定義する場合は，式の頭にある調整項 $(n-1)/(n-2)$ は不必要になる．

例 3.6 x を教育費，y を教養・娯楽費，z を所得とし，(3.13) 式から (3.68) 式までを用いて，標本偏分散，標本偏共分散を表 3–2 の数値を用いて計算してみよう．ただし，表 3–2 の標本分散などは，観測個数 5 で割って求められていることに注意しよう．(有効桁数の関係で，以下の計算は表 3–3 と一致しない．)

$$s_{xx|z} = \frac{5}{3}\left\{(6.16071E+07) - \frac{(6.60610E+08)^2}{7.56647E+09}\right\}$$

3 偏相関係数と回帰

$$= \frac{5}{3}\left(6.16071 - \frac{6.60610^2}{7.56647}\right)(E+07)$$
$$= 6551400$$
$$s_{yy|z} = \frac{5}{3}\left(10.9446 - \frac{9.07653^2}{7.56647}\right)(E+07) = 944060$$
$$s_{xy|z} = \frac{5}{3}\left(8.01868 - \frac{6.60610 \times 9.07653}{7.56647}\right)(E+07) = 1569700$$

標本偏相関係数は，以上の偏分散，偏共分散を用いて計算すれば良い。あるいは，**表 3–2** の単相関係数（2 変数間の相関係数）を用いて計算しても，同じ結果になる。計算は以下のようになる。

$$\begin{aligned}
r_{xy|z} &= \frac{1569700}{\sqrt{6551400 \times 944060}} \\
&= \frac{(0.97653 - 0.96757 \times 0.99741)}{\sqrt{(1 - 0.96757^2) \times (1 - 0.99741^2)}} \\
&= 0.631
\end{aligned}$$

3–3 回帰分析

3 変数データを分析する基本的なツールとして，標本相関係数行列ならびに標本偏相関係数を紹介した。標本相関係数行列は，2 変数間の単相関係数を，碁盤状に整理したものである。標本偏相関係数は，隠れた要因の影響を除去してから求める，2 変数間の相関指標である。次に説明するのは，3 変数の内，結果となる変数と原因となる変数が分割できる場合で，第 2 章の線形回帰法を拡張して応用する。

■3 変数の回帰分析

大きさ n のデータを

$$\{(y_1, x_1, z_1), (y_2, x_2, z_2), \cdots, (y_n, x_n, z_n)\} \quad (3.17)$$

とする。(3.1) 式と比べると，変数の順番を変えているが，これは y_i を結果と

なる被説明変数，x_i と z_i を，原因となる説明変数とするからである．線形回帰式は

$$y_i = \alpha + \beta x_i + \gamma z_i + u_i \quad i = 1, 2, \cdots, n \tag{3.18}$$

と表現される．式中の α, β, γ (ガンマ) は未知係数，u_i は誤差項である．誤差項 u_i は確率変数であり，説明変数と独立に分布すると仮定する．さらに，誤差項 u_i の期待値は 0，母分散は観測値の番号に依存せず一定，

$$V(u_i) = \sigma^2 \quad i = 1, 2, \cdots, n \tag{3.19}$$

とする．また，n 個の誤差項は確率変数で，互いに独立に分布すると仮定する．

■ Excel 分析ツールによる回帰計算

図 3-2 中のデータは，表 2-1 (40 頁) の拡張で，元の停止距離データに，その乗用車の重さ (z) が追加されている．このデータにより，走行スピードだけではなく，車の重量が停止までの距離に及ぼす影響を，分析することができる．第 2 章では，スピードは自由に選べるから，確率変数の性質を持たないとした．重量は，スピードと違い，自由に選べる訳ではない．しかし，その値はあらかじめ定まっているから，スピードと同じく，確率変数の性質を持たないと理解する．確率変数は，被説明変数の停止までの距離だけである．そこで 3 変数間に，線形回帰式を当てはめる．

Excel のツール中，分析ツール「回帰分析」を選び，線形回帰式を計算する．データは図 3-2 に示す．「回帰分析」を用いるには，データは列状に用意すること．図 3-3 にダイアログボックスを示すが，その主要点は次のようになる．

1. 被説明変数のデータ範囲，「入力 Y 範囲」を指定する．

2. 説明変数のデータ範囲，「入力 X 範囲」を指定する．説明変数の列は，連続して並んでいなければならない．「CTRL」キーを使って，離れた列を指定しても計算できない．

3. データ範囲に変数名が含まれる場合は，「ラベル」にチェックを入れる．

4. 計算結果を表示する位置を指定する．同じシートに出力したいなら，「一覧の出力先」にチェックを入れ，ピボットとなるセルを指定する．

3　偏相関係数と回帰

図3-2　Excel による回帰分析

	C	D	E	F	G	H	I	J	K
7									
8									
9	y	x	z		回帰統計				
10	5.3	45	0.8		重相関 R	0.91			
11	7.5	50	0.9		重決定 R2	0.82			
12	5.9	55	0.65		補正 R2	0.73			
13	9.2	60	1.3		標準誤差	1.17			
14	8.8	65	1.2		観測数	7			
15	7.5	70	0.95						
16	12	75	1.2		分散分析表				
17	(m)	(km/h)	1000kg			自由度	変動	分散	分散比
18					回帰	2.00	24.83	12.42	9.13
19					残差	4.00	5.44	1.36	
20					合計	6.00	30.27		
21									
22						係数	標準誤差	t	P-値
23					切片	-2.90	2.73	-1.06	0.35
24					x	0.10	0.05	1.75	0.15
25					z	5.16	2.47	2.09	0.10

図3-3　ダイアログ・ボックス

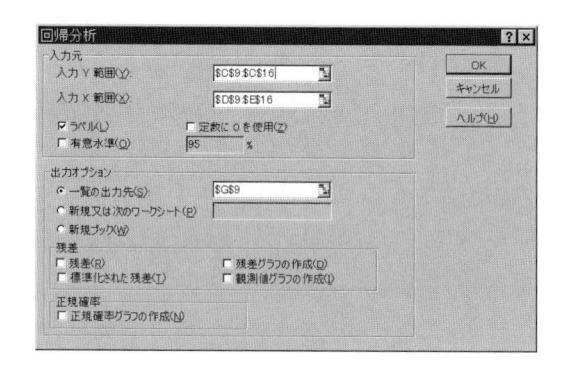

　計算を進めれば，図3-2が求まる。回帰係数の推定結果は，「係数」欄の3個の値である。「切片，x, z」は定数項，x変数，z変数に対応する係数であることを示す。回帰式の様式で結果を表記すれば，添え字を除いて

$$\widehat{y} = -2.90(-1.06) + 0.10(1.75)x + 5.16(2.09)z$$

となる。括弧内はt値である。t値の解釈は前章と全く同じで，個々の係数に

関する有意性検定を行う。観測個数は 7，定数項を含める説明変数の数は 3 であるので，t 分布の自由度は 4 になる。各係数に関する t 検定の結果は，以下のようになる。(図 3–1 は，自由度が 3 の t 密度関数であるが，自由度が 4 でも見かけは変わらないので，参照されたい。)

(1) 切片の P 値は両側検定では 0.35 になり，有意水準 5% の検定では，有意にならない。しかし切片を回帰式に残しておいても，問題は生じないだろう。(自由度が 4 の t 分布の，右裾 2.5% 点は 2.78 であり，帰無仮説は棄却できない。)

(2) x_t の勾配係数の符号は正であり，x_t が増えれば，y_t も増えるという期待される関係を示している。しかし P 値は両側検定では 0.15 になり，有意水準 5% の検定では，この係数も有意でない。(自由度が 4 の t 分布の右裾 5% 点は 2.13 であり，帰無仮説は棄却できない。)

(3) z_t の勾配係数の符号も正であり，z_t が増えれば，y_t も増えるという期待される関係を示している。しかし P 値は両側検定では 0.10 になり，有意水準 5% の検定では，この係数も有意とは言えない。(自由度が 4 の t 分布の右裾 5% 点は 2.13 であり，帰無仮説は棄却できない。)

このように，2 個の係数は，共に有意でないが，各係数は望ましい符号を示しており，また回帰式の R^2 は 0.62 (48 頁) から 0.82 に改善している。したがって，回帰式全体としては，意味がある。参考のために，車の重量を除いた回帰式の推定結果を再び示しておく。

$$\hat{y} = -1.8294(-0.527) + 0.1643(2.881)x$$

α ならびに β の推定値が，変わったことに注意しよう。他の計算結果は以下のようになる。前章で，単回帰について定義された用語については，ここでも繰り返し使う。用語の詳しい定義は，次節に与えられている。

(4) 決定係数 R^2 は，Excel では「重決定 R2」と表記されている。
(5) 決定係数 R^2 の平方根が，「重決定 R」と示されている。
(6) 「補正 R2」は，自由度修正済み決定係数 $\overline{R}^2$ のことであるが後で説明

3 偏相関係数と回帰

する。

(7) 「標準誤差」とは s のことであり，残差分散の平方根である。

(8) 回帰変動は ESS と同義である。

(9) 残差変動は RSS と同義である。

(10) 合計は ESS と RSS の和であり，総変動 TSS と同義である。

(11) 回帰分散は，$ESS/2$，であるが，2 とは回帰式に含まれる説明変数の数に等しい。

(12) 残差分散は，$RSS/(n-3)$ である。

(13) 分散比は，回帰分散を残差分散で割った値である。F 統計量になる。

(14) P 値は，いずれも t 分布関数の両裾の面積である。

最後に標準誤差によって計算結果を示すと，

$$\widehat{y} = -2.90(2.73) + 0.10(0.05)x + 5.16(2.47)z$$

となる。自由度が 4 の t 分布の 2.5% 点 2.78 を用いて，γ 係数の 95% 信頼区間を作ると，

$$5.16 \pm 2.78 \times 2.47 = 5.16 \pm 6.87$$

となり，0 が信頼区間に含まれる。したがって，γ が 0 であるという帰無仮説は棄却できない。

3-4 最小 2 乗法

■最小 2 乗推定量の導出

2-2 節と同様，残差の 2 乗和を最小にする $\widehat{\alpha}, \widehat{\beta}, \widehat{\gamma}$ を求める。残差 2 乗和は

$$\Phi = \sum_{i=1}^{n} \{y_i - (\widehat{\alpha} + \widehat{\beta} x_i + \widehat{\gamma} z_i)\}^2 \tag{3.20}$$

であり，これを最小化するための一次条件は，$\frac{\partial \Phi}{\partial \widehat{\alpha}} = 0, \frac{\partial \Phi}{\partial \widehat{\beta}} = 0, \frac{\partial \Phi}{\partial \widehat{\gamma}} = 0$，より

$$\sum_{i=1}^{n}\{y_i - (\widehat{\alpha} + \widehat{\beta}x_i + \widehat{\gamma}z_i)\} = 0 \tag{3.21}$$

$$\sum_{i=1}^{n}\{y_i - (\widehat{\alpha} + \widehat{\beta}x_i + \widehat{\gamma}z_i)\}x_i = 0 \tag{3.22}$$

$$\sum_{i=1}^{n}\{y_i - (\widehat{\alpha} + \widehat{\beta}x_i + \widehat{\gamma}z_i)\}z_i = 0 \tag{3.23}$$

となる．この 3 式が**正規方程式**である．残差 (3.37) 式を使えば，**直交性**

$$\sum_{i=1}^{n}\widehat{u}_i = 0 \tag{3.24}$$

$$\sum_{i=1}^{n}\widehat{u}_i x_i = 0 \tag{3.25}$$

$$\sum_{i=1}^{n}\widehat{u}_i z_i = 0 \tag{3.26}$$

が示される．これは (2.44), (2.45) の拡張である．書き直して，

正規方程式

$$\left(\sum_{i=1}^{n}y_i\right) = n\widehat{\alpha} + \left(\sum_{i=1}^{n}x_i\right)\widehat{\beta} + \left(\sum_{i=1}^{n}z_i\right)\widehat{\gamma} \tag{3.27}$$

$$\left(\sum_{i=1}^{n}y_i x_i\right) = \left(\sum_{i=1}^{n}x_i\right)\widehat{\alpha} + \left(\sum_{i=1}^{n}x_i^2\right)\widehat{\beta} + \left(\sum_{i=1}^{n}z_i x_i\right)\widehat{\gamma} \tag{3.28}$$

$$\left(\sum_{i=1}^{n}y_i z_i\right) = \left(\sum_{i=1}^{n}z_i\right)\widehat{\alpha} + \left(\sum_{i=1}^{n}x_i z_i\right)\widehat{\beta} + \left(\sum_{i=1}^{n}z_i^2\right)\widehat{\gamma} \tag{3.29}$$

と表現しても良い．観測値は既知であるから括弧の中は全て既知になり，この 3 式に含まれる未知数は 3 個の係数 $\widehat{\alpha}, \widehat{\beta}, \widehat{\gamma}$ のみとなる．したがって，3 式は 3 元連立 1 次方程式であり，**未知数 $\widehat{\alpha}, \widehat{\beta}, \widehat{\gamma}$ について解く**ことができる．この 3 式は 62 頁の (2.40) と (2.41) 式の拡張である．また，(3.27) 式を n で割ると，

$$\overline{y} = \widehat{\alpha} + \widehat{\beta}\overline{x} + \widehat{\gamma}\overline{z} \tag{3.30}$$

3 偏相関係数と回帰

となり，推定された線形回帰式は，座標点 $(\overline{y}, \overline{x}, \overline{z})$ を通過することが分かる。行列を用いて正規方程式を整理すれば，

$$\begin{pmatrix} n & \sum x_i & \sum z_i \\ \sum x_i & \sum x_i^2 & \sum z_i x_i \\ \sum z_i & \sum x_i z_i & \sum z_i^2 \end{pmatrix} \begin{pmatrix} \widehat{\alpha} \\ \widehat{\beta} \\ \widehat{\gamma} \end{pmatrix} = \begin{pmatrix} \sum y_i \\ \sum y_i x_i \\ \sum y_i z_i \end{pmatrix} \quad (3.31)$$

となる。したがって，3×3 行列の逆行列が計算できれば，推定値が求まる。

例 3.7 停止距離のデータを正規方程式に代入すると，

$$56.2 = 7\widehat{\alpha} + 420\widehat{\beta} + 7\widehat{\gamma}$$
$$3487 = 420\widehat{\alpha} + 25900\widehat{\beta} + 429.25\widehat{\gamma}$$
$$58.87 = 7\widehat{\alpha} + 429.25\widehat{\beta} + 7.345\widehat{\gamma}$$

となる。行列にまとめると，

$$\begin{pmatrix} 7 & 420 & 7 \\ 420 & 25900 & 429.25 \\ 7 & 429.25 & 7.345 \end{pmatrix} \begin{pmatrix} \widehat{\alpha} \\ \widehat{\beta} \\ \widehat{\gamma} \end{pmatrix} = \begin{pmatrix} 56.2 \\ 3487 \\ 58.87 \end{pmatrix}$$

となる。推定値は既に求まっているので，逆行列の計算はしない。

■偏回帰係数と偏相関係数

複数の説明変数が含まれる回帰式において，個々の係数を偏回帰係数とよぶ。偏回帰係数の最小2乗推定量は正規方程式を解くことによって求まるが，最近では推定値を手計算で求めることはほとんどない。パソコン用の回帰分析計算ソフトを利用したり，回帰式の推定だけであれば，Excel も役に立つ。

(2.10) 式では，単回帰式における勾配の推定量と，単相関係数の関係が示されている。再度示すと，勾配の推定量は

$$\widehat{\beta} = \frac{s_{xy}}{s_{xx}} = r_{xy}\sqrt{\frac{s_{yy}}{s_{xx}}} = r_{xy}\frac{s_y}{s_x} \quad (3.32)$$

であり，標本共分散を標本分散で割って得られる。これはまた標本単相関係数と，標本標準偏差の比を掛け合わせた量に等しい。

それでは，回帰式 (3.18) に含まれる偏回帰係数の推定量はどうなるのだろうか。単回帰の場合と違い，正規方程式の解を解析的に求めることは容易ではない。しかし，推定量は次のような表現になることが知られている。偏回帰係数の内 β については

偏回帰係数の推定量
$$\widehat{\beta} = \frac{s_{xy|z}}{s_{xx|z}} = r_{xy|z}\sqrt{\frac{s_{yy|z}}{s_{xx|z}}} \tag{3.33}$$

となる。当然であるが，β の推定値は，前章の単回帰の場合の推定値とは異なる。γ については

$$\widehat{\gamma} = \frac{s_{zy|x}}{s_{zz|x}} = r_{zy|x}\sqrt{\frac{s_{yy|x}}{s_{zz|x}}} \tag{3.34}$$

となる。定数項については，(3.30) 式により

$$\widehat{\alpha} = \overline{y} - \widehat{\beta}\overline{x} - \widehat{\gamma}\overline{z} \tag{3.35}$$

と計算することができる。証明は数学補論 3.2 と 3.3 に与えられている。

推定量の意味は明確である。例えば $\widehat{\beta}$ は標本偏共分散と標本偏分散の比になる。また β は x 変数の係数であるが，条件となる変数は x 変数以外の説明変数，ここでは z である。偏回帰係数推定量と標本偏相関係数の関係も明瞭で，偏回帰係数推定量は，偏相関係数に，偏標準偏差の比を掛けて求まる。

このような偏分散などによる回帰係数推定量の表現は，回帰係数推定量の意味を理解するためには必要だが，数値計算には役に立たない。数値を求めるのであれば，手計算なら**例 3.7** のように行列にまとめて，逆行列計算をすれば良い。パソコンが利用できるのであれば，Excel に計算を任せれば結果の精度は高い。

■ **回帰値と残差 2 乗和**

未知の係数 α, β, γ の推定値を $\widehat{\alpha}, \widehat{\beta}, \widehat{\gamma}$ とすれば，回帰値 $\widehat{y}_i$ は個々の (x_i, z_i) について

3 偏相関係数と回帰

$$\widehat{y}_i = \widehat{\alpha} + \widehat{\beta} x_i + \widehat{\gamma} z_i \qquad i = 1, 2, \cdots, n \tag{3.36}$$

と計算できる。式から明らかなように，$(\widehat{y}_i, x_i, z_i)$ は，推定された回帰直線上（回帰平面上）の座標になる。

残差は

$$\widehat{u}_i = y_i - \widehat{y}_i = y_i - (\widehat{\alpha} + \widehat{\beta} x_i + \widehat{\gamma} z_i) \tag{3.37}$$

となる。回帰値 $\widehat{y}_i$ は 1 個ずつ計算しないといけないが，残差 $\widehat{u}_i$ についても同様である。

残差 2 乗和（**残差変動**，RSS）は，(3.20) 式で定義された Φ の最小値である。(2.11) 式を拡張して，

$$RSS = \sum_{i=1}^n y_i^2 - \widehat{\alpha} \sum_{i=1}^n y_i - \widehat{\beta} \sum_{i=1}^n x_i y_i - \widehat{\gamma} \sum_{i=1}^n z_i y_i \tag{3.38}$$

と展開すれば，簡単な計算公式になる。

誤差分散（誤差項の分散 σ^2）は，残差の標本分散によって推定する。残差は正規方程式 (3.24) から (3.26) を満たさねばならないから，残差には制約が 3 個ある。制約を考慮して，誤差分散は

$$s^2 = \frac{\sum_{i=1, n} \widehat{u}_i^2}{n - 3} \tag{3.39}$$

と推定する。

総変動（TSS）

$$TSS = \sum_{i=1}^n (y_i - \overline{y})^2$$

の定義は回帰式に依存しない。**決定係数**も単回帰と同じで，

$$R^2 = 1 - \frac{RSS}{TSS} \tag{3.40}$$

と定義される。TSS に占める RSS の割合が小さければ，R^2 は 1 に近い値を取る。逆に RSS が TSS に近ければ，R^2 は 0 に近い値となる。回帰式によって説明できない変動が RSS であるので，*RSS の割合は小さい方が良く*，逆に R^2 は 1 に近い方が望ましい。回帰値とその平均の差の 2 乗和

$$ESS = \sum_{i=1}^{n} (\widehat{y}_i - \overline{y})^2 \qquad (3.41)$$

を回帰変動（ESS）とよぶ．(3.24)式に見られるように，残差和が0であるので，回帰値 $\widehat{y}$ の平均と，観測値の平均 $\overline{y}$ が一致することも変わらない．

■ 総変動の分解

残差の定義により，被説明変数，回帰値，残差の間には恒等式

$$(y_i - \overline{y}) = (\widehat{y}_i - \overline{y}) + (y_i - \widehat{y}_i) \qquad (3.42)$$

が成立する．各項の2乗和を求めれば，総変動の分解

$$TSS = ESS + RSS \qquad (3.43)$$

が成立する．総変動の分解により，決定係数は，

$$R^2 = \frac{ESS}{TSS} \qquad (3.44)$$

と表現できる．（分解の証明はできるだろうか．）

3–5 推定結果に関する検定

推定結果に関しての基本的な検定は，各係数の有意性を調べるための t 検定である．この検定の手続きは前章で既に説明したが，この章の回帰式に関しても全く同じ処理をすれば良い．前章で説明されなかった新たな検定は，分散比に関する F 検定である．

t 検定と F 検定では，回帰式の誤差項が，平均 0，分散 σ^2 で一定，さらに互いに独立な正規分布であるという仮定が必要である．

■ 偏回帰係数に関する t 検定

個々の偏回帰係数に関して t 検定を行う．検定の方法は前章と同じである．β 係数についての検定において，検定の帰無仮説を，例えば，$H_0 : \beta = c$，としよう．c は既知の定数であるが，最も頻繁に見られるのは c が 0 の検定であ

3 偏相関係数と回帰

る。この場合は，帰無仮説が正しければ β が 0 だから，説明変数 x は回帰式から除かれる。検定統計量は一般的に推定量を標準化して，

$$z = \frac{\widehat{\beta} - c}{\sqrt{V(\widehat{\beta})}} \tag{3.45}$$

と定められる。$V(\widehat{\beta})$ は $\widehat{\beta}$ の分散であり，

$$V(\widehat{\beta}) = \frac{\sigma^2}{(n-2)s_{xx|z}} \tag{3.46}$$

となるが，その導出は (7.49) 式で与えられる (274 頁)。(3.7) 式も参照されたい。第 1 章と同じく $V(\widehat{\beta})$ は未知母数 σ^2 を含む。σ^2 を (3.39) 式で定義した s^2 に置き換えると，標準化推定量 (3.45) は t 検定統計量

$$t_\beta = \frac{(\widehat{\beta} - c)}{\sqrt{s^2/\{(n-2)s_{xx|z}\}}} \tag{3.47}$$

となる。分母は，標準誤差とも言われる。検定の手続きは，前章と変わらない。γ についても同様で，帰無仮説 $H_0 : \gamma = d$ に対して，t 検定統計量は

$$t_\gamma = \frac{(\widehat{\gamma} - d)}{\sqrt{s^2/\{(n-2)s_{zz|x}\}}} \tag{3.48}$$

となる。

β と γ を分けて説明しなくとも，説明変数につけた記号は自由に変更して良いから，(3.47) 式の記号 β を γ，z を x，x を z に入れ替えて同じ結果を得る。

信頼区間も，単回帰の場合と全く同様に導ける。95% 信頼区間は，自由度が $(n-3)$ の t 分布の 97.5% 点 $t_{97.5}$ を用い，

$$\widehat{\gamma} - t_{97.5} \times 標準誤差 < \gamma < \widehat{\gamma} + t_{97.5} \times 標準誤差$$

となる。このケースでの標準誤差は

$$\frac{s^2}{(n-2)s_{zz|x}}$$

の平方根である。

3-5 推定結果に関する検定

■ 回帰式に関する F 検定

1–3 節で導入された「分散比に関する検定」(30 頁) の応用として，回帰分散と残差分散の比を用いた検定 (F 検定) がある．検定の帰無仮説は

$$H_0 : \beta = 0, \gamma = 0$$

である．2 個の係数に関する仮説を同時に検定する．β に関する t 検定と，γ に関する t 検定を両方行うこととは，異なった意味を持つ．(t 検定では $\beta = 0$，$\gamma = 0$ が棄却されなくても，F 検定では，棄却されることがある．) 回帰分散とは，回帰変動 ESS を説明変数の数 2 で割った統計量である．残差分散とは，s^2 である．したがって，検定統計量は

$$f = \frac{回帰分散}{残差分散} = \frac{1}{2}\frac{ESS}{s^2} = \frac{n-3}{2}\frac{ESS}{RSS} \tag{3.49}$$

などと表現できる．この式は (3.40) 式の決定係数 R^2 を使って，

$$f = \frac{n-3}{2}\frac{R^2}{1-R^2} \tag{3.50}$$

と表現することもできる．R^2 は最小 2 乗回帰式の推定結果の一部として必ず示されるから，この表現は有用である．

帰無仮説が正しければ，検定統計量は 0 に近い値を示しやすく，帰無仮説が成立していなければ，検定統計量は大きな値を示す．実際，ESS を構成する $(\widehat{y}_i - \overline{y})$ は (3.30) 式により，

$$\widehat{y}_i - \overline{y} = \widehat{\beta}(x_i - \overline{x}) + \widehat{\gamma}(z_i - \overline{z})$$

となる．ESS は左辺の 2 乗和である．帰無仮説が正しければ，$\widehat{\beta}$ と $\widehat{\gamma}$ は 0 に近い値を取るだろうから，ESS も 0 に近いと予想できる．

1–3 節では，分散比の検定の基本は，2 つの独立に分布する標本から求まった，標本分散の比であることが述べられている．ESS と RSS に関して独立性を示すことは難しいが，残差と回帰値の間の直交性 (3.24)–(3.26) 式が，分布の独立性を生じる．RSS は $\widehat{u}_i$ の 2 乗和であり，ESS は $(\widehat{y}_i - \overline{y})$ の 2 乗和である．また性質 5 (64 頁) より，

3 偏相関係数と回帰

$$\sum_{i=1}^{n}\widehat{u}_i(\widehat{y}_i - \overline{y}) = 0$$

が成立することも明らかである。したがって，残差の値が変化しても，$(\widehat{y}_i - \overline{y})$ に影響を与えない。

■ 回帰式に関する分散比の χ^2 検定

分散比の検定は，母集団が正規分布であるという前提に基づいている。しかし，最近の分析では，正規母集団の条件が不必要な，分散比の検定を使うことが多い。検定統計量は

$$C = \frac{ESS}{s^2} = (n-3)\frac{R^2}{1-R^2}$$

となる。誤差項は互いに独立であるが，正規分布を持つ必要はない。

観測個数が大であるときは，t 統計量の帰無分布を標準正規分布とすることが，1–3 節で述べられた。観測個数が大であるという条件の下で，C の帰無分布は自由度が 2 の χ^2 分布になる。

例 3.8 例 3.7 の推定結果を使えば，回帰式は添え字を除いて

$$\widehat{y} = -2.898(-1.06) + 0.096(1.75)x + 5.164(2.09)z$$

となる。括弧内は，各係数推定値の t 値である。両係数とも有意にならない。観測値 $(5.3, 45, 0.8)$ についての回帰値は，

$$\widehat{y}_1 = -2.898 + 0.096 \times 45 + 5.164 \times 0.8 = 5.553$$

と計算される。他の回帰値も同様の計算を繰り返して求める。また，残差は

$$\widehat{u}_1 = y_1 - \widehat{y}_1 = 5.3 - 5.553 = -0.253$$

などと計算して求める。総変動 TSS は

$$TSS = (481.48 - \frac{1}{7}56.2^2) = 30.27,$$

残差変動 RSS は，

$$RSS = 481.48 - (-2.898)56.2 - 0.096 \times 3487 - 5.164 \times 58.87$$
$$= 5.59 \tag{3.51}$$

となる。図3–2中の残差変動の値5.44とは，有効桁数の違いにより差が生じている。したがって，回帰変動は，

$$30.27 - 5.59 = 24.68$$

残差分散は，$5.59 \div 4 = 1.4$，となるが，これもExcelの結果とは多少違う。Excelの結果を使って分散比を計算すれば，

$$f = \frac{12.42}{1.36} = 9.1$$

となる。R^2は0.82だから，

$$f = \frac{7-3}{2}\frac{0.82}{(1-0.82)} = 9.1$$

と計算される。帰無仮説$H_0 : \beta = 0, \gamma = 0$の下では検定統計量は0に近い値を取り，対立仮説の下では大きな値を取ると考えられるから，棄却域はF分布の右裾に定める。分子の自由度が2，分母の自由度が4のF分布における右裾5%点は6.94であるから，両係数が0であるという帰無仮説は棄却される。t検定の結果と異なることに注意。(巻末付表4を参照すること。)

図3–4に自由度が2, 4であるF密度関数を図示したが，図1–5と異なり1を始点とし，右下がりになる。分母の自由度4は異常に小さいため右裾がx軸に近づくのが遅い。5%検定の棄却域は6.94を越える領域である。

χ^2検定では，$C = 2f = 18.2$，となる。自由度が2のχ^2分布の右裾5%点は6.0だから，帰無仮説は同じく棄却される。この分布の密度関数も形状としては図3–4に似ている。(巻末付表3を参照すること。)

■ 単回帰に関するF検定

(3.50)式の検定統計量は単回帰式ではどうなるのだろうか。既に定義されているR^2や残差分散により，帰無仮説$H_0 : \beta = 0$を検定するために

$$f = \frac{回帰分散}{残差分散} = \frac{n-2}{1}\frac{ESS}{RSS} = (n-2)\frac{R^2}{1-R^2} \tag{3.52}$$

3 偏相関係数と回帰

図3-4　$F(2, 4)$の密度関数

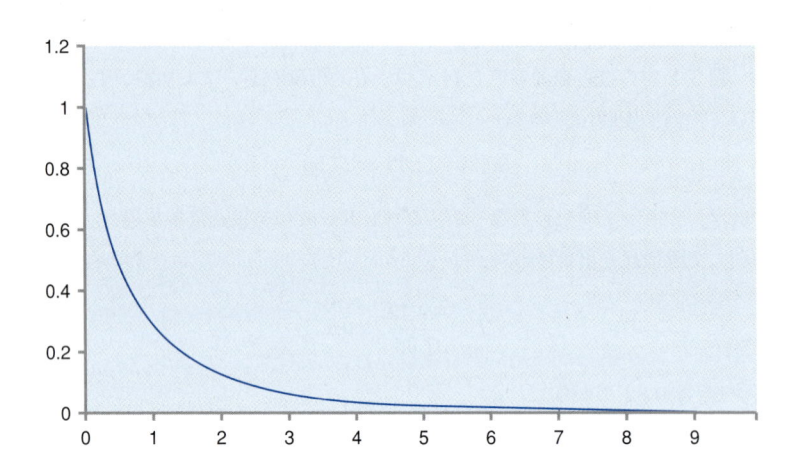

と検定統計量を定義してもよい．問題なのは，帰無仮説が，係数に関するt検定の場合と変わらないことである．さらに，t_βは(2.31)式で定義されたt統計量であるとすると，(2.59)式により

$$f = (t_\beta)^2 \tag{3.53}$$

という等式が成立する．したがって，単回帰式では，分散比の検定統計量fは，勾配に関するt統計量の2乗になる．特に2乗してしまうために，fでは片側検定を扱うことができなくなり，t検定より有用性が低い．

3-6　コブ=ダグラス生産関数

本節では，生産関数を推定しよう．生産額をY，資本額をK，労働投入量をLとすると，コブ=ダグラス型の生産関数は，

$$Y = \alpha K^\beta L^\gamma \tag{3.54}$$

と定義される．この式は，生産設備と労働投下量によって，生産額があらかた決まるという考えを基にしている．両辺を対数変換すると，

$$\log Y = \alpha' + \beta \log K + \gamma \log L \tag{3.55}$$

という簡単な一次関数になる．この式の右辺に誤差項を加えれば，最小 2 乗法により未知係数が推定できる．

■ 弾 力 性

係数 β と γ は，個々の生産要素が生産量 Y に及ぼす弾力性という意味を持つ．資本の追加的な投入量を ΔK，それにより生じた生産量の増加分を ΔY とすると，弾力性は生産量の増加率 $\frac{\Delta Y}{Y}$ を資本 K の増加率 $\frac{\Delta K}{K}$ で割って

$$\theta = \frac{\Delta Y/Y}{\Delta K/K} = \frac{\Delta Y}{\Delta K}\frac{K}{Y}$$

と定義される．これは資本 K を 1% 増やしたときの，生産量の増加% を意味する．この指標は測定単位に依存しない．

増加分 Δ (デルタ) を小さくしていけば，微分演算子となり，(3.55) 式について計算すると，

$$\theta = \frac{dY}{dK}\frac{K}{Y} = \frac{d\log Y}{d\log K} = \beta$$

と書ける (θ; シータ)．第 2 の等号は，対数に関する微分の性質による．このように，資本が産出量に及ぼす弾力性は，係数 β に一致するのである．また，弾力性は K に依存せず一定になるが，この性質を定弾力性という．同様に，労働の投入量が産出量に及ぼす弾力性は，係数 γ に一致する．コブ=ダグラス生産関数は，定弾力性を内包するモデルであることが知られている．

■ マクロ生産関数の推定

(3.55) 式に含まれる係数を，データを用いて推定する．この節では，政府が集計している国民経済計算の中の，経済活動別国内総生産表を使う．表3–5 は，経済活動別国内総生産表の一部を示すが，最下段に日本の GDP が与えられる．表中の数値は，GDP に占める産業の，大分類毎の生産高を示す．産業分類の中で第一次産業は (1)，第二次産業は (2) から (4)，他は第三次産業で

3　偏相関係数と回帰

表 3–5　2002 年（平成 14 暦年）の経済活動別国内総生産（実質）

(単位：10 億円)

項　目　（平成 7 暦年基準）	2002 年
1. 産業	**501,639.0**
(1) 農林水産業	8,193.1
(2) 鉱業	971.0
(3) 製造業	119,993.2
(4) 建設業	35,300.0
(5) 電気・ガス・水道業	15,941.3
(6) 卸売・小売業	74,101.6
(7) 金融・保険業	35,693.7
(8) 不動産業	66,567.2
(9) 運輸・通信業	39,120.3
(10) サービス業	105,757.5
2. 政府サービス生産者	**46,877.5**
3. 対家計民間非営利サービス生産者	**9,773.8**
小計	558,290.3
輸入品に課される税・関税	2,651.1
（控除）総資本形成に係る消費税	2,053.1
（控除）帰属利子	29,045.7
国内総生産（不突合を含まず）	**529,842.6**
統計上の不突合	3,119.3
国内総生産（不突合を含む）	**532,961.9**

（データ出所）内閣府・国民経済計算年報 (http://www.esri.cao.go.jp)

ある．以下では第二次産業の内，特に製造業に関するデータを集め，製造業全体のマクロ生産関数を推定する．

回帰式は生産関数の両辺の対数を取り，誤差項を追加して (ε; イプシロン)，

$$\log Y_t = \alpha + \beta \log K_t + \gamma \log L_t + \varepsilon_t \tag{3.56}$$

とする．変数は，原系列の対数変換した値を用いるが，元になるデータは**表 3–6** に与えられる．期間は 1980 年から 2002 年までの 23 年間であるが，このような時間的な変化を調べたデータを，時系列データという．

表 3-6 製造業の生産関数

年次	製造業 GDP	民間資本ストック	稼働率	就業者	労働時間
1980	68921	145910	1.104	1.367	178.3
81	72010	154206	1.053	1.385	177.6
82	75123	162466	1.022	1.380	176.9
83	77606	170363	1.036	1.406	177.9
84	83306	180196	1.096	1.438	180.4
85	88973	192710	1.098	1.453	179.2
86	87589	203003	1.048	1.444	177.8
87	91663	212704	1.049	1.425	178.6
88	99001	225110	1.109	1.454	180.9
89	105492	241073	1.131	1.484	178.9
90	112676	258955	1.143	1.505	176.6
91	118334	280096	1.119	1.550	172.8
92	115995	295824	1.027	1.569	167.0
93	111750	305737	0.979	1.531	163.2
94	110107	313455	0.975	1.496	163.2
95	114669	322394	1.000	1.456	164.2
96	119524	331200	1.010	1.445	165.5
97	123571	344180	1.044	1.442	165.2
98	116237	357011	0.956	1.382	162.4
99	118177	362712	0.950	1.345	162.4
2000	126691	371963	0.993	1.321	165.5
01	122401	381234	0.925	1.284	164.0
02	119993	382896	0.935	1.222	164.2

期間は 1980–2002 年。GDP と資本ストックは 95 年基準の実質値で，10 億円単位。就業者数は 1000 万人，労働時間は月平均を測定単位とする。

推定では，雇用者総数と 1 人当たり月平均労働時間を掛けて，総労働時間変数 L とする。資本に関しても，稼働率を掛けて K とする。添え字を除くと推定結果は

$$\widehat{\log Y} = 0.55(3.5) + 0.71(53)\log K + 0.25(5.4)\log L \qquad (3.57)$$

のようになった。括弧内は t 値を示す。R^2 は 0.994 となり，ほとんど 1 である。係数推定値を弾力性で表現すると，K を 1% 増加すれば Y は 0.71% 増

3 偏相関係数と回帰

え，L を 1% 増加すれば Y は 0.25% 増えるということになる。

生産関数では，**収穫の不変性**が問題になる。生産関数のインプットである資本と労働を定数倍したときに，アウトプットの増加倍数を問うのが，不変性の問題である。コブ＝ダグラス生産関数において，インプットを c 倍すると，

$$Y = \alpha(cK)^\beta(cL)^\gamma = c^{\beta+\gamma}\{\alpha K^\beta L^\gamma\} \tag{3.58}$$

となり，もし係数和 $\beta+\gamma$ が 1 なら，アウトプットも c 倍になる。このように，資本と労働の投入量をともに c 倍したときに，産出量が同じく c 倍になることを**収穫不変**という。係数和が 1 以下ならば，産出量は c 倍以下になるから**収穫逓減**となる。c 倍以上なら**収穫逓増**である。収穫逓増の状態が生じれば，投入量を倍増して，産出量を倍増以上に増やしていけば良い。実際の経済では，部分的な現象を除いて，収穫逓増は起こらないと考えられている。また，農業は収穫不変に近いとされる。製造業などでは収穫逓減が通常である。

収穫不変が成立していれば，対数回帰式は

$$\log Y = \alpha + \beta \log K + (1-\beta)\log L + \varepsilon \tag{3.59}$$

となる。この回帰式を整理すると回帰式は簡略化され

$$\log(Y/L) = \alpha + \beta \log(K/L) + \varepsilon \tag{3.60}$$

となる。この式では 1 人当たり生産額の対数値が被説明変数，1 人当たり資本額の対数値が説明変数である。

■ Per Capita (パーキャピタ) 式による検定

推定結果では，係数和は 0.96 で，わずかに 1 を下回り，収穫逓減を示している。果たしてこの結果は統計的に有意であろうか。現在の推定は製造業の生産関数であるから，収穫逓減であるか否かに関心が持たれる。検定問題としては，検定の帰無仮説は $H_0: \beta+\gamma = 1$，である。対立仮説は $H_a: \beta+\gamma < 1$，となる。帰無仮説が棄却されれば，収穫逓減が支持される。

一般に検定では，**ある仮説が母係数に特定の値を与えるならば，その仮説を帰無仮説とする**。検定を簡単化するために，仮説を次のように変換する。係数和を

$$\beta + \gamma - 1 = \delta \tag{3.61}$$

と表現する。新たな係数 δ は，係数和 $\beta + \gamma$ と 1 の乖離分を示す。したがって，検定の帰無仮説は

$$H_0 : \delta = 0$$

となる。対立仮説は明らかであろう。(3.61) 式を使って回帰式を書き換える。書き換えの方針は γ 係数を，δ 係数に置き換えることにある。回帰式は

$$\log Y = \alpha + \beta \log K + (1 + \delta - \beta) \log L + \varepsilon \tag{3.62}$$

となるが，$y_t = Y_t/L_t, k_t = K_t/L_t$ として式の整理をすると，

$$\log y = \alpha + \beta \log k + \delta \log L + \varepsilon \tag{3.63}$$

となる。この式の推定を行い，t 検定により，δ 係数が 0 か負か検討すればよい。新しい係数が 0 なら収穫不変，負なら収穫逓減である。各変数は L で割られているが，これは雇用者 1 人 1 時間当たり (Per Capita；パーキャピタ) の産出量とか，雇用者 1 人 1 時間当たり (Per Capita) の資本額という意味づけができる。δ 係数が 0 であれば，生産関数は簡単化される。推定結果は

$$\widehat{\log y} = 0.55(3.5) + 0.71(53) \log k - 0.034(-0.63) \log L \tag{3.64}$$

R^2 は 0.996 となった。括弧内は t 値であり，第 3 項の係数は負値をとるが，有意でない。したがって，収穫不変性は棄却できない。

式の変換において，α と β 係数には変更がないから，推定値も変わらないことに注意しよう。被説明変数は変更されているから，R^2 は比較できない。最後に，有意でない最終項を除いた式を推定する。結果は

$$\widehat{\log y} = 0.46(15) + 0.71(71) \log k \tag{3.65}$$

となった。R^2 は 0.996 である。

以上の推定結果では，R^2 と t 値に関する (3.86) 式は成立しているだろうか (後述の数学補論 3.4 参照)。有効桁数が 3 では不可能だが，精度を高めれば

$$(23 - 3) \frac{0.99595 - 0.99587}{1 - 0.99595} = 0.395 \tag{3.66}$$

$$(t_\delta)^2 = (-0.6282)^2 = 0.395$$

となり，(3.86) 式が確認できる。

3 偏相関係数と回帰

● 練習問題

1. 右の表を用い，回帰式 $y_i = \alpha + \beta x_i + \gamma z_i + u_i$ に関して，次の問に答えなさい。

y	定数	x	z
1	1	−1	−1
2	1	1	−1
3	1	0	−1
4	1	−1	1
5	1	1	1
6	1	0	1

   1.1 回帰式を推定しなさい。ただし，正規方程式 (3.27) から (3.29) 式に合わせて計算すること。
   1.2 回帰値および残差を求めなさい。また残差2乗和，決定係数 R^2 を求めなさい。
   1.3 3個の係数の推定値が1になるように，定数ならびに x と z 変数値を定めなさい。
   1.4 定数項 α の推定値を0とするには，どの変数値をどう変えればよいか説明しなさい。

2. 回帰式 $y_i = \alpha + \beta x_i + \gamma z_i + u_i$ における，β の推定量は (3.33) 式で示されている。変数を入れ替えた回帰式を，$x_i = \delta + \theta y_i + \kappa z_i + v_i$ とする (κ; カッパ)。
   2.1 θ の推定量の表現を求めなさい。
   2.2 2個の推定量の積が，標本偏相関係数の2乗になることを確かめなさい。
   2.3 **例** 3.4 に示されている2回帰式より，z を所与としたときの，x と y の偏相関係数を求めなさい。

3. 残差 (3.37) 式と，回帰値 (3.36) 式が直交することを証明しなさい。
4. 残差平方和が，(3.38) 式のように展開できることを証明しなさい。
5. 最小2乗法において，最小化する目的関数

$$\Phi = \sum_{i=1}^{n} \{y_i - (\widehat{\alpha} + \widehat{\beta} x_i + \widehat{\gamma} z_i)\}^2$$

から，$\widehat{\alpha}$ についての一次条件のみを求めると，(3.30) 式を得る。この式を Φ に代入して整理すると，

$$\Phi = \sum_{i=1}^{n} \{(y_i - \overline{y}) - \widehat{\beta}(x_i - \overline{x}) - \widehat{\gamma}(z_i - \overline{z})\}^2$$

となることを示しなさい。この関数を最小化する $\widehat{\beta}$ と $\widehat{\gamma}$ は，(3.33) 式や (3.34) 式に一致することを示しなさい。

第 3 章の数学補論

この数学補論では，第 3 章で示した結果の証明を試みる．3.1 は，標本偏分散や偏共分散に関する証明である．3.2 は，最小 2 乗推定量を導くが，3.3 の方法の方が，一般的である．3.4 は，高度だが，説明変数を一個増やした際に生じる RSS の変化を示す．3.3 と 3.4 の内容は，第 4 章の数学補論で，一般的な場合について繰り返し証明する．

3.1 標本偏分散 (3.13) 式などの証明*

(2.7), (2.9) 式などにより，x から z の影響を除く単回帰，(3.4) 式の係数推定量は

$$\widehat{\alpha}_x = \overline{x} - \widehat{\beta}_x \overline{z}, \widehat{\beta}_x = \frac{s_{zx}}{s_{zz}}$$

となるから，残差 (3.5) 式は

$$\widehat{u}_{xi} = x_i - \left(\overline{x} - \widehat{\beta}_x \overline{z}\right) - \widehat{\beta}_x z_i$$
$$= (x_i - \overline{x}) - \frac{s_{zx}}{s_{zz}}(z_i - \overline{z}) \tag{3.67}$$

と表記できる．(s_{zz} と s_z^2 と同じである．) 残差和が 0，残差と説明変数の積和が 0，という残差の性質により

$$\sum_{i=1}^{n} \widehat{u}_{xi}(z_i - \overline{z}) = 0 \tag{3.68}$$

となり，$\widehat{u}_{xi}$ は回帰式の説明変数 $(z_i - \overline{z})$ と直交する．標本偏分散 (3.13) 式は，

$$s_{xx|z} = \frac{1}{n-2} \sum_{i=1}^{n} (\widehat{u}_{xi})^2 \tag{3.69}$$
$$= \frac{1}{n-2} \sum_{i=1}^{n} \widehat{u}_{xi} \left\{ (x_i - \overline{x}) - \frac{s_{zx}}{s_{zz}}(z_i - \overline{z}) \right\}$$

と書けるが，直交性 (3.68) により，

$$s_{xx|z} = \frac{n-1}{n-2} \frac{1}{n-1} \sum_{i=1}^{n} \left\{ (x_i - \overline{x}) - \frac{s_{zx}}{s_{zz}}(z_i - \overline{z}) \right\}(x_i - \overline{x})$$
$$= \frac{n-1}{n-2} \left\{ s_{xx} - \frac{1}{s_{zz}}(s_{zx})^2 \right\} \tag{3.70}$$

となる．これは，前章で説明した単回帰における残差分散と同じ形式になっている．

3 偏相関係数と回帰

z の影響を除いた x と同じく，z の影響を除いた y も定義できる．(3.67) 式において x を y に変えれば

$$\widehat{u}_{yi} = (y_i - \overline{y}) - \frac{s_{zy}}{s_{zz}}(z_i - \overline{z}) \tag{3.71}$$

となり，標本偏分散 (3.14) 式を得る．さらに (3.67) 式と (3.71) 式および残差 $\widehat{u}_{xi}$ と $(z_i - \overline{z})$ の直交性により，標本偏共分散 (3.15) 式は，

$$\begin{aligned} s_{xy|z} &= \frac{1}{n-2}\sum_{i=1}^{n}\widehat{u}_{xi}\widehat{u}_{yi} \\ &= \frac{1}{n-2}\sum_{i=1}^{n}\left\{(x_i - \overline{x}) - \frac{s_{zx}}{s_{zz}}(z_i - \overline{z})\right\}(y_i - \overline{y}) \\ &= \frac{n-1}{n-2}\left(s_{xy} - \frac{s_{xz}s_{zy}}{s_{zz}}\right) \end{aligned} \tag{3.72}$$

となる．

3.2 偏回帰係数推定量，(3.33) 式の証明

正規方程式より，次の 3 式を得る．

$$\overline{y} = \widehat{\alpha} + \widehat{\beta}\overline{x} + \widehat{\gamma}\overline{z} \tag{3.73}$$

$$\left(\sum_{i=1}^{n}y_ix_i\right) = n\overline{x}\widehat{\alpha} + \left(\sum_{i=1}^{n}x_i^{\,2}\right)\widehat{\beta} + \left(\sum_{i=1}^{n}z_ix_i\right)\widehat{\gamma} \tag{3.74}$$

$$\left(\sum_{i=1}^{n}y_iz_i\right) = n\overline{z}\widehat{\alpha} + \left(\sum_{i=1}^{n}x_iz_i\right)\widehat{\beta} + \left(\sum_{i=1}^{n}z_i^{\,2}\right)\widehat{\gamma} \tag{3.75}$$

ここで，(3.73) 式に $n\overline{x}$ を掛け，(3.74) 式から引く．この結果，定数項が消え，また左辺は

$$\left(\sum_{i=1}^{n}y_ix_i\right) - n\overline{x}\cdot\overline{y} \tag{3.76}$$

となる．これは $(n-1)s_{xy}$ に等しい．右辺の二項についても同様な操作を行い，$(n-1)$ で割ると

$$s_{xy} = s_{xx}\widehat{\beta} + s_{xz}\widehat{\gamma} \tag{3.77}$$

となる．また (3.73) 式に $n\overline{z}$ を掛け，(3.75) 式から引くと，定数項が消え，同様な操作の結果

$$s_{zy} = s_{xz}\widehat{\beta} + s_{zz}\widehat{\gamma} \tag{3.78}$$

となる。$\widehat{\beta}$ を導くには，この 2 式より $\widehat{\gamma}$ を消去すればよい。(3.78) 式に s_{xz}/s_{zz} を掛けて，(3.77) 式から引くと，

$$s_{xy} - \frac{s_{xz}s_{zy}}{s_{zz}} = \left(s_{xx} - \frac{s_{xz}s_{zx}}{s_{zz}}\right)\widehat{\beta} \tag{3.79}$$

となり，(3.33) 式が導かれる。s_{zz} は 0 にならないことに注意しよう。(終わり)

3.3 偏回帰係数推定量の導出

偏分散などを求めた方法を使い，数学補論 3.1 と異なる方法で，偏回帰係数の推定量を導出しよう。この方法は，一般の多変数回帰式の場合に拡張することが容易で，次章では，この方法で推定量を導く。

偏相関係数を説明する際に，例えば x から z の影響を除くには，x を定数と z に回帰して残差を求めるとした。その残差を (3.67) 式に倣い

$$\widehat{u}_{xi} = (x_i - \overline{x}) - \frac{s_{zx}}{s_{zz}}(z_i - \overline{z})$$

と表記する。最小 2 乗回帰の性質により，この残差の和は 0 であり，z_i に直交している。この残差の定義を用いると，3 変数回帰式は

$$\begin{aligned}
y_i &= \alpha + \beta x_i + \gamma z_i + u_i \\
&= \left(\alpha + \beta\overline{x} - \beta\frac{s_{zx}}{s_{zz}}\overline{z}\right) + \beta\widehat{u}_{xi} + \left(\gamma + \beta\frac{s_{zx}}{s_{zz}}\right)z_i + u_i \\
&= \alpha^* + \beta\widehat{u}_{xi} + \gamma^* z_i + u_i
\end{aligned}$$

と恒等的に変換できる。変換の目的は，x_i を人工的な変数 $\widehat{u}_{xi}$ に変換するところにある。新しく定義した係数には，星印をつけた。このような変換に即して，最小化のための目的関数を，

$$\begin{aligned}
\Phi &= \sum_{i=1}^{n}\{y_i - (\widehat{\alpha} + \widehat{\beta}x_i + \widehat{\gamma}z_i)\}^2 \\
&= \sum_{i=1}^{n}\{y_i - (\widehat{\alpha^*} + \widehat{\beta}\widehat{u}_{xi} + \widehat{\gamma^*}z_i)\}^2 \tag{3.80}
\end{aligned}$$

と変換する。ここで，$\widehat{\beta}$ に関する一次条件を求めると，直交性および数学補論 3.1 の計算により

$$0 = \sum_{i=1}^{n}\{y_i - (\widehat{\alpha^*} + \widehat{\beta}\widehat{u}_{xi} + \widehat{\gamma^*}z_i)\}\widehat{u}_{xi}$$

3 偏相関係数と回帰

$$= \sum_{i=1}^{n}(y_i - \widehat{\beta}\widehat{u}_{xi})\widehat{u}_{xi}$$
$$= (n-2)(s_{xy|z} - \widehat{\beta}s_{xx|z})$$

となり，$\widehat{\beta}$ の表現，(3.33) 式が導かれる．この導出法の一般化は容易である．

3.4 残差変動の減少

単回帰式に，新たな説明変数 z を入れることによって生じる，残差変動の減少分を評価しよう．(3.80) 式は x_i 変数を $\widehat{u}_{xi}$ に変換して $\widehat{\beta}$ を求めたが，同様の手続きを z_i に施し，$\widehat{u}_{zi}$ を定義したとしよう．この場合，残差 $\widehat{u}_{zi}$ が定数項および x 変数と直交するから，

$$\Phi = \sum_{i=1}^{n}\{(y_i - \widehat{\alpha^*} - \widehat{\beta^*}x_i) - \widehat{\gamma}\widehat{u}_{zi}\}^2$$
$$= \sum_{i=1}^{n}\{(y_i - \widehat{\alpha^*} - \widehat{\beta^*}x_i)^2 + \widehat{\gamma}^2(\widehat{u}_{zi})^2 - 2\widehat{\gamma}\widehat{u}_{zi}y_i\} \tag{3.81}$$

と分解できる．$\widehat{\alpha^*}$ と $\widehat{\beta^*}$ は求まっていないが，第 1 項を，これらの係数に関して最小化することは，単回帰の場合の最小化計算と同じであり，係数推定量も変わらない．したがって第 1 項は，単回帰の残差変動 (2.52) 式や (3.12) 式により，$RSS(y|x) = (n-2)s_{yy|x}$ となる．他の項も標本偏分散などで表現すると，残差変動は

$$RSS(y|x,z) = (n-2)\left\{s_{yy|x} + \left(\frac{s_{zy|x}}{s_{zz|x}}\right)^2 s_{zz|x} - 2\left(\frac{s_{zy|x}}{s_{zz|x}}\right)s_{zy|x}\right\}$$
$$= (n-2)\left\{s_{yy|x} - \left(\frac{s_{zy|x}}{s_{zz|x}}\right)^2 s_{zz|x}\right\}$$
$$= (n-2)s_{yy|x}(1 - r_{zy|x}^2) \tag{3.82}$$

となる．単回帰の場合と比べて，新たな変数 z が回帰式に加わることにより，残差変動は減少する．

残差変動の比を取れば，次式を得る．

$$\frac{RSS(y|x,z)}{RSS(y|x)} = (1 - r_{zy|x}^2) \tag{3.83}$$

逆数を使うと，F 統計量は

第 3 章の数学補論

$$(n-3)\left\{\frac{RSS(y|x)}{RSS(y|x,z)} - 1\right\} = (n-3)\frac{r_{zy|x}^2}{1 - r_{zy|x}^2} \tag{3.84}$$

となり，例 3.3 で使った，偏相関係数に関する検定統計量の 2 乗になっている．この関係は (3.52) 式と似ている．

例 3.6 で用いたが，(3.82) 式により，t 統計量と，偏相関係数の関係，

$$\begin{aligned} t_\gamma &= \frac{s_{zy|x}}{s_{zz|x}}\sqrt{\frac{(n-2)s_{zz|x}}{RSS(y|x,z)/(n-3)}} \\ &= \frac{s_{zy|x}}{s_{zz|x}}\sqrt{n-3}\sqrt{\frac{s_{zz|x}}{s_{yy|x}(1 - r_{zy|x}^2)}} \\ &= \sqrt{n-3}\frac{r_{zy|x}}{\sqrt{1 - r_{zy|x}^2}} \end{aligned}$$

を示すこともできる．したがって，(3.84) 式を合わせれば，F と t の関係は，

$$(n-3)\frac{RSS(y|x) - RSS(y|x,z)}{RSS(y|x,z)} = (t_\gamma)^2 \tag{3.85}$$

となる．これは (3.53) 式の拡張である．R^2 で表現すると，

$$(n-3)\frac{R^2(y|x,z) - R^2(y|x)}{1 - R^2(y|x,z)} = (t_\gamma)^2 \tag{3.86}$$

となる．

■コラム：TSP のプログラム例と計算結果■

スピードデータの回帰であれば，次のプログラムで全ての結果が求まる。

```
options crt;
plots;    ? 残差のプロットをする。
freq none;    ? 時系列データでは，年次，月次などの頻度を指定
smpl 1 7;    ? 観測個数
load y x z;    ? データの読み込み
5.3    45    0.8
7.5    50    0.9
5.9    55    0.65
9.2    60    1.3
8.8    65    1.2
7.5    70    0.95
12     75    1.2;    ? ここまでデータ
?  (m)    (km/h)    1000 kg これは，測定単位のコメント文
olsq y c x z;    ? 最小 2 乗推定の指定
end;    ? 終わり
```

このようなプログラムから，様々な結果が出てくる。最初の表は，クロスセクション・データであるので，DW は不要だが，第 5 章で説明される診断検定などを含む。不均一分散の検定（177 頁 (5.39) 式），正規性の検定（179 頁），非線形性の検定（181 頁 (5.44) 式）まで，自動的に計算される。次の表は，係数推定値，ならびに t 値などである。表 3.2 と同じ結果を見いだすことができよう。見やすくするために，翻訳してある。

様々な計算結果，ならびに統計量の値

y の平均	=	8.03	LM 不均一分散	=	2.54	[.111]
y の標準偏差	=	2.25	DW	=	1.87	[<.652]
RSS	=	5.44	ハルケ=ベラ	=	0.47	[.791]
s^2	=	1.36	ラムゼイ非線形	=	1.64	[.291]
RSS/n	=	1.17	F (勾配 0)	=	9.13	[.032]
R^2	=	0.82	B.I.C.	=	11.97	
自由度調整 R^2	=	0.73	Log (L)	=	−9.05	

係数推定結果ならびに t 値

変数	推定値	標準誤差	t−値	P−値
C	−2.90	2.73	−1.06	[.348]
X	0.10	0.05	1.75	[.155]
Z	5.16	2.47	2.09	[.105]

第 4 章

多変数の回帰

　前章までで最小2乗法の導入は終わりとし，この章では，一般的な回帰式の推定と，推定結果を理解するための諸指標，ならびに検定を説明する．また，応用上良く使われる，基準化された説明変数や，人工的に値が決められるダミー変数の利用法を説明する．ダミー変数は，回帰係数がデータ観測期間の途中で変化したのではないか，と疑われるような場合に利用できる．構造変化の検定という．最後に，残差変動 RSS の厳密な性質を解説する．最小2乗推定に関する性質の導出などは，数学補論で与えられる．

4　多変数の回帰

□ 4–1　*K* 変数回帰 □

　被説明変数は 1 個だけであるが，一般の回帰式は，右辺に K 個の説明変数が含まれ，

$$y_i = \beta_1 x_{1i} + \beta_2 x_{2i} + \cdots + \beta_K x_{Ki} + u_i \quad i = 1, 2, \cdots, n-1, n \tag{4.1}$$

と表記される。誤差項は，すべての i について，母平均と母分散が，

$$E(u_i) = 0, V(u_i) = \sigma^2 \quad i = 1, 2, \cdots, n \tag{4.2}$$

であるとし，さらに互いに独立に分布すると仮定する。観測個数は n で，データは

$$\{(y_1, x_{11}, \cdots, x_{K1}), (y_2, x_{12}, \cdots, x_{K2}), \cdots, (y_n, x_{1n}, \cdots, x_{Kn})\} \tag{4.3}$$

となるが，x 変数の第 1 の添え字は変数番号，第 2 の添え字は観測値番号である。例えば，家族の消費額を分析するなら，多くの家族について消費額，総所得額，家族数などを調べてデータとする。最初の括弧は第 1 家族についての，（消費額，総所得額，家族数）の調査結果が含まれる。K 個の説明変数と言っても，実際の応用分析では変数の数はほとんど一桁で，普通は 5 以下のことが多い。

　定数項は，右辺の K 説明変数のどこかに入っていれば良いが，混乱を避けるために x_1 は定数であり，

$$x_{1i} = 1, i = 1, 2, \cdots, n$$

とする。実際の分析では，定数項はどこに位置しても良い。例えば最後の変数が定数であるとしても良いわけで，そのときは，$x_{Ki} = 1, i = 1, 2, \cdots, n$ となる。

変数の数 K は，観測個数 n より小でないといけない。大きさ n の標本に含まれる情報を，母数の値に集約することが，統計学の基本的な考え方である。回帰分析における母数とは，K 個の係数と誤差項の分散であり，観測個数 n は $(K+1)$ より十分に大でないと，統計分析の意味がない。

■ 回帰係数の推定

推定法も，単回帰および 3 変数の場合と全く同じである。簡単に結果だけをまとめておこう。最小 2 乗法の原則として，回帰係数は残差 2 乗和

$$\Phi = \sum_{i=1}^{n} \{y_i - (\widehat{\beta}_1 x_{1i} + \cdots + \widehat{\beta}_K x_{Ki})\}^2 \tag{4.4}$$

を最小化するように定められる。最小化の一次条件は，

$$\sum_{i=1}^{n} \{y_i - (\widehat{\beta}_1 x_{1i} + \cdots + \widehat{\beta}_K x_{Ki})\} x_{mi} = 0 \qquad m = 1, 2, \cdots, K \tag{4.5}$$

となる。この K 式が**正規方程式**である。x_1 は定数 1 であるが，定数項の推定も正規方程式は変わらない。

偏回帰係数の最小 2 乗推定量は，K 正規方程式を満たす解，$\widehat{\beta}_1, \widehat{\beta}_2, \cdots, \widehat{\beta}_K$ である。データが与えられれば，Excel などの計算ソフトでこの解を求めれば良い。

標本偏共分散ならびに標本偏分散を利用して表現すれば，次の**1**〜**6**のようになる。便宜上，$\widehat{\beta}_K$ を求める。既に述べたように，説明変数の位置は自由に変えることができるから，この推定量の表現は，任意の偏回帰係数の推定量の表現になることに注意しよう。

1 x_K から，他の説明変数 $x_1, \cdots, x_{K-1}$ の影響を除く操作をする。この操作をするには，x_K を他の全ての説明変数 $x_1, \cdots, x_{K-1}$ に回帰し，残差を求めればよい。このために，**人工的な回帰式**を

$$x_{Ki} = c_1 x_{1i} + c_2 x_{2i} + \cdots + c_{K-1} x_{K-1 i} + 誤差項 \tag{4.6}$$

と設定する。次に，回帰式に含まれる未知係数を最小 2 乗法で推定し，残差を求める。(3.5) 式にならってこの残差を

4 多変数の回帰

$$\widehat{u}_{Ki} = x_{Ki} - \widehat{c}_1 x_{1i} - \widehat{c}_2 x_{2i} - \cdots - \widehat{c}_{K-1} x_{K-1i} \tag{4.7}$$

とすれば，残差と $(K-1)$ 個の説明変数は，直交性

$$\sum_{i=1}^{n} \widehat{u}_{Ki} \cdot x_{mi} = 0 \qquad m = 1, 2, \cdots, K-1 \tag{4.8}$$

を示す。この性質は，

$$\sum_{i=1}^{n} (x_{Ki} - c_1 x_{1i} - c_2 x_{2i} - \cdots - c_{K-1} x_{K-1i})^2$$

を，係数 $c_1, c_2, \cdots, c_{K-1}$ に関して最小化する条件により保証される。

2 $\widehat{u}_{Ki}$ を用いれば，$x_1, \cdots, x_{K-1}$ を所与とした x_K の標本偏分散は

$$\begin{aligned} s_{x_K x_K | x_1 \cdots x_{K-1}} &= \frac{1}{n-(K-1)} \sum_{i=1}^{n} (\widehat{u}_{Ki})^2 \tag{4.9} \\ &= \frac{1}{n-K+1} \sum_{i=1}^{n} \widehat{u}_{Ki} \cdot x_{Ki}, \end{aligned}$$

となる。ここでは，直交性 (4.8) 式が使われている。x_K と y 間の標本偏共分散は，

$$s_{y x_K | x_1 \cdots x_{K-1}} = \frac{1}{n-(K-1)} \sum_{i=1}^{n} \widehat{u}_{Ki} \cdot y_i \tag{4.10}$$

となる。

3 簡略化のため，説明変数 $x_1, \cdots, x_{K-1}$ をまとめて I_{K-1} と表記すれば，$\widehat{\beta}_K$ は，

$$\widehat{\beta}_K = \frac{s_{y x_K | I_{K-1}}}{s_{x_K x_K | I_{K-1}}} \tag{4.11}$$

となる。$x_1, \cdots, x_{K-1}$ を所与とした標本偏相関係数を用いれば，

$$\widehat{\beta}_K = r_{y x_K | I_{K-1}} \sqrt{\frac{s_{yy | I_{K-1}}}{s_{x_K x_K | I_{K-1}}}} \tag{4.12}$$

と表現できる。標本偏相関係数の定義は自明であろう。偏回帰係数推定量は，標本偏相関係数を，標本偏分散の比で調整した量であるという性質は，多変数回帰においても維持されている。導出は，数学補論 4.1 で示す。

4 定数項の推定量も，このように定義できる．K 番目の変数が定数である，と考えれば良い．しかしこの場合，残差を求めるための人工的な回帰式 (4.6) 式において，右辺に含まれるのは定数項以外の説明変数である．

5 (3.35) 式に沿った解釈も可能である．第 1 変数が定数だから，(4.5) 式は $m=1$ のとき

$$\sum_{i=1}^n y_i - n\widehat{\beta}_1 - \widehat{\beta}_2 \sum_{i=1}^n x_{2i} - \cdots - \widehat{\beta}_K \sum_{i=1}^n x_{Ki} = 0$$

となる．n で割って整理すれば，β_1 の推定量は

$$\widehat{\beta}_1 = \overline{y} - \widehat{\beta}_2 \overline{x}_2 - \cdots - \widehat{\beta}_K \overline{x}_K \tag{4.13}$$

となる．他の $(K-1)$ 個の係数推定量が求まっていれば，この式により $\widehat{\beta}_1$ を計算することができる．

6 式を書き換えれば

$$\overline{y} = \widehat{\beta}_1 + \widehat{\beta}_2 \overline{x}_2 + \cdots + \widehat{\beta}_K \overline{x}_K \tag{4.14}$$

となり，各変数の標本平均からなる座標点 $(\overline{y}, \overline{x}_2, \cdots, \overline{x}_K)$ は，推定された回帰直線上の点であることが分かる．

■残差 2 乗和と総変動の分解

最小 2 乗推定量が求まれば，**回帰値**

$$\widehat{y}_i = \widehat{\beta}_1 + \widehat{\beta}_2 x_{2i} + \cdots + \widehat{\beta}_K x_{Ki} \tag{4.15}$$

ならびに**回帰残差**

$$\widehat{u}_i = y_i - \widehat{y}_i \tag{4.16}$$

が計算できる．正規方程式 (4.5) により，回帰残差は全ての説明変数と直交する．

$$\sum_{i=1}^n \widehat{u}_i x_{mi} = 0 \quad m = 1, 2, \cdots, K \tag{4.17}$$

残差 2 乗和（**残差変動**, RSS）は，(4.4) 式で定義された Φ の最小値である．通常の回帰計算ソフトは残差 2 乗和の値を必ず示す．

4 多変数の回帰

誤差分散 σ^2 は，残差の標本分散によって推定する。この場合，n 個の残差は K 正規方程式を満たさねばならない。これは，n 個の残差には，制約が K 個含まれると理解できる。この K 個の制約を考慮して，誤差分散は

$$s^2 = \frac{\sum_{i=1,n} \widehat{u}_i^2}{n-K} \tag{4.18}$$

と推定される。$n-K$ は**自由度**と言われる。説明変数 $x_1, \cdots, x_K$ をまとめて I_K と表記し，標本偏分散の表示を用いれば，誤差分散は

$$s^2 = s_{yy|I_K} \tag{4.19}$$

となる。**総変動**（TSS）

$$TSS = \sum_{i=1}^{n} (y_i - \overline{y})^2$$

は回帰式に依存しない。**決定係数**

$$R^2 = 1 - \frac{RSS}{TSS} \tag{4.20}$$

の意味も同じである。**回帰変動**（ESS）

$$ESS = \sum_{i=1}^{n} (\widehat{y}_i - \overline{y})^2 \tag{4.21}$$

も定義は変わらない。回帰値 $\widehat{y}$ の平均と観測値の平均 $\overline{y}$ は一致し，**総変動の分解**

$$TSS = ESS + RSS \tag{4.22}$$

が成立する。総変動の分解により，決定係数は，

$$R^2 = \frac{ESS}{TSS} \tag{4.23}$$

と表現できる。

■ 最小2乗法の性質

2–5節（63頁）で最小2乗法に関する9性質を述べたが，多変数の回帰でもそのうち最初の8性質は維持される。まとめの意味で，ここに再述しよう。証明も基本的に変わらない。

【性質1】 残差和は0である。

【性質2】 残差と説明変数は，直交する：(4.17) 式。

【性質3】 観測値の和は，回帰値の和に等しい：$\sum_{i=1}^{n} y_i = \sum_{i=1}^{n} \widehat{y}_i$

【性質4】 観測値の平均は，回帰値の平均に等しい：$\overline{y} = \dfrac{1}{n}\sum_{i=1}^{n} \widehat{y}_i$

【性質5】 残差と回帰値は，直交する：$\sum_{i=1}^{n} \widehat{u}_i \widehat{y}_i = 0$

【性質6】 x_1 は定数だから，標本平均からなる座標 $(\overline{y}, \overline{x}_2, \cdots, \overline{x}_K)$ は，回帰直線上に位置する。

【性質7】 観測値と回帰値の積和は，回帰値の平方和に等しい：$\sum_{i=1}^{n} y_i \widehat{y}_i = \sum_{i=1}^{n} \widehat{y}_i^2$

【性質8】 決定係数 R^2 は，回帰値 $\widehat{y}_i$ と観測値 y_i の相関係数（重相関係数）の2乗に等しい。

■ 残差プロットと異常値

回帰分析では，推定された回帰式のフィットの具合を理解するために，残差を見ることが多い。そして，大きい残差をもたらす観測点については，その理由を検討する。

残差の大小を判断する基準は，残差の標準偏差 s である。残差の絶対値が $2s$ を越えていれば，2シグマを越えるので，この残差は非常に大きいと判断する。推定された回帰式からのはずれが大きいわけだから，この観測点は異常値 (outlier) であると判断され，クロスセクション・データではその観測点を除き，回帰式が再推定されることもある。異常値の判断基準を3シグマに取ることもある。

残差値と $2s$ を比べることは，残差を s で割った標準化残差

$$\dfrac{\widehat{u}_i}{s} \quad i = 1, 2, \cdots, n \tag{4.24}$$

の絶対値と，2 を比較することと同等である。様々な計量分析用のソフトでは，この値がプロットされている。(本書では，残差変動 RSS を自由度 $(n-K)$ で割って s^2 を求めている。Excel では，$(n-1)$ で割って求めていることに注意しよう。) この統計量については，147 頁の (4.75) 式で，再度検討する。

■自由度修正済み決定係数

説明変数を増加すれば，残差変動は減少するから，決定係数の大小によって回帰式を選択すると，説明変数を追加した回帰式が必ず選ばれる。新たな説明変数を加えた回帰式と，加える前の回帰式を比較した場合に，説明変数の数が多い方の回帰式が，優れた回帰式であるとは必ずしも言えないから，決定係数は回帰式の優劣を判断する基準としてはふさわしくない。

フィットを示す指標として，決定係数のように説明変数を増やすことにより，自動的には増加しない指標が望まれる。**自由度修正済み決定係数**は，このような目的で作られた指標で，

$$\overline{R}^2 = 1 - \frac{RSS/(n-K)}{TSS/(n-1)} \tag{4.25}$$

と定義される。第 2 項の分母は，総変動をその自由度 $(n-1)$ で割った値である。分子は残差変動を，その自由度 $(n-K)$ で割った値である。説明変数が追加されると，第 2 項の分母は変化しないが，分子が変化する。RSS は必ず減少し，同時に自由度 $(n-K)$ も必ず減少する。したがって，比率 $RSS/(n-K)$ が増加するか減少するかは不確定であり，答えは説明変数の性質に依存している。標本分散と標本偏分散の定義を使えば，自由度修正済み決定係数は

$$\overline{R}^2 = 1 - \frac{s_{yy|I_K}}{s_{yy}} \tag{4.26}$$

となる。説明変数を増やしても，右辺第 2 項の分子の増減は予見できない。

追加変数が説明変数として有効な変数であれば，$s_{yy|I_K}$ は大いに減少し，$\overline{R}^2$ は増加する。しかし，説明変数としてあまり役に立たない変数であれば，$s_{yy|I_K}$ は増加し，$\overline{R}^2$ は減少するであろう。$\overline{R}^2$ が増加するなら，その説明変数を回帰式に追加していく。

$\overline{R}^2$ と R^2 については，(4.25) 式を変形することにより，変換式

$$\overline{R}^2 = R^2 - \frac{K-1}{n-K}(1-R^2) \tag{4.27}$$

が成立し，R^2 から $\overline{R}^2$ を計算する際に利用される．この式は，R^2 からの減少分をも示しており，$\overline{R}^2$ は必ずしも正値を取らないことが分かる．(R^2 の値が小さい場合，また，K が n に近い場合を考えてみよう．) $\overline{R}^2$ は，1 より小になる．

例 4.1 人的資本を含むクロスセクション生産関数

都道府県データを用いて，コブ・ダグラス生産関数を推定してみよう．データは**表4–1** に示されている．データが揃わない沖縄を除いた 46 都道府県における特性であるが，最初の 3 個は

1. 実質県内総生産（1990 暦年基準）Y,
2. 民間粗資本ストック（取り付けベース，1990 暦年基準）K,
3. 県内就業者数 L,

で，生産関数として中核となる変数である．

他に，就業者の教育水準などを測る特性として，

4. 生産年齢人口に占める中等教育在籍率 $H1$,
5. 生産年齢人口に占める高等教育在籍率 $H2$,
6. 総人口に占める高等学校等終了人口比率 $H3$,
7. 総人口に占める大学等終了人口比率 $H4$,
8. 1 人当たり教育費 $H5$,
9. 社会資本ストックの中の文教施設費 $H6$,

などの教育や文化に関するデータを得ている．これらの教育や文化に関する支出は，労働生産性の向上に役立つ．総じて，人的資本（ヒューマン・キャピタル，human capital）を形成する変数であると言われる．平均的に見れば，学歴が高くなれば，所得が高くなる傾向が見られる．このような現象を，教育は人的資本への投資であり，投資額が増加すれば人的資本は充実し，そのアウトプットである所得も増加する，と単純化して理解するのである．

データ全体は 1995 年を中心とするが，詳細は小西葉子「生産関数の特定化に関する統計的推測」(「経済科学」51 巻 2 号（2003 年 9 月）) に述べられている．推定結果は (4.28) のようになった．(log は自然対数 ln である．)

4　多変数の回帰

表 4-1　都道府県データ

	県名	Y	L	K	H1	H2	H3	H4	H5	H6
1	北海道	18402.7	288.6	29306.5	9.7	3.1	33.7	5.7	183.6	2756.1
2	青森	4333.2	75.0	7407.5	9.9	2.5	30.8	4.0	189.3	646.3
3	岩手	4355.7	82.5	7557.9	9.8	2.4	29.7	4.5	189.8	652.1
4	宮城	7962.0	119.1	14327.7	10.8	3.3	34.2	6.9	152.6	967.2
5	秋田	3629.1	62.0	6676.8	9.3	2.4	33.0	4.2	188.7	527.0
6	山形	3769.2	66.4	7682.3	9.7	2.6	33.7	4.7	165.7	572.1
7	福島	7475.2	113.7	14949.1	9.9	2.7	32.1	4.8	176.6	893.6
8	茨城	10634.4	143.7	20398.9	9.9	3.7	32.5	6.7	144.8	1268.2
9	栃木	7351.0	102.9	14391.5	9.8	4.0	33.8	6.0	150.0	754.0
10	群馬	7312.0	107.5	13884.9	9.7	3.9	33.6	6.0	164.3	830.9
11	埼玉	18490.6	260.7	29160.8	9.5	4.2	33.3	10.1	115.8	2265.9
12	千葉	17163.5	228.3	32916.8	9.4	4.0	33.0	11.4	128.3	2079.4
13	東京	80584.3	876.9	137023.6	8.1	5.8	32.4	15.8	147.0	4940.9
14	神奈川	28657.8	358.9	49899.4	8.7	4.9	33.1	14.2	122.2	2847.6
15	富山	4301.0	61.4	11621.2	9.5	4.7	33.0	6.6	162.0	541.9
16	石川	4233.3	64.9	7585.9	10.3	5.4	31.1	6.8	154.6	623.0
17	福井	3007.0	45.3	7370.5	9.8	4.5	31.3	6.2	173.1	452.7
18	新潟	8943.6	134.8	16547.9	9.7	2.6	31.4	4.6	162.5	1188.8
19	山梨	2973.4	46.4	5683.2	9.7	4.7	34.3	6.7	175.4	418.3
20	長野	7681.0	122.3	14856.3	9.4	3.4	35.9	6.1	168.2	1059.5
21	岐阜	6708.6	108.2	12311.7	9.9	4.7	31.5	6.3	146.3	915.9
22	静岡	14368.3	214.8	25308.3	9.2	4.4	34.0	6.8	135.3	1372.6
23	愛知	31218.5	404.1	68301.4	9.4	6.0	32.3	8.7	138.9	2606.0
24	三重	6032.4	91.3	10211.0	9.6	4.5	31.3	6.2	147.4	728.6
25	滋賀	5301.9	62.0	8687.6	10.3	5.1	31.6	7.7	188.7	634.7
26	京都	9265.5	129.9	15169.6	10.1	6.3	32.7	9.7	128.9	1051.7
27	大阪	38247.9	487.8	67503.2	9.0	5.4	35.0	9.6	155.1	3392.2
28	兵庫	19441.4	237.3	36078.7	9.5	5.6	32.8	10.0	141.3	2112.6
29	奈良	3446.9	50.0	5569.7	10.3	5.5	32.1	11.3	154.4	649.8
30	和歌山	2930.5	51.0	6889.4	9.2	3.7	32.7	6.0	160.4	403.0
31	鳥取	1970.4	33.4	3317.7	10.0	3.1	35.2	6.2	167.8	313.2
32	島根	2245.4	41.4	3883.7	9.9	3.1	30.3	5.1	202.2	382.8
33	岡山	7044.7	98.3	14136.0	10.1	4.8	36.4	7.0	153.8	794.3
34	広島	10550.7	151.9	20109.2	9.9	5.4	35.9	8.6	158.1	1289.5
35	山口	5496.1	79.3	12162.9	9.8	3.6	37.9	6.4	159.3	620.5
36	徳島	2444.5	40.3	4172.8	9.6	4.3	29.8	6.4	172.2	347.4
37	香川	3623.2	54.3	6977.1	9.8	4.3	35.2	7.4	150.7	414.3
38	愛媛	4785.4	79.2	9144.0	9.7	4.2	32.2	6.4	140.4	566.8
39	高知	2247.0	41.6	4159.9	9.3	3.0	30.3	5.2	178.4	377.3
40	福岡	16018.9	239.6	31699.9	10.4	4.8	36.0	7.8	135.2	1689.5
41	佐賀	2648.9	44.7	4915.9	10.7	3.4	33.3	5.3	173.3	391.3
42	長崎	4412.0	73.7	8292.1	10.3	3.2	31.7	4.8	166.3	629.4
43	大分	4056.0	60.1	8671.7	10.2	3.6	37.7	5.8	167.4	463.5
44	熊本	5342.8	92.8	10676.6	10.2	3.0	32.8	5.5	163.1	711.9
45	宮崎	3072.0	59.0	6883.0	10.3	2.9	31.7	4.8	158.6	436.6
46	鹿児島	4682.4	86.0	8421.5	10.4	3.0	32.6	4.8	179.6	714.1

Y, K, $H6$ は 10 億円，$H5$ は 100 円，L は万人を単位とする。

図 4–1　標準化残差

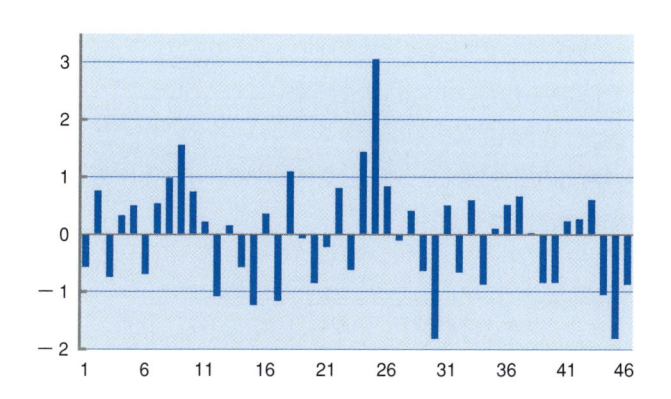

$$\widehat{\log Y} = 0.37(0.40) + 0.61(5.8)\log L + 0.33(5.0)\log K$$
$$+ 0.12(0.56)\log H1 + 0.067(1.1)\log H2 + 0.014(0.09)\log H3$$
$$+ 0.17(2.4)\log H4 + 0.18(1.7)\log H5 + 0.12(1.4)\log H6 \quad (4.28)$$

R^2 は 0.99648，$\overline{R}^2$ は 0.9957，RSS は 0.11016 であった．括弧内の数値は t 統計量の値で，(4.30) 式で説明される．t 値が小さい $H1, H2, H3$ を除いて再度推定すると，

$$\widehat{\log Y} = 0.77(1.3) + 0.57(5.8)\log L + 0.36(6.2)\log K$$
$$+ 0.20(4.5)\log H4 + 0.15(1.5)\log H5 + 0.13(1.7)\log H6 \quad (4.29)$$

R^2 は 0.99628，$\overline{R}^2$ は 0.9958，RSS は 0.116488 となった．

(4.24) 式で定義した標準化残差は，図 4–1 のようになる．絶対値が大きい残差は，$9, 25, 30, 45$ 番目の府県であることが分かる．

4–2　推定結果に関する検定

推定結果に関しての検定も前章で既に説明したが，まとめの意味で，説明を繰り返しておこう．

4 多変数の回帰

■ 偏回帰係数に関する t 検定

個々の偏回帰係数に関する t 検定も,前章と同じである。(7.49) 式により,

$$V(\widehat{\beta}_K) = \frac{\sigma^2}{\sum_{i=1,n}(\widehat{u}_{Ki})^2} = \frac{\sigma^2}{(n-K+1)s_{x_Kx_K|I_{K-1}}}$$

となるから,検定の帰無仮説を,例えば,$H_0: \beta_K = 0$ とすると,t 検定統計量は,推定量を**標準誤差**で割って,

$$t_{\beta_K} = \frac{\widehat{\beta}_K}{\sqrt{s^2/\{(n-K+1)s_{x_Kx_K|I_{K-1}}\}}} \qquad (4.30)$$

となる。分母の誤差分散の推定量 s^2 は,対立仮説の下で計算される $s_{yy|I_K}$ である。検定の手続きは,前章と変わらない。また,標本偏相関係数との関連も同じである。回帰係数と同様,最近ではあらゆる計算ソフトにおいて,t 検定統計量の計算がプログラムされているので,t 検定統計量を手計算で求める必要はない。

検定統計量の分布は,自由度が $(n-K)$ の t 分布である。観測個数が多いときは,標準正規分布により検定を行っても良い。t の値が分布の右裾 5% などを越えれば,帰無仮説を棄却する。

例 4.2 Per Capita 式と収穫不変性

(4.29) 式では $\log K$ と $\log L$ の係数和は 0.92 となり,数値的には収穫逓減を示している。2 係数の和が 1 (収穫不変) か否かの検定をしてみよう。1 人当たり (Per Capita) 生産額と 1 人当たり (Per Capita) 資本ストックを $y_t = Y_t/L_t, k_t = K_t/L_t$ として,次式の推定を行った。

$$\widehat{\log y} = -0.07(-1.0)\log L + 0.36(6.2)\log k + 他の項は同じ \qquad (4.31)$$

この式は,(4.29) 式の表現を変えただけであるが,再推定することにより,$\log L$ 項の t 値が自動的に求まる。($\log L$ 項の係数は,$0.57+0.36-1$,から求まる。) $\log L$ 項の P 値は 0.32 である。したがって,係数和が 1 という帰無仮説は棄却できず,収穫不変の仮説と推定結果の間には,統計的に有意な差がない。(巻末**付表 1** では,自由度が無限大であることを意味する,正規の欄を使う。)

4-2 推定結果に関する検定

■ **複数の偏回帰係数に関する F 検定**

帰無仮説が，複数の係数を含むときの検定を説明する。最後の m 個の係数が 0 という帰無仮説は

$$H_0 : \beta_{K-m+1} = 0, \cdots, \beta_{K-1} = 0 \qquad \beta_K = 0 \qquad (4.32)$$

と書かれる。繰り返すが，帰無仮説の対象となる係数は，最後の m 項に関する係数である必要はない。検定の対象となる係数が，回帰式のどこに位置しようとも，場所を移せば最後の m 項を構成するように，回帰式を書き直すことができる。ただし，帰無仮説に定数項は含まれないとする。さらに，誤差項は章の始めに述べたように，平均 0，分散 σ^2 で一定，その分布は互いに独立な正規分布であるとする。

この帰無仮説に対する検定統計量を計算するには，回帰式 (4.1) の残差平方和 RSS と，帰無仮説が定める回帰式

$$y_i = \beta_1 x_{1i} + \beta_2 x_{2i} + \cdots + \beta_{K-m} x_{K-mi} + \varepsilon_i \qquad i = 1, 2, \cdots, n \qquad (4.33)$$

の RSS を求める。2 つの RSS を，$RSS(H_A)$，$RSS(H_0)$ と表記しよう。$RSS(H_A)$ は (4.1) 式から求まる残差平方和である。$RSS(H_0)$ は帰無仮説の下での回帰式，(4.33) 式の残差平方和である。2 つの残差平方和により，F 検定統計量を

$$\begin{aligned} f &= \frac{n-K}{m} \frac{RSS(H_0) - RSS(H_A)}{RSS(H_A)} \\ &= \frac{1}{m} \frac{RSS(H_0) - RSS(H_A)}{s^2} \end{aligned} \qquad (4.34)$$

と定義する。分子は帰無仮説によって生じた RSS の増分である。説明変数を m 個除いたことにより生じた増分であるので，m で割れば 1 説明変数当たりの平均増分と理解できる。分母の s^2 は，(4.1) 式の推定から求まった標本偏分散 $s_{yy|I_K}$ である。詳細は述べないが，この検定も 1–3 節で導入された「分散比に関する検定」の応用である。

4 多変数の回帰

帰無仮説の下では，自由度が $m, n-K$ の F 分布を用いて，既に説明した要領で検定を行う．分子の自由度が m，分母の自由度が $n-K$ であることに注意しよう．f の値が分布の右裾5%点などを超えれば，帰無仮説を棄却する．

2式の推定から求まる**決定係数**を，$R^2(H_0), R^2(H_A)$ と書けば，検定統計量は

$$f = \frac{n-K}{m} \frac{R^2(H_A) - R^2(H_0)}{1 - R^2(H_A)} \tag{4.35}$$

と表現することもできる．決定係数は推定結果の一部として必ず示されるから，この表現は有用である．

最小2乗法では，説明変数の数を増加すれば，残差平方和は必ず減少する．これは，最小2乗法の原則，(4.4)式からも明らかである．(4.33)式の推定は，(4.4)式の最後の m 個の係数を強制的に0として，残りの係数を最小2乗法で推定したことに等しい．

2個の残差平方和を求めれば，$RSS(H_A)$ は $RSS(H_0)$ より必ず小となる．

検定統計量の分子の意味ははっきりしている．帰無仮説が正しいなら，(4.33)式の残差平方和は $RSS(H_A)$ に比べて，あまり増加しない．しかし，帰無仮説が誤っているなら，増加の程度は大きいと予想される．

■ 複数の偏回帰係数に関する χ^2 検定

正規分布の条件を必要としない検定統計量は

$$C = \frac{RSS(H_0) - RSS(H_A)}{s^2} = (n-K) \frac{R^2(H_A) - R^2(H_0)}{1 - R^2(H_A)} \tag{4.36}$$

となる．観測個数が大であるという条件の下で，C の帰無分布は自由度が m の χ^2 分布になる．C の値が分布の右裾5%などより大きくなれば，帰無仮説を棄却する．

例 4.3 人的資本変数の F 検定

(4.29)式の t 検定によれば，H4 は非常に有意である．H5 と H6 の P 値は各々 0.16 と 0.10 で有意ではないが，生産性に影響を与える変数と考えられるので回帰式に残しておく．

図 4–2　$F(3, 37)$ の密度関数

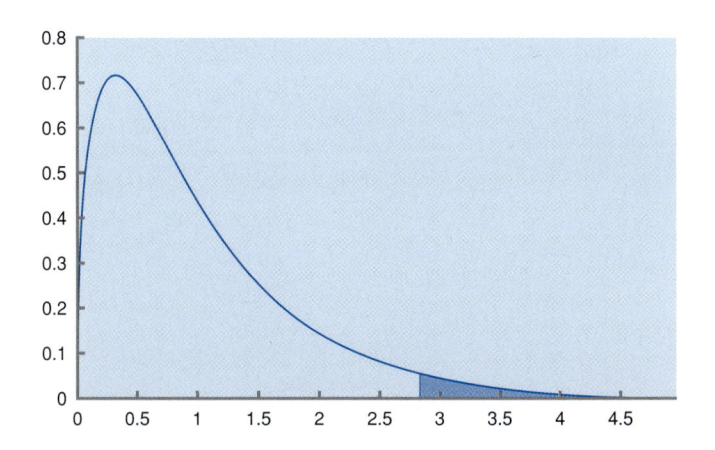

(4.28) 式と (4.29) 式の差である $H1$, $H2$, $H3$ についての F 検定は，残差変動を用いると

$$f = \frac{46-9}{3} \frac{0.116488 - 0.11016}{0.11016} = 0.71$$

となった。自由度の計算において，分子の 46 は観測個数，9 は (4.28) 式に含まれる係数の数，分母の 3 は帰無仮説に含まれる係数の個数である。R^2 を用いて計算すると，

$$f = \frac{46-9}{3} \frac{0.99648 - 0.99628}{1 - 0.99648} = 0.70$$

となり，有効桁数の違いにより多少異なる結果が導かれる。自由度が 3 と 37 の F 分布において P 値は 0.55 となり，3 個の人的資本変数の係数が 0 であるという帰無仮説は棄却できない。5% の境界値は 2.88 である。F 密度関数は，分子の自由度が 3 であるので，図 4–2 のようになる。（巻末付表 4 では，自由度が 30 の 2.92 と，自由度が 50 の 2.79 の中間の値 2.85 を，おおよその 5% の境界値とみなせば良い。正確には，補間法により求めるが，2.87 になる。）

■ F 検定と t 検定の矛盾

個々の t 値が有意でない $H5$ と $H6$ を回帰式より除き，人的資本変数として $H4$ だけを含む回帰式を推定すると

$$\widehat{\log Y} = 2.0(7.8) + 0.71(11.3) \log L + 0.33(5.6) \log K + 0.19(5.3) \log H4$$

4 多変数の回帰

図 4–3 $F(2, 40)$ の密度関数

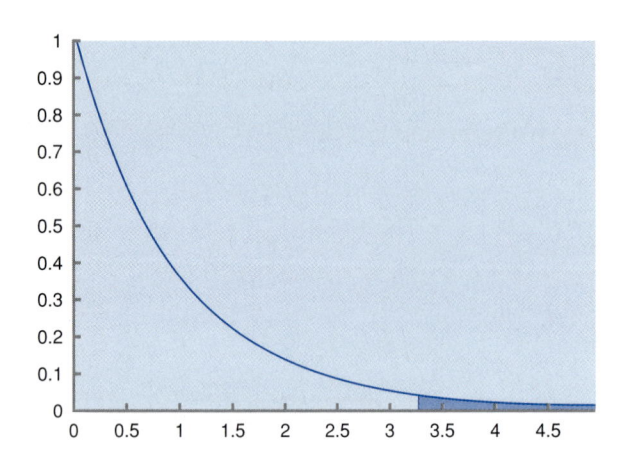

R^2 は 0.99565, $\overline{R}^2$ は 0.99534, RSS は 0.13619 となった。t 検定により，定数項以外の係数は全て明白に有意である。

$H5$ と $H6$ の係数が 0 であるという帰無仮説の有意性を F 検定で調べると，統計量は

$$f = \frac{46-6}{2} \frac{0.13619 - 0.11649}{0.11649} = 3.38$$

となった。自由度が 2 と 40 の F 分布において，P 値は 0.044 である。5% 境界値は 3.25 であった。（**図 4–3** を参照すること。）したがって，$H5$ と $H6$ の係数が 0 であるという帰無仮説は有意水準 5% で棄却される。この 2 変数については個々の t 検定は有意にならないものの，両係数が共に 0 であるという帰無仮説は棄却される。（巻末**付表 4** では，自由度が 30 の 3.32 と，自由度が 50 の 3.18 の中間の値 3.25 を，5% の境界値とみなせば良い。）

■回帰式全体に関する F 検定

複数の係数に関する検定として，定数項以外の全ての係数が 0 という極端な場合が考えられる。第 1 項が定数項だから，帰無仮説は

$$H_0 : \beta_2 = 0, \cdots, \beta_K = 0 \tag{4.37}$$

と書かれる．検定統計量は (4.34) 式の特殊例にすぎないが，帰無仮説の下では回帰式に定数項しか含まれないから，残差平方和は TSS に等しい．したがって検定統計量は

$$f = \frac{n-K}{K-1}\frac{TSS - RSS(H_A)}{RSS(H_A)} = \frac{n-K}{K-1}\frac{R^2}{1-R^2} \quad (4.38)$$

となる．決定係数は対立仮説の下で計算される値である．これは (3.50) 式の一般化である．

■ **自由度修正済み決定係数と t 統計量**

もともとの回帰式が (4.1) であるとして，説明変数 x_{K+1} を回帰式に加えるか否かの判断をするとしよう．追加変数 x_{K+1} に関する t 検定では，x_{K+1} の係数に関する t 値，t_{K+1} が有意であれば変数を回帰式に入れ，有意でなければ回帰式に入れないという判断が行われる．判断の基準は境界値であり，5% 両側検定の境界値は，有意水準 5% の検定では，近似的に 2 とされることが多い．

$\overline{R}^2$ も追加変数 x_{K+1} に関する判断基準になるが，この指標の大小による変数追加の判断は，境界値を 1 とする t 検定に等しいことが知られている．

$\overline{R}^2(y|I_{K+1})$ を，説明変数 x_{K+1} を加えた回帰式の自由度修正済み決定係数とすれば，不等式

$$\overline{R}^2(y|I_K) < \overline{R}^2(y|I_{K+1}) \quad (4.39)$$

と，不等式

$$1 < |t_{K+1}| \quad (4.40)$$

は同値になる．したがって，追加変数 x_{K+1} の t 値が 1 を越えるときに，$\overline{R}^2$ は増加する．通常の t 検定に比べて，追加変数に甘い判断基準になることが理解できよう．

証明 (4.39) 式が成立するなら，$\overline{R}^2$ の定義 (4.25) 式により

$$\frac{RSS(y|I_{K+1})}{n-K-1} < \frac{RSS(y|I_K)}{n-K}$$

となる。これは

$$\frac{n-K}{n-K-1} < \frac{RSS(y|I_K)}{RSS(y|I_{K+1})}$$

と同じだが，両辺から 1 を引き，$(n-K-1)$ を掛ければ

$$1 < f$$

となる。144 頁の (4.61) 式により，一説明変数に関する f 統計量は t 統計量の 2 乗に等しいから，(4.40) 式が成立する。（終わり）

例 4.4 表 4–1 をもとに生産関数についていくつかの推定を行ったが，いずれの式も R^2 が 1 に近い。必要ではないが，回帰式に含まれる全係数に対する F 統計量を，(4.29) 式に従って計算する。定数項を除く係数は 5 個だから，

$$f = \frac{46-6}{5}\frac{0.99628}{1-0.99628} = 2142.5$$

となる。これは自由度が 5 と 40 の F 分布において極度に有意であり，全ての勾配係数が 0 であるという帰無仮説は棄却される。5% 境界値は 2.45 である。**図 4–4** を参照すること。（巻末**付表 4** では，2.53 と，2.40 の中間点 2.47 になる。）このような生産関数に関する推定結果には，問題が含まれている。人的資本の考え方により，人的資本への投資が増加すれば生産高が増えるという推定を行っているが，逆に，生産高が増えれば所得が高くなり，教育投資も増加していく。この後者の論理が，非常に高い R^2 の一因となることは否めない。この式の推定では，説明変数は必ずしも原因ではなく，結果にもなっていると考えられる。

4–3 基準化変数

説明変数の値は，観測された数値がそのまま使われることが多いが，分析の目的により観測値が変換されることもある。よくある変換は，説明変数の標準化（基準化）である。基準化によれば，各説明変数から平均を引き，標準偏差で割った値を新たな説明変数とする。式で示せば

図 4–4 $F(5, 40)$ の密度関数

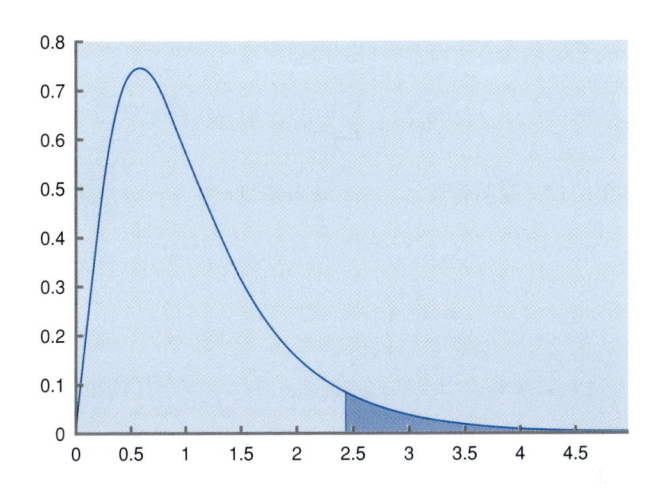

$$sx_{ki} = \frac{x_{ki} - \overline{x}_k}{s_k}, k = 1, \cdots, K, i = 1, 2, \cdots, n$$

が，基準化説明変数である．基準化された説明変数は，標準偏差が 1 となるから，係数推定値どうしの比較が可能になる．しかし，単回帰を除いて，係数推定量が相関係数に一致することはない．これは (4.12) 式からも明らかであろう．

このような変換をしても，各係数推定値の解釈や，検定統計量の意味は変わらない．決定係数なども同様である．

■ マルチ・ファクターモデル

例 2.11 で紹介した CAPM では，収益率の説明変数として，市場ポートフォリオの収益率が用いられた．この CAPM に対して，数多くの変動要因を用いる分析を，マルチ・ファクターモデルという．したがって，CAPM は，シングル・ファクターモデルと理解できる．マルチ・ファクターモデルは，元々は裁定価格理論（Arbitrage Pricing Theory，略して APT とよばれる）に基づいて開発されたが，理論は特定の変数をファクターとして指定する訳ではない．

4 多変数の回帰

特定の変数が指定されないことは不便なようだが，実務上は自由な変数選択を意味し，幅の広い分析を可能にする。

ファクターが K 個なら，時点 t におけるマルチ・ファクターモデルは

$$R_t = \alpha + \sum_{i=1}^{K} \beta_i F_{it} + \varepsilon_t \tag{4.41}$$

となる。APT では，説明変数として含まれるファクターは，確率変数であると考えられることが多いが，その場合はファクターは条件

$$Cov(F_{it}, \varepsilon_t) = 0$$

を満たさないといけない。つまり，誤差項とファクターには相関がない。

■リスク・モデル

APT 理論では，収益率はリスクに伴われて生じるものであり，ある銘柄の収益率の大小は，すなわちリスクの大小を意味すると理解される。そして，マルチ・ファクターモデルは，収益率と結びつくリスクを，原因となる様々なリスク要因に分解する式である，と理解される。(4.41) 式の右辺のファクターは，原因となるリスク要因である。

マルチ・ファクターモデルを，このようにリスクの分解式と理解する場合は，右辺のファクターの多くは，被説明変数と同じ時点で観測される。そうすると，収益率の予測を考える際には，右辺のリスク要因をまず予測せねばならない。したがって，予測には (4.41) 式を直接用いることができない。このようなモデルをリスク・モデルとよぶ。リスク・モデルでは，因子分析などが，リスク要因を定めるために用いられる。

他方，リターンの予測を目的としたマルチ・ファクターモデルは，リターン・モデルとよばれ，説明変数としては，時点 t で既知である変数が用いられる。応用では，幅広い範囲から説明変数が選ばれるが，それらはおおまかに言って，GDP 成長率，公定歩合変化率，円ドル為替，金利などのマクロ・ファクターと，個別企業の雇用者数や売上高などのミクロ・ファクターに類別

される。また，観測される変数だけでなく，統計的に合成された*テクニカル・ファクター*も使われる。詳細は，乾孝治・室町幸雄著『金融モデルにおける推定と最適化』朝倉書店，を参照されたい。

■ リターン・モデルの推定

線形回帰分析が応用できるのはリターン・モデルであるが，簡単な例をここで示そう。以下，東証一部に上場されている，金属製品業 31 銘柄に関するデータ，表 4–2 を用いて推定を行う。被説明変数は 31 銘柄の収益率（％），推定の時点は 98 年 12 月末である。試しに推定した式は，以下のようなものである。

$\hat{r} = -10.26(-7.9) + 2.69(1.0)div - 4.41(-1.6)cfps + 0.98(0.40)bps$
$\quad - 2.6(-0.69)nepr + 7.4(2.0)cfpr - 0.8(-0.29)bpr + 9.3(4.3)\log(mv)$

R^2 は 0.586，$\overline{R}^2$ は 0.461，$RSS = 1208.63$，となった。括弧内は t 値である。変数の定義は，r：パーセント表示収益率で，(当月末株価/前月末株価) -1，div：配当利回り (divident yield)，$cfps$：1 株当たり税引き後利益＋減価償却費（cash flow per share），bps：1 株当たり純資産 (book value per share)，$neps$：1 株当たり純利益 (net profit per share)，$nepr$：$neps$/前月末株価のパーセント表示（net profit price ratio），$cfpr$：$cfps$/前月末株価のパーセント表示（cash flow price ratio），bpr：bps/前月末株価のパーセント表示 (book value price ratio)，mv：時価総額（market value, 10 億円単位），である。

説明変数には，1998 年 12 月末において，値が確定しているものが選ばれている。全ての説明変数は，*基準化*されている。これは推定された係数が，要素毎の収益率への貢献度，*ファクター・リターン*として理解できるからである。時価総額は銘柄により 2 桁の違いが見られるため，その対数値を説明変数とした。

数多くの説明変数が使われるため，複雑な式のように見えるかもしれないが，変数の内，1 株当たり純資産は収益率にプラスの効果を持つと期待される。1 株当たり純利益も，同様である。配当利回りはほとんど変更されないから，収益率には関係がないように見えるが，一般的に配当の高い企業は，収益率も高いと理解されている。

4 多変数の回帰

表 4–2 リターン・モデルの標準化データ

	r	div	cfps	bps	nepr	cfpr	bpr	log(mv)
1	−21.849	−1.862	−0.476	−1.144	0.032	0.556	−0.894	−0.867
2	−6.439	−1.509	3.183	1.365	0.142	0.188	−1.155	2.515
3	−1.504	0.856	1.328	0.046	0.167	2.488	1.455	−0.188
4	−10.106	0.442	0.266	0.618	0.457	0.540	1.455	−0.177
5	−26.036	1.281	−0.235	−0.559	0.251	0.762	1.074	−1.364
6	−9.132	1.454	−0.241	−0.419	0.436	0.452	0.784	−1.060
7	−10.628	0.490	−0.669	−0.970	0.140	−0.259	−0.822	−0.408
8	−11.765	0.615	0.194	0.432	0.469	0.858	2.324	−0.662
9	−39.791	−0.348	−1.591	−0.783	−2.224	−2.036	−0.071	−1.157
10	−10.417	0.558	0.117	0.834	0.662	0.191	0.995	−0.592
11	−11.943	−0.291	−0.363	−0.337	0.348	−0.233	−0.839	1.478
12	−7.447	1.213	−0.367	−0.091	0.290	0.063	0.929	−0.018
13	−6.275	0.027	−2.020	−0.303	−2.487	−2.291	0.692	−0.420
14	−17.647	−1.862	−1.666	−0.795	−3.902	−3.174	1.061	0.259
15	−8.108	0.760	−0.435	−0.333	0.313	−0.148	−0.215	−0.117
16	−10.787	−0.763	0.580	1.110	0.298	−0.116	−0.715	0.876
17	9.268	−1.203	0.132	1.444	−0.140	−0.368	−1.130	2.504
18	−5.000	−0.079	0.740	1.542	0.140	0.170	0.311	0.571
19	−10.000	−0.117	0.586	−0.290	0.477	0.413	−0.756	−0.192
20	−6.805	−0.647	0.513	3.114	0.258	−0.172	0.166	0.703
21	−4.771	−1.026	1.946	1.326	0.252	−0.041	−1.180	1.375
22	−15.918	−0.676	−0.376	−0.944	0.343	0.144	−0.943	−0.638
23	−7.767	1.647	−0.597	−0.482	0.356	−0.131	0.758	−0.933
24	−16.040	1.097	−0.207	0.174	0.671	0.037	0.508	−0.570
25	−14.331	−1.862	0.189	−1.246	0.051	0.667	−1.830	−1.053
26	−24.599	0.201	−0.715	−0.993	0.265	−0.321	−0.776	−1.038
27	−3.000	−0.088	0.729	−0.184	0.470	0.619	−0.492	0.189
28	−7.962	0.596	0.160	−0.113	0.672	0.627	0.587	−0.353
29	−12.644	0.914	−0.613	−0.877	0.248	−0.085	−0.242	0.202
30	14.865	−0.300	−0.182	−0.863	0.178	0.107	−1.167	1.168
31	−3.343	0.481	0.089	−0.278	0.366	0.492	0.127	−0.036

時価総額が収益率に与える影響は，一様ではない。時価総額が大きい大企業は，リスクが小さいだろうから，低収益率につながるであろう。逆に小企業は，時価総額が小さく，リスクは大きく，高い収益率につながるであろう。したがって，時価総額の係数は負になると予想されるが，推定結果は逆になった。バブルの崩壊期には，小企業は，大企業より収益を下げているのではなかろうか。1998年12月という推定時点は，バブルの崩壊期であり，ほとんど全ての銘柄が下落しているために，定数項が大きな負値になっている。

■ マルティコ現象

この回帰式の推定結果において，$cfps$ と $cfpr$, bps と bpr は，共に純利益あるいは純資産を元にした説明変数であるから，良く似た性質を持つはずである。単に良く似た性質を持つだけでなく，変数間の標本相関係数も，高い値を示す。また純利益とキャッシュフロー（純利益+減価償却費）も類似した変数で，高い標本相関係数を示す。

このように，変数間の相関係数が高い場合には，1つの変数が相関の高い他の変数の効果を吸収してしまい，係数の推定結果が，本来の符号を示さないことがある。t値も有意になりにくい。このような現象を，多重共線性 (multi-collinearity)，略してマルティコと言う。

基本的に先の推定式では，時価総額以外の全ての変数は，正の効果を持つと期待されるから，マルティコ現象が起きている。そこで，相関の高い変数を排除して再度推定すると，

$$\hat{r} = -10.3(-7.9) + 2.4(1.3)div + 2.5(1.8)cfpr + 0.21(0.13)bpr$$
$$+ 7.4(4.9)\log(mv)$$

R^2 は 0.531，$\overline{R}^2$ は 0.459，$RSS = 1370.57$，となった。先の推定結果に比べると，係数は期待通りの符号を示している。R^2 は多少減少したが，$\overline{R}^2$ は変化がないといえよう。t検定によれば，さらに div と bpr が除かれようが，銘柄数も少ない業種であり，配当，利益，資産，そして時価総額が一応の効果を示しているので残しておこう。特に div の t値は1を越えており，$\overline{R}^2$ 基準でも

4 多変数の回帰

> **図 4-5** $F(3, 23)$ の密度関数

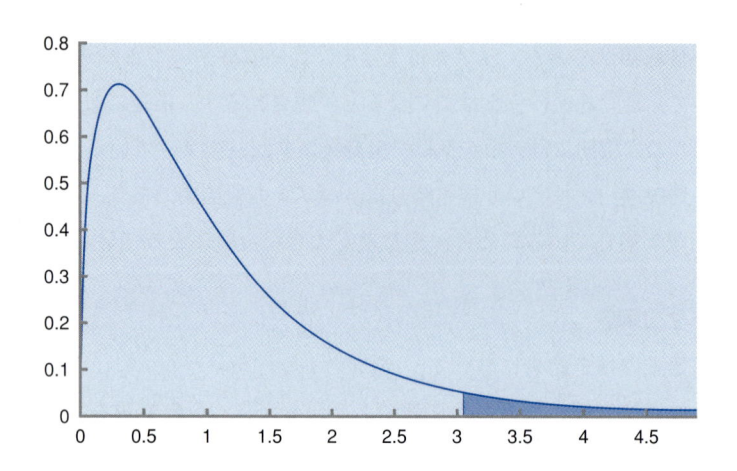

保持できる。bpr の係数推定値の符号が変わったが，これは典型的なマルティコ現象である。

2 式に F 検定を応用すると，

$$f = \frac{31-8}{3} \frac{0.586 - 0.531}{1 - 0.586} = 1.02$$

となる。この値は自由度が 3 と 23 の F 分布上の 40.2% 点であるから，3 係数が 0 であるという帰無仮説は棄却できない。**図 4-5** にも示したが，5% 境界値は 3.03 であった。（巻末**付表 4** では，2.99 と，3.10 の中間値くらいになる。厳密には補間法で計算する。）RSS を用いた計算は，次のようになる。

$$f = \frac{31-8}{3} \frac{1370.57 - 1208.63}{1208.63} = 1.03$$

最後に，標準化した残差をプロットしてみると (**図 4-6**)，9, 13, 30 番目の企業の残差が大きい。全体として，右上がりの傾向があるように見えるが，クロスデータであるので，観測値の順番には意味がない。

図 4-6 標準化残差

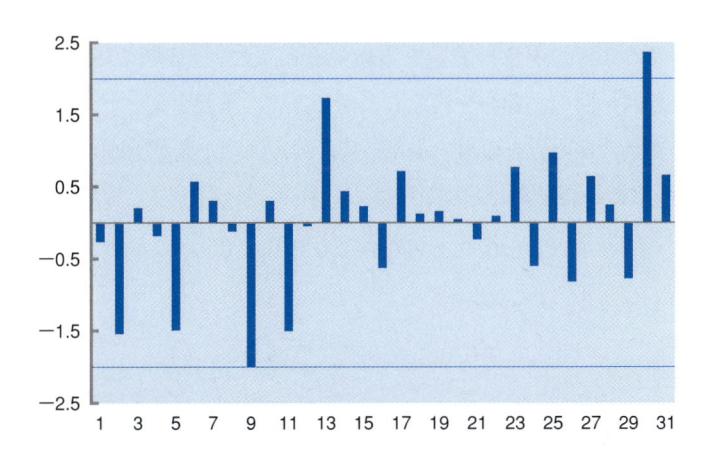

4-4　ダミー変数

■ 切片ダミー変数

説明変数の値を人工的に定めて，分析を行うこともある。すなわち，「春夏秋冬」などといった定性的な情報を計量する場合には，これらについて 1 あるいは 0，という人工的な変数を当てはめて，その影響を調べることが行われる。このような変数のことを，**ダミー変数**と言う。例えば，年次 (4 月始まり) の**四半期データ**（3 カ月毎に報告される値）の分析において，四半期毎に回帰式の定数項が変化すると考えられれば，回帰式を

$$y_t = \alpha + \beta x_t + \gamma_1 D_{1t} + \gamma_2 D_{2t} + \gamma_3 D_{3t} + u_t$$
$$t = 1, 2, \cdots, n, \tag{4.42}$$

と設定する。y_t と x_t はいままで扱われてきた変数であるが，D_{1t}, D_{2t}, D_{3t} は**ダミー変数**で，

D_{1t} は，t が第 1 四半期（春）であれば 1，他の四半期なら 0，

4 多変数の回帰

D_{2t} は, t が第 2 四半期（夏）であれば 1, 他の四半期なら 0,

D_{3t} は, t が第 3 四半期（秋）であれば 1, 他の四半期なら 0,

とする。このようなダミー変数を定義すると, ダミー変数の係数の推定結果により, 各四半期の影響力を測ることができる。季節ダミーと言われる。

ダミー変数の使い方を理解するために, 例えばデータが 1980 年第 1 四半期（春）から始まるとすると, D_{1t} には

$$\{1, 0, 0, 0, 1, 0, 0, 0, 1, 0, 0, 0, 1, 0, \cdots\}$$

という値を与える。D_{2t} は

$$\{0, 1, 0, 0, 0, 1, 0, 0, 0, 1, 0, 0, 0, 1, \cdots\},$$

D_{3t} は

$$\{0, 0, 1, 0, 0, 0, 1, 0, 0, 0, 1, 0, 0, 0, \cdots\},$$

となる。このように, ダミー変数の取る値は人工的に定められる。この例については,

1. 各ダミー変数は 0 と 1 の 2 値を取るが, これは共通にしておいた方が, 推定結果の比較に都合が良い。

2. 0 と 1 でなく, -1 と 1 などの 2 値にしても良いが, この場合は回帰式を書き直せば, 先の回帰式に還元される。

後者について詳しく説明しよう。-1 と 1 を取る新しいダミー変数を $D_{1t}^*, D_{2t}^*, D_{3t}^*$ としよう。回帰式は

$$y_t = \alpha^* + \beta x_t + \gamma_1^* D_{1t}^* + \gamma_2^* D_{2t}^* + \gamma_3^* D_{3t}^* + u_t$$

となる。ここで各ダミー変数と係数を

$$y_t = \left(\alpha^* - \frac{\gamma_1^*}{2} - \frac{\gamma_2^*}{2} - \frac{\gamma_3^*}{2}\right) + \beta x_t + \gamma_1^* \frac{D_{1t}^* + 1}{2} + \gamma_2^* \frac{D_{2t}^* + 1}{2}$$
$$+ \gamma_3^* \frac{D_{3t}^* + 1}{2} + u_t$$

と変換すると, $(D_{1t}^* + 1)/2$ は, その値をチェックすれば D_{1t} となる。他のダミー変数についても同じで, 回帰式は (4.42) 式と同じである。

四半期データの分析では，春夏秋冬に応じ，季節ダミーを 4 個回帰式に入れることが当然であると考えられるかもしれないが，これは変数間に恒等な関係を生じ，推定が不可能になる。例えば，D_{4t} を

$$\{0,0,0,1,0,0,0,1,0,0,0,1,0,0,\cdots\}$$

とし，D_{4t} を含めた回帰式

$$y_t = \alpha + \beta x_t + \gamma_1 D_{1t} + \gamma_2 D_{2t} + \gamma_3 D_{2t} + \gamma_4 D_{4t} + u_t \quad (4.43)$$

の推定をする。しかしこの場合，ダミー変数間に恒等式

$$1 = D_{1t} + D_{2t} + D_{3t} + D_{4t}$$

が成立している。ダミー変数の和と定数項が等しくなるから，D_{4t} は剰余な変数になり，推定が不可能となる。（完全マルティコが生じる。数学補論 4.2 を参照せよ。）

検定 個々のダミー変数の有意性を検定するためには，t 検定を使う。複数のダミー変数の有意性に関しては，F 検定あるいは χ^2 検定を用いれば良い。

■勾配ダミー変数

以上のダミー変数は，切片が季節毎に変化するという現象を推定するために便利が良いが，ダミー変数は切片だけでなく，勾配にも応用できる。季節毎に勾配が変わるという式を設定したければ，回帰式を

$$y_t = \alpha + \beta_1(D_{1t}x_t) + \beta_2(D_{2t}x_t) + \beta_3(D_{3t}x_t) + \beta_4(D_{4t}x_t) + \gamma z_t + u_t \quad (4.44)$$

とする。定数項との関係を考えなくてよいので，季節毎のダミー変数を回帰式に入れる。このように設定すると，$(D_{1t}x_t), (D_{2t}x_t), (D_{3t}x_t), (D_{4t}x_t)$ が新しい季節ダミー x 変数になる。切片ダミー変数の例にならって各変数が取る値を例示してみると，

$$(D_{1t}x_t) \text{ は}, \{x_1, 0, 0, 0, x_5, 0, 0, 0, x_9, 0, 0, 0, x_{13}, 0, \cdots\},$$

4 多変数の回帰

$(D_{2t}x_t)$ は, $\{0, x_2, 0, 0, 0, x_6, 0, 0, 0, x_{10}, 0, 0, 0, x_{14}, \cdots\}$,

$(D_{3t}x_t)$ は, $\{0, 0, x_3, 0, 0, 0, x_7, 0, 0, 0, x_{11}, 0, 0, 0, \cdots\}$,

$(D_{4t}x_t)$ は, $\{0, 0, 0, x_4, 0, 0, 0, x_8, 0, 0, 0, x_{12}, 0, 0, \cdots\}$,

などとなる。元の x 変数から，4個のダミー x 変数を作り，これらを説明変数として追加し，回帰計算すれば良い。

■ 構造変化の検定

勾配ダミーを四半期毎に入れるような例は少ないが，日本経済に関する実証分析であれば，勾配が，バブル期間とバブル後では変化したと考えることは自然である。この場合，バブル期間は $D_t = 1$，バブル後は $D_t = 0$，となるダミー変数を，勾配係数と組み合わせれば，係数の変化を表現できる。回帰式は，ダミー変数 D_t により

$$y_t = \alpha + \beta_1 (D_t x_t) + \beta_2 ((1-D_t)x_t) + \gamma z_t + u_t \tag{4.45}$$

と設定すれば良い。ダミー変数の値は，7期までをバブル期間として，

$$D_t x_t \text{は}, \{x_1, x_2, x_3, x_4, x_5, x_6, x_7, 0, 0, 0, 0, 0, 0, 0, \cdots\},$$

$$(1-D_t)x_t \text{は}, \{0, 0, 0, 0, 0, 0, 0, x_8, x_9, x_{10}, x_{11}, x_{12}, x_{13}, x_{14}, \cdots\},$$

などとなる。バブル期間とバブル後の勾配が，別個に推定できる。

検定 バブル期間と，バブル後の係数が等しいという帰無仮説 $H_0 : \beta_1 = \beta_2$，対立仮説は $H_a : \beta_1 \neq \beta_2$，の検定も容易である。帰無仮説の下での回帰式は，(4.45) 式の2係数を等しいとして，

$$y_t = \alpha + \beta x_t + \gamma z_t + u_t \tag{4.46}$$

となる。この式の残差変動と，(4.45) 式の残差変動を用いて，F 統計量により検定する。

この例のように，一説明変数の係数がバブル前後で変化するか否か，という仮説は，回帰式の書き直しにより t 値で検定することもできる。(4.45) 式を整理すれば

$$y_t = \alpha + \beta_2 x_t + (\beta_1 - \beta_2)(D_t x_t) + \gamma z_t + u_t \quad (4.47)$$
$$= \alpha + \beta_2 x_t + \delta(D_t x_t) + \gamma z_t + u_t \quad (4.48)$$

となるから,帰無仮説と対立仮説は,$H_0: \delta = 0, H_a: \delta \neq 0$ となる。δ に関する t 検定の使い方は自明であろう。

■男女ダミー変数

バブルに関するマクロ分析でなくとも,例えば賃金関数が男女で異なるか否か,といった疑問に答えるためのクロスセクション・データ分析にも,ダミー変数を使う。例えば男女含めて n 人に関する賃金 y_t,経験年数 x_t,教育歴 z_t などのデータを得たとする。この場合,男女間で賃金に差があるか否かは,定数項に男性ダミー M_t を入れれば良い。(女性ダミーを入れても同じ結果を得る。) このダミー変数は,t 番目が男性なら 1,女性なら 0 となる変数で,回帰式は

$$y_t = \alpha + \beta x_t + \gamma M_t + \eta z_t + u_t \quad (4.49)$$

となる。男性の方が賃金が高いなら,γ の推定値は正になる。

ダミー変数の性質を理解するために,男性なら 0,女性なら 1 とする女性ダミー変数 F_t を使う回帰式を設定すると,

$$y_t = \alpha + \beta x_t + \delta F_t + \eta z_t + u_t \quad (4.50)$$

となる。この式では,女性の賃金が経験年数の影響を除いて男性より低いなら,δ は負の値になる。2式の比較をするために女性ダミーを含む式を変換すると,

$$y_t = \alpha + \beta x_t + \delta(1 - M_t) + u_t$$
$$= (\alpha + \delta) + \beta x_t - \delta M_t + u_t \quad (4.51)$$

となる。したがって女性ダミーを含む式の推定結果より,男性ダミーを含む回帰式の推定結果を導くことができる。

検定 男女差があるか否かという仮説の検定には,γ 係数に関する t 検定を使う。

4 多変数の回帰

例 4.5 マクロ輸入関数の推定

全てマクロ系列であるが,変数として,

1. 実質財貨サービス輸入額の対数値 IMR,
2. 名目財貨サービス輸入額の対数値 IM,
3. 実質国内総生産の対数値 $GDPR$,
4. 名目国内総生産の対数値 GDP,
5. 国内価格指数の対数値 $PGDP = GDP - GDPR$,
6. 輸入財価格指数の対数値 $PIM = IM - IMR$,
7. 輸入財の相対価格の対数値 $P = PIM - PGDP$,

を使う。最初の 4 変数は,実質および名目の輸入額ならびに国内総生産である。価格指数については,例えば国内価格指数は GDP デフレーター

$$\frac{名目国内総生産}{実質国内総生産}$$

であるが,これは国内の物価指数を示す。この対数値は,$PGDP = GDP - GDPR$, のように対数値の差で定義される。輸入財価格指数は輸入品の価格を表現しており,その対数値は GDP デフレーターと同じく,$PIM = IM - IMR$ のように対数値の差で定義される。最後に輸入財と国内生産財の相対価格は,輸入価格指数と国内価格指数の比である。輸入品の価格が国内価格に比べて安ければ,輸入が増え,逆に高ければ輸入は減少すると考える。したがって,この説明変数は,輸入額に負の効果をもたらす。対数値は,再び差で定義される。データは年次で,**表 4-3** に示すが,期間は 1956 年から 2001 年までの 46 年とする。

$GDPR$ と P を説明変数とする最小 2 乗推定の結果は,次のようになった。

$$\widehat{IMR} = -6.0(-11.5) + 1.28(31.3)GDPR - 0.20(-2.5)P$$

括弧内は t 値,$R^2 = 0.99, \overline{R}^2 = 0.99, DW = 0.66, RSS = 0.46951$, 対数尤度 $(\log(L)) = 40.18$, である。この式は,需要関数のように,$GDPR$ は所得,P は価格と理解して良い。だから,係数推定値は順当な符号および値を示し,t 統計量も 2 を超えているから係数の有意性には問題がない。対数尤度 と DW は次章で説明される。(巻末**付表 1** では,正規の欄を参照する。)

表 4-3 マクロ輸入データの原系列

年次	IMR	IM	GDP	GDPR
1956	1857.5	915.3	8597.8	47939.3
57	2494.4	1321.1	9647.7	51194.8
58	2697.3	1393.3	11064.1	55364.6
59	2485.5	1117.2	11845.1	59010.2
1960	3182.6	1442.0	13897.0	65628.3
61	3827.9	1706.2	16680.6	73504.1
62	4760.6	2160.8	20170.8	82124.9
63	4613.9	2044.9	22328.8	88318.3
64	5835.1	2651.6	26228.6	97502.6
65	6256.3	2858.1	30399.7	106753.7
66	6671.8	3059.8	33765.3	113361.9
67	7703.5	3591.9	39698.8	125882.2
68	9394.0	4391.5	46445.4	139779.9
69	10379.9	4870.9	54947.0	157058.9
1970	12146.6	5914.6	65061.4	175940.1
71	14858.5	7212.6	75298.5	190448.0
72	15198.2	7193.0	82899.3	200051.9
73	17490.2	8169.6	96486.3	218214.5
74	21453.5	13259.0	116715.0	229326.2
75	21116.9	19572.4	138451.1	228242.5
76	19548.4	19253.9	152361.6	237329.5
77	21094.6	21714.2	171293.4	246262.1
78	21789.9	20712.2	190094.5	257411.8
79	24132.6	19809.7	208602.2	271349.3
1980	25608.4	30996.4	225237.2	285320.5
81	23987.8	34630.8	245546.6	292737.5
82	24338.8	36910.1	260801.3	301489.5
83	22932.4	36418.4	273322.4	310825.7
84	23449.6	34692.6	285593.4	318689.7
85	25310.6	37390.8	305144.1	331753.7
86	24641.3	33237.1	324289.6	345446.0
87	25602.2	23297.1	339363.3	356286.3
88	29194.4	26124.4	355521.8	373233.2
89	35336.3	30567.7	379656.8	395531.6
1990	40981.9	38994.5	406476.8	413120.4
91	42516.1	42409.0	438815.8	436043.8
92	41826.3	38442.0	463174.4	448902.7
93	41162.4	36422.3	471882.0	450605.9
94	41762.2	32863.8	476746.1	452757.6
95	46157.6	35177.2	478841.4	455690.0
96	53224.2	40327.6	489749.7	469382.4
97	58083.9	48917.5	504391.4	490018.4
98	56865.6	49226.8	507632.0	489664.4
99	52867.8	43923.5	497255.8	480165.2
2000	57534.1	44323.0	493870.4	482433.6
01	64208.0	49425.1	490103.6	486907.6

実質値は1990年を基準とする。単位は10億円。

4 多変数の回帰

図 4-7　標準化残差

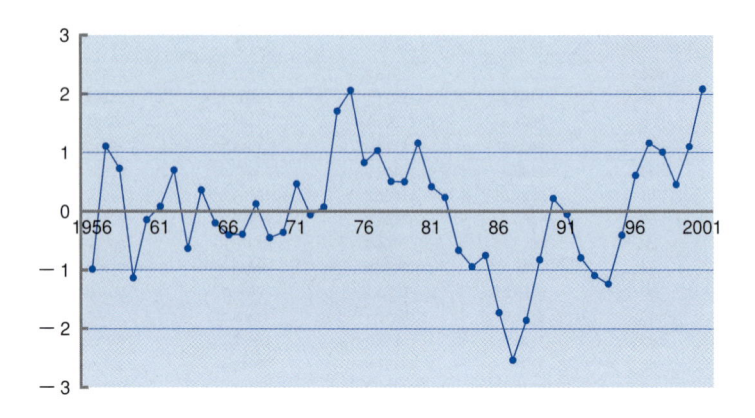

構造変化の検定

輸入関数の残差プロットは**図 4-7** のようになった。1985 年以前と以後では，残差の変動具合が違っている。目下推定している輸入関数に関しては，特に 1985 年以後の係数変化に関心が持たれるため，1984 年までを第 1 期間，1985 年以後を第 2 期間としてダミー変数 D を設定した。第 1 期間では 0，第 2 期間では 1 を値とする。このダミー変数を用いて，係数の変化を調べると，推定結果は次のようになった。

$$\widehat{IMR} = -6.4(-15) + 1.3(38)GDPR - 0.19(-2.4)P$$
$$- 16(-4.5)D + 1.3(4.5)D \times GDPR + 0.38(2.1)D \times P$$

となる。括弧内は t 値，$R^2 = 0.994, \overline{R}^2 = 0.994, DW = 1.3, RSS = 0.2476$，対数尤度 $(\log(L)) = 54.89$，である。ダミー変数は，$GDPR$ と P の勾配が，1985 年以降で変化するか否かを調べるために使われるが，追加的な変数の t 値は，各々有意になっている。そこで，両係数が共に 0 か否かの検定を F 統計量により行う。検定統計量は

$$f = \frac{46-6}{3}\frac{0.46951 - 0.2476}{0.2476} = 11.9$$

となった。自由度が 3 と 40 の F 分布によれば，P 値は 0 になる。強く有意である。F 検定では，誤差項の分布が正規分布であるという仮定が必要だが，正規分布を仮定

しない検定として，(4.36) 式による近似的な χ^2 検定が利用できる。統計量の値は

$$C = 40 \frac{0.46951 - 0.2476}{0.2476} = 35.9$$

となる。帰無仮説の下での分布は，自由度が 3 の χ^2 分布であるが，5% 検定の境界値は 7.82 であり，帰無仮説は強く棄却される。（巻末**付表 3** では，7.8 である。）

4-5　残差変動の性質

■ 説明変数と残差変動

残差変動 RSS については，次のような性質が知られている。

【性質 1】　定数項以外の説明変数がない回帰式では，RSS は全変動 TSS に等しいから，決定係数は 0 になる。

【性質 2】　回帰式に含まれる説明変数を増やしていけば，残差変動 RSS は必ず減少する。したがって，決定係数を高めたければ，説明変数を可能な限り増やせば良い。

【性質 3】　定数項も含めて，説明変数の数 K が，観測個数 n と等しい回帰式の RSS は 0 になり，決定係数は 1 になる。

まず，性質 3 を証明し，次に 2 を証明する。性質 1 は，読者に証明を任せよう。

証明　$k = n$ として，全ての i について，等号

$$y_i = \widehat{\beta}_1 x_{1i} + \cdots + \widehat{\beta}_{n-1} x_{n-1\,i} + \widehat{\beta}_n x_{ni} \quad i = 1, 2, \cdots, n$$

を満たす，係数 $\widehat{\beta}_1, \widehat{\beta}_2, \cdots, \widehat{\beta}_n$ が存在することを示せば良い。もし存在すれば，全ての残差，したがって，RSS は 0 になるから，これらの係数は，最小 2 乗推定量である。明らかなように，式の数は n 本，未知係数の数も n 個だから，この等号は成立する。ただし，右辺の説明変数間に一次の関係があれば，未知係数は一意に決まらない。例えば，全ての i について $x_{1i} = x_{2i}$ なら

ば，2つの項は，$\widehat{\beta}_1 x_{1i} + \widehat{\beta}_2 x_{2i} = (\widehat{\beta}_1 + \widehat{\beta}_2)x_{2i}$，と組み合わされ，未知係数は実質的に $n-1$ 個になる．その場合，$n-1$ 式については，等号を満たす解を求めることができるが，残った1式が等号を満たす保証はない．（終わり）

説明変数が K 個の場合，最小化を行う目的関数は

$$\Phi(y|I_K) = \sum_{i=1}^n \{y_i - (\widehat{\beta}_1 x_{1i} + \cdots + \widehat{\beta}_{K-1} x_{K-1i} + \widehat{\beta}_K x_{Ki})\}^2 \tag{4.52}$$

第 K 変数を除いた，説明変数が $K-1$ 個の場合の目的関数は

$$\Phi(y|I_{K-1}) = \sum_{i=1}^n \{y_i - (\widehat{\beta}_1 x_{1i} + \cdots + \widehat{\beta}_{K-1} x_{K-1i})\}^2 \tag{4.53}$$

だが，最小値に関しては不等号

$$\min \Phi(y|I_K) \leqq \min \Phi(y|I_{K-1})$$

が成立することを証明する．ここで，$\min \Phi(y|I_K)$ は，説明変数が K 個ある回帰式の $RSS(y|I_K)$ である．同じく，$\min \Phi(y|I_{K-1})$ は，第 K 変数を除いた，説明変数が $K-1$ 個ある回帰式の $RSS(y|I_{K-1})$ である．この不等号では，2つの残差変動に，等号が成立する可能性を残している．次節では，等号が生じる条件を明らかにする．

証明 $\Phi(y|I_{K-1})$ の最小化をもたらす解を，$\widetilde{\beta}_1, \cdots, \widetilde{\beta}_{K-1}$ とすれば，$\Phi(y|I_K)$ は，$\widehat{\beta}_1 = \widetilde{\beta}_1, \cdots, \widehat{\beta}_{K-1} = \widetilde{\beta}_{K-1}, \widehat{\beta}_K = 0$ のとき，$\Phi(y|I_{K-1})$ に一致する．したがって，$\Phi(y|I_K)$ の最小値は，必ず $\Phi(y|I_{K-1})$ の最小値に到達することができ，大きくはならない．（終わり）

■ 残差変動の厳密な関係*

K 変数を含む回帰式の $RSS(y|I_K)$ と，第 K 変数を除く $K-1$ 変数回帰式の $RSS(y|I_{K-1})$ の間には，標本偏相関係数，標本偏共分散，標本偏分散，偏回帰係数，t 統計量を用いた，次のような関係が知られている．

4–5 残差変動の性質

$$RSS(y|I_K) = RSS(y|I_{K-1}) - (n-K+1)\frac{(s_{yx_K|I_{K-1}})^2}{s_{x_Kx_K|I_{K-1}}} \quad (4.54)$$

$$= RSS(y|I_{K-1})\{1 - (r_{yx_K|I_{K-1}})^2\} \quad (4.55)$$

$$= RSS(y|I_{K-1}) - (\widehat{\beta}_K)^2(n-K+1)s_{x_Kx_K|I_{K-1}} \quad (4.56)$$

$$= RSS(y|I_{K-1}) - s^2(t_{\beta_K})^2 \quad (4.57)$$

各式の要点をまとめれば，以下のようになる．

1 (4.54) 式を $(n-K)$ で割ると，

$$s_{yy|I_K} = \frac{(n-K+1)}{n-K}\left\{s_{yy|I_{K-1}} - \frac{(s_{yx_K|I_{K-1}})^2}{s_{x_Kx_K|I_{K-1}}}\right\}$$

となり，(3.13) 式などの拡張になる．数学補論 4.1，特に (4.86) 式で証明する．

2 (4.55) 式では，残差変動の減少分は標本偏相関係数に関係付けられている．(4.54) 式から容易に導くことができる．この 2 式は，(3.82) 式と (3.83) 式の一般化になっている．

3 (4.56) 式では，残差変動の減少分は，追加変数 x_K の偏回帰係数推定量，(4.12) 式，に関連付けられている．(4.55) 式から容易に導くことができる．

4 (4.57) 式では，残差変動の減少分は，t 値，(4.30) 式，に結び付けられている．(4.56) 式と t 統計量の定義から導くことができる．さらに，

$$(n-K)s^2 = (n-K)s_{yy|I_K} = RSS(y|I_K) \quad (4.58)$$

$$(n-K+1)s_{yy|I_{K-1}} = RSS(y|I_{K-1}) \quad (4.59)$$

といった定義にも注意しよう．

■ F 検定と t 検定の関係

F 検定の極端な場合として，帰無仮説に含まれる回帰係数が 1 個だけの場合がある．便宜上，

$$H_0 : \beta_K = 0 \quad (4.60)$$

とすると，(4.57) 式により F 統計量は

4 多変数の回帰

$$f = \frac{RSS(y|I_{K-1}) - RSS(y|I_K)}{s^2} \quad (4.61)$$
$$= (t_{\beta_K})^2$$

となり，t 統計量の2乗に等しい．上式は，任意の第 m 項について成立する．したがって，(3.53) 式は一般化できる．前章でも述べたように，この場合 t_{β_K} は両側検定だけでなく，片側検定にも使える．しかし，F 検定は，両側検定と片側検定を区別できない．両側検定の場合は，どちらの検定を使っても，同じ P 値を得る．

4-6 残差による回帰診断*

■一点ダミー変数

特定の観測点 t が，他の $n-1$ 個の観測値と整合であるか否かを調べるために，t 点における観測値を除いて係数を推定することがある．t 点における観測値と，観測点 t を除いた推定結果を比較して，整合性を評価するのである．単回帰式で説明すると，回帰式

$$y_i = \alpha + \beta x_i + u_i \quad i = 1, 2, \cdots, n \quad (4.62)$$

を，観測点 t を除いて推定する．係数の推定結果を $\widehat{\alpha}(t), \widehat{\beta}(t)$ としよう．一点を除いた推定から求まる t 点における回帰値は，説明変数値を x_t として

$$\widehat{y}(t) = \widehat{\alpha}(t) + \widehat{\beta}(t) x_t \quad (4.63)$$

となる．推定に使われない t 点の観測値 y_t との差を

$$\widehat{\gamma}(t) = y_t - \widehat{y}(t) \quad (4.64)$$

とする．このような値を全ての t に関して検討することにより，観測点 t と，他の観測値の整合性を見ることができる．他方，全観測値を使った回帰値を $\widehat{y}_t$ とすると，残差は

$$\widehat{u}_t = y_t - \widehat{y}_t$$

である。

$\widehat{\alpha}(t)$ と $\widehat{\beta}(t)$ は，もとのデータから観測点 t を除いて推定すれば良いが，ダミー変数を用いる推定も可能である。ダミー変数 $D(t)_i$ を，i が t に一致するときだけ 1，他の値では 0 と定義する。これが**一点ダミー変数**である。回帰式を

$$y_i = \alpha + \beta x_i + \gamma D(t)_i + u_i \qquad i = 1, 2, \cdots, n \qquad (4.65)$$

とし，回帰式の推定を行えば，α と β の推定量は $\widehat{\alpha}(t)$ と $\widehat{\beta}(t)$ になる。γ の最小 2 乗推定量は $\widehat{\gamma}(t)$ となる。

証明 * 最小 2 乗法の原則により，

$$\Phi = \sum_{i=1}^{n}(y_i - \widehat{\alpha} - \widehat{\beta}x_i - \widehat{\gamma}D(t)_i)^2 \qquad (4.66)$$

の最小化を求めるが，$D(t)_i$ の値を代入すれば，Φ は

$$\Phi = (y_t - \widehat{\alpha} - \widehat{\beta}x_t - \widehat{\gamma})^2 + \sum_{i=1, i\neq t}^{n}(y_i - \widehat{\alpha} - \widehat{\beta}x_i)^2 \qquad (4.67)$$

となる。$\widehat{\alpha}$ と $\widehat{\beta}$ がどのように定義されようと，第 1 項から，$\widehat{\gamma}$ の定義 (4.64) 式が成立することが分かる。また，このとき第 1 項は 0 になる。$\widehat{\alpha}$ と $\widehat{\beta}$ は第 2 項により定められるが，結果として得るのは，観測点 t を除いた最小 2 乗推定量，$\widehat{\alpha}(t)$ と $\widehat{\beta}(t)$ に他ならない。（終わり）

t 点を除いた推定における誤差分散は，(4.67) 式の第 1 項が 0 になるので，第 2 項を $(n-3)$ で割って，

$$s(t)^2 = \frac{1}{n-3}\sum_{i=1, i\neq t}^{n}(y_i - \widehat{\alpha}(t) - \widehat{\beta}(t)x_i)^2 \qquad (4.68)$$

と，t 点を除いて推定する。これは，除かれる観測点 t に依存している。$(n-1)$ が観測個数であり，2 は説明変数の数である。以上の結果は，一般の回帰式にそのまま拡張できるが，(4.68) 式の 3 は $(K+1)$ に代わる。

(4.67) 式を $RSS(t)$，全観測値を使った回帰の残差変動を RSS と記せば，$RSS(t)$ は説明変数にダミー変数が追加された回帰式の残差変動であるから，ダミー変数が入らない残差変動 RSS より小になる。

4 多変数の回帰

■スチューデント化残差

観測点 t を除いて推定を行い，t 点の残差を求めると $\widehat{\gamma}(t)$ を得る。この値は，観測点 t と他の観測値の整合性の度合いを示す。これは既に述べた。

全ての観測点について $\widehat{\gamma}(t)$ を計算し，n 個の $\widehat{\gamma}(t)$ を比較検討するのであれば，$\widehat{\gamma}(t)$ を標準化する必要がある。分散は，証明は割愛するが，(3.46) 式の方式で計算すれば，

$$V\{\widehat{\gamma}(t)\} = \frac{\sigma^2}{1-h_t} \tag{4.69}$$

という形になるから，$\widehat{\gamma}(t)$ の t 値

$$t_{\gamma(t)} = \frac{\widehat{\gamma}(t)}{\{s(t)/\sqrt{1-h_t}\}} \tag{4.70}$$

が，標準化統計量になる。σ は未知数だから，$s(t)$ で推定する。**スチューデント化残差**とよばれる。誤差項が正規分布に従うという，標準の仮定が与えられるなら，帰無仮説 $H_0: \gamma = 0$ の下で，$t_{\gamma(t)}$ は自由度が $(n-K-1)$ の t 分布に従う。観測個数が多いときは，標準正規分布を元に，スチューデント化残差の大小を検討する。

■テ コ 比

以上の式で，h_t は**テコ比**（leverage ratio）とよばれる。例えば，単回帰においては

$$h_t = \frac{1}{n} + \frac{(x_t - \overline{x})^2}{\sum_{i=1}^{n}(x_i - \overline{x})^2} \tag{4.71}$$

となる。（一般の回帰における h_t の定義は省略する。h_t は (2.57) 式と類似していることにも，注意しよう。）

テコ比は 1 よりも小さい正の値になり，t 点における説明変数が，全観測値に占める割合を示すと理解される。一般の回帰においては，n 個ある h_t の総和は K，平均は $\frac{K}{n}$ となり，この平均に比べて，テコ比が大か小かを検討する。大なら t 点の影響力は平均より大，小なら t 点の影響力は平均より小と判断する。非常に大きい場合は，その観測値は，**異常値**と判断される。

4–6 残差による回帰診断*

■ **標準化残差**

一般の回帰推定において，t 点を除いた推定の残差と，全観測値を用いた残差の間には，$\widehat{\gamma}(t) = \dfrac{1}{1-h_t}\widehat{u}_t$，という関係があるので，$t$ 点の残差 $\widehat{u}_t$ の分散は，

$$V(\widehat{u}_t) = \sigma^2(1-h_t) \tag{4.72}$$

となる。((4.69) 式から求まる。) また，$t_{\gamma(t)}$ は

$$t_{\gamma(t)} = \frac{\widehat{u}_t}{s(t)\sqrt{1-h_t}} \tag{4.73}$$

と，$\widehat{u}_t$ で表現することもできる。これは，(4.72) 式が分散だから，$\widehat{u}_t$ を標準偏差の推定量で割った標準化統計量に他ならない。

この最後の式において，特に $s(t)$ で推定すべき誤差分散を簡略化して，全観測値を使った回帰から求まる s に代えれば，

$$\frac{\widehat{u}_t}{s\sqrt{1-h_t}} \tag{4.74}$$

となる。この標準化された残差は，t 統計量にならないから，基準になる分布として t 分布は使えない。しかし，観測個数が大であるなら，残差の期待値が 0 である場合の分布として，標準正規分布を当てれば良い。

多くの回帰分析プログラムでは，(4.24) 式で示した

$$\frac{\widehat{u}_t}{s} \tag{4.75}$$

が標準化残差としてアウトプットに含まれている。$s(t)$ や h_t は特定の観測値を除いて計算する必要があるが，この量には新たな計算が必要とされない。しかし，標本分散は 1 にはならず，厳密には標準化されていない。h_t の性質により，(4.75) 式は (4.74) 式より絶対値が小になるから，この値が 2 に近ければ，(4.73) 式は 2 を越えると予想すべきであろう。

(4.75) 式をプロットして，2 を越える観測値を異常値の候補として検討する。推定結果について行われる回帰診断の一つとして知られている。

147

4 多変数の回帰

例 4.6 クロスセクション生産関数の推定結果については，滋賀，和歌山，宮崎 3 県（図 4–1 の，25, 30, 45 番）の標準化残差が，各々 3.05, −1.82, −1.82 となり，他の都道府県より大きい。また，多少，t 値が弱い値を示す，$\log H5$ と $\log H6$ を除いた回帰式では，この 3 県の標準化残差は，3.72, −2.01, −2.27 であり，2 を越える。そこでこの 3 県を除いた 43 都道府県についての回帰式を推定すると，

$$\widehat{\log Y} = 2.0(3.9) + 0.67(9.0)\log L + 0.33(7.8)\log K \qquad (4.76)$$
$$+ 0.16(4.7)\log H4 - 0.001(-0.002)\log H5 + 0.044(0.75)\log H6$$

R^2 は 0.99807，$\overline{R}^2$ は 0.99780，RSS は 0.05780，となった。(4.29) 式と比べると，t 値が大きい 3 変数については，係数推定値はあまり変化しない。この推定結果と (4.29) 式は比較できる。観測値を 3 個除いているが，これは 3 個の一点ダミー変数を含むことと同義である。この 3 個のダミー変数の係数が 0 であるという帰無仮説の検定は，F 統計量により，

$$f = \frac{46-9}{3}\frac{0.11649 - 0.05780}{0.05780} = 12.5$$

となる。決定係数で計算すると，有効桁数の違いにより多少結果が変わり，

$$f = \frac{46-9}{3}\frac{0.99807 - 0.99628}{1 - 0.99807} = 11.4$$

となる。いずれも非常に有意である。（自由度が 3, 37 の F 分布における右裾 5% 点は，2.89 である。分布の形状は，図 4–5 と見かけ上変わらない。）3 個の一点ダミー変数が強く有意であるという結果だが，この場合，3 県の残差が異常に大きいことを意味する。したがって，3 県を除いて推定することが適切な処置となる。さらに，$\log H5$ と $\log H6$ を除いた回帰式では，

$$\widehat{\log Y} = 2.1(12) + 0.72(16.3)\log L + 0.32(7.9)\log K \qquad (4.77)$$
$$+ 0.17(6.6)\log H4$$

R^2 は 0.99804，$\overline{R}^2$ は 0.99788，RSS は 0.05870，となった。定数項の有意性は低いが，定数項は特に除く必要はない。労働と資本変数の係数和は 1 を越える。除かれた 2 個の説明変数について F 検定を行うと，

$$f = \frac{46-9}{2}\frac{0.05870 - 0.05780}{0.05780} = 0.29$$

となった。F 検定でも有意にならない。（自由度が 2, 37 の F 分布における右裾 5% 点は，3.25 である。）

● 練習問題

1. 線型回帰式 $y_t = a + bx_t + u_t$ において，説明変数は非確率（確率変数でない），誤差項は互いに独立に分布しており，期待値は 0, 分散は一定とする。各変数の観測値は，$Y = 0, 3, 8$, $X = -2, -1, 3$, とする。
   1.1 各係数の，最小 2 乗推定値を求めなさい。
   1.2 決定係数を求めなさい。
   1.3 b の t 比（t 値）を求め，この係数が 0 であるという帰無仮説の検定をしなさい。

2. 線型回帰式 $y_t = a + bx_t + cz_t + u_t$ において，説明変数は非確率，誤差項は互いに独立に分布しており，期待値は 0, 分散は一定とする。各変数の観測値は，$y = -2, -1, 1, 2$, $X = -4, -2, 1, 5$, $Z = 4, -8, 5, -1$, とする。
   2.1 最小 2 乗推定量を導くための正規方程式を導きなさい。
   2.2 b の最小 2 乗推定値を求めなさい。（分数で求める）
   2.3 残差 2 乗和を求めなさい。決定係数を求めなさい。（分数で求める）

3. コブ=ダグラス生産関数と異なり，$(\log L)^2$, $(\log K)^2$, $(\log L)(\log K)$, $(\log L)^3$, $(\log K)^3, \cdots$, などの高次の多項式として定義される生産関数をトランスログ (translog) 型という。この生産関数の推定結果が次式のようになった。

$$\log Y = 0.94(0.32) + 3.6(2.3)\log L - 1.9(-1.9)\log K - 0.96(-1.4)(\log L)^2$$
$$+ 0.085(0.29)(\log K)^2 + 0.31(0.71)(\log K \log L)$$

$R^2 = 0.955, RSS = 0.660, DW = 1.80$, 観測個数 27, 他方コブ=ダグラス型生産関数は

$$\log Y = 1.17(3.6) + 0.60(4.8)\log L + 0.38(4.4)\log K$$

$R^2 = 0.94, RSS = 0.88$ と推定された。ここで係数推定値の後の（ ）内の値は t 値，RSS は残差平方和，DW は次章で説明するダービン=ワトソン値である。

   3.1 トランスログ式の DW 値より，残差間の一次の自己相関係数を推定しなさい。（次章を学んでから，検討すること。）
   3.2 F 検定を応用して，いずれかの式を選択しなさい。

4. 118 頁のデータを用いて，収穫不変の仮説を，(4.77) 式について検定しなさい。（計算は，Excel などを使って行う。）

5. 単回帰の場合に，観測個数が 2 とする。この場合，未知係数の最小 2 乗推定量を求めなさい。残差が 0 になることを示しなさい。決定係数が 1 になることを示しなさい。

149

4 多変数の回帰

6. 観測値 y_i の平均は，回帰値 $\hat{y}_i$ の平均に等しいことを証明しなさい．
7. 残差と回帰値は直交することを証明しなさい．
8. 決定係数 R^2 は，回帰値 $\hat{y}_i$ と観測値 y_i の相関係数の2乗に等しいことを証明しなさい．
9. 一点ダミー変数が2個あるときに，2個のダミー変数の係数と，他の偏回帰係数の最小2乗推定量を求めなさい．（参考：(4.66)式，(4.67)式．）
10. 線型回帰式 $y_t = a + bx_t + cz_t + dw_t + u_t$ において，説明変数は非確率，誤差項は互いに独立に分布しており，期待値は0，分散は一定とする．未知係数に関して，$b = c, d = 1$，という2つの仮説を，同時に検定する方法を説明しなさい．
11. 推定された回帰式が，$y_t = 1.4 + 0.65(0.26)x_t + 0.44(0.20)z_t, R^2 = 0.96$，となった．ただし，括弧内は標準誤差とする．また，x_t と z_t の係数 b と c の共分散は，-0.0075 であった．以上の推定結果を用いて，$b = c$ という帰無仮説の，検定をしなさい．（$b-c$ の分散を求め，t 型統計量を作る．）

第4章の数学補論

4.1 偏回帰係数推定量の導出

説明変数が K 個含まれている一般の回帰式において，第 K 番目の偏回帰係数の推定量，(4.11) 式を導く。以下の導出は数学補論 3.3 の一般化になっている。

最小化を行う目的関数は

$$\Phi = \sum_{i=1}^{n}\{y_i - (\widehat{\beta}_1 x_{1i} + \cdots + \widehat{\beta}_K x_{Ki})\}^2 \tag{4.78}$$

である。以下，$\widehat{\beta}_K$ の表現を求める。このために，説明変数 x_K を，他の説明変数と直交するように変換する。

標本偏分散を導出した際に行ったように，x_K から他の説明変数 $x_1, \cdots, x_{K-1}$ の影響を除く操作をする。これは x_K を，他の全ての説明変数 $x_1, \cdots, x_{K-1}$ に回帰して，残差を求めることと同義である。この手続のため，人工的な回帰式を

$$x_{Ki} = c_1 x_{1i} + c_2 x_{2i} + \cdots + c_{K-1} x_{K-1\,i} + 誤差項$$

とし，この人工的な回帰式に含まれる未知係数を最小 2 乗法で推定し，残差を求める。最小 2 乗法の原則は

$$\sum_{i=1}^{n}(x_{Ki} - c_1 x_{1i} - c_2 x_{2i} - \cdots - c_{K-1} x_{K-1\,i})^2$$

を，各係数に関して最小化することである。人工的な回帰式の係数が求め，回帰残差を

$$\widehat{u}_{Ki} = x_{Ki} - \widehat{c}_1 x_{1i} - \widehat{c}_2 x_{2i} - \cdots - \widehat{c}_{K-1} x_{K-1\,i} \tag{4.79}$$

と書くと，残差の直交性により，

$$\sum_{i=1}^{n}\widehat{u}_{Ki} x_{mi} = 0, m = 1, \cdots, K-1 \tag{4.80}$$

となる。

現在の目的は $\widehat{\beta}_K$ を求めることであるから，(4.78) 式を以下のように変換する。

$$\Phi = \sum_{i=1}^{n}\{y_i - (\widehat{\beta}_1^* x_{1i} + \cdots + \widehat{\beta}_{K-1}^* x_{K-1\,i} + \widehat{\beta}_K \widehat{u}_{Ki})\}^2 \tag{4.81}$$

この変換では，$\widehat{\beta}_1^* = \widehat{\beta}_1 + \widehat{\beta}_K \widehat{c}_1$，などと定義されているが，以下の 3 点が重要である。

1. $\widehat{\beta}_K$ は変更されていない。
2. x_{Ki} は $\widehat{u}_{Ki}$ に変換されたが，他の説明変数は変更されていない。
3. $\widehat{u}_{Ki}$ は，他の $K-1$ 個の説明変数と直交している。

4 多変数の回帰

このような変換の後，(4.81) 式を $\widehat{\beta}_K$ に関して最小化するための**一次条件**を導くと，

$$
\begin{aligned}
\frac{\partial \Phi}{\partial \widehat{\beta}_K} &= \sum_{i=1}^n 2(y_i - \widehat{\beta}_1^* x_{1i} - \cdots - \widehat{\beta}_{K-1}^* x_{K-1i} - \widehat{\beta}_K \widehat{u}_{Ki})(-\widehat{u}_{Ki}) \\
&= (-2)\sum_{i=1}^n (y_i - \widehat{\beta}_1^* x_{1i} - \cdots - \widehat{\beta}_{K-1}^* x_{K-1i} - \widehat{\beta}_K \widehat{u}_{Ki})\widehat{u}_{Ki} \\
&= (-2)(\sum_{i=1}^n y_i \widehat{u}_{Ki} - \widehat{\beta}_K \sum_{i=1}^n \widehat{u}_{Ki}^2) \\
&= 0
\end{aligned}
\tag{4.82}
$$

となる。直交性 (4.80) 式により，$K-1$ 項が消去されている。標本偏分散および共分散の定義を使い，式を書き直すと，

$$
\widehat{\beta}_K(n-K+1)s_{x_K x_K | I_{K-1}} - (n-K+1)s_{y x_K | I_{K-1}} = 0 \tag{4.83}
$$

となり，最小 2 乗推定量が導かれる。（偏微分では，他の $(K-1)$ 個の係数を固定して，$\widehat{\beta}_K$ のみに関する微分を計算する。）

残差変動の減少分：既に求まった $\widehat{\beta}_K$ を用い，(4.81) 式を展開すると，

$$
\Phi = \sum_{i=1}^n \{(y_i - \widehat{\beta}_1^* x_{1i} - \cdots - \widehat{\beta}_{K-1}^* x_{K-1i}) - \widehat{\beta}_K \widehat{u}_{Ki}\}^2 \tag{4.84}
$$

$$
= \sum_{i=1}^n (y_i - \widehat{\beta}_1^* x_{1i} - \cdots - \widehat{\beta}_{K-1}^* x_{K-1i})^2 - 2\widehat{\beta}_K \sum_{i=1}^n (y_i \widehat{u}_{Ki}) + (\widehat{\beta}_K)^2 \sum_{i=1}^n (\widehat{u}_{Ki})^2 \tag{4.85}
$$

となる。第 1 項は，説明変数が $(K-1)$ 個ある回帰式の，最小 2 乗法における目的関数であるから，$\widehat{\beta}_1^*$ から $\widehat{\beta}_{K-1}^*$ までに関して最小化すれば，$RSS(y|I_{K-1})$ になる。さらに，第 2 項と第 3 項を標本偏分散などで書き直すと，次式のようになる。

$$
RSS(y|I_K) = RSS(y|I_{K-1}) - (n-K+1)\frac{(s_{y x_K | I_{K-1}})^2}{s_{x_K x_K | I_{K-1}}} \tag{4.86}
$$

4.2 VIF とマルチコ

マルチコは，ある説明変数が示すべき回帰係数の符号や有意性が，他の説明変数と

第 4 章の数学補論

の相関により，期待されない結果になる現象，と言えよう．マルティコの原因は，説明変数間の相関である．しかし，ある説明変数 x_K と，他の $K-1$ 個の説明変数 I_{K-1} の相関を示す指標は，被説明変数を x_K，説明変数を I_{K-1} とする回帰式の，決定係数である．この決定係数は，マルティコを示す指標になる．

被説明変数を x_K，説明変数を他の $K-1$ 個の変数 I_{K-1} とする回帰式の，決定係数を求める．マルティコを調べるための人工的な回帰式は (4.6)，残差は (4.7) 式で定義されている．

左変数が x_K だから，回帰の決定係数を $R^2_{x_K|I_{K-1}}$ と表記しよう．回帰の総変動 TSS は，標本分散の定義により $(n-1)s_{x_K x_K}$ だから，(4.20) 式にならって，決定係数は

$$R^2_{x_K|I_{K-1}} = 1 - \frac{(n-K+1)s_{x_K x_K|I_{K-1}}}{(n-1)s_{x_K x_K}}$$

となる．この決定係数の大小により，マルティコを検討すれば良い．

VIF(variance inflation factor) は，

$$VIF(\widehat{\beta}_K) = \frac{1}{1 - R^2_{x_K|I_{K-1}}}$$

と定義される．VIF が 10 を越える変数については，マルティコを検討すべきであると言われる．VIF が 10 を越えることは，決定係数が 0.9 を越えることと等しい．

最小 2 乗推定量の理論的な分散は，274 頁の (7.49) 式により

$$V(\widehat{\beta}_K) = \frac{\sigma^2}{(n-K+1)s_{x_K x_K|I_{K-1}}}$$

となる．分母は，被説明変数 x_K を他の説明変数 I_{K-1} に回帰して得られる残差変動和である．$R^2_{x_K|I_{K-1}}$ を用いて変換すると

$$V(\widehat{\beta}_K) = \frac{\sigma^2}{(n-1)s_{x_K x_K} \cdot \left(1 - R^2_{x_K|I_{K-1}}\right)}$$

と表現できる．したがって，最小 2 乗推定量の分散は，マルティコが顕著な場合は，値が大きくなる．もし，説明変数の中に，x_K と同じ変数が含まれれば，$R^2_{x_K|I_{K-1}}$ は 1 になる．この場合は，$s_{x_K x_K|I_{K-1}}$ が 0 であり，分散だけでなく，最小 2 乗推定量が計算できない．このような現象を完全マルティコという．

■コラム：データの読み込みと，EViews の計算例■

	A	B	C	D
1	y	x	z	
2	5.3	45	0.8	
3	7.5	50	0.9	
4	5.9	55	0.65	
5	9.2	60	1.3	
6	8.8	65	1.2	
7	7.5	70	0.95	
8	12	75	1.2	
9				

　データが，例えば，上に示すような Excel の Speed.xls で与えられている場合は，TSP でのデータの読み込みは非常に簡単である。108 頁で示されたプログラム中の「load y x z; 以下はデータの数値」を

「load (file=' Speed.xls', format=excel);」

とすれば，TSP は，Excel の 1 行目で指定されるように，y, x, z の順で，データを読み込む。ただし，Speed.xls を置いているフォルダーの位置（パス）には，気をつけないと，Speed.xls が見つからない。

　EViews では，起動した後で，File/New/Workfile，と進み，この例では「Undated Irregular」にチェックを入れる。Start Data は 1，End Data は 7 とする。次は，File/Import/Read Text-Lotus-Excel，に進む。そして，Speed.xls を選び，セル番地「A2」が，最初のデータ位置であることを宣言する。後は，変数名「y x z」を入れて，終了する。これで，データの準備ができた。推定は，Quick/Estimate Equation と進み，式を設定する。例えば，「y c x z」とするが，c は，定数項を意味する。計算結果は，TSP の場合とほぼ同じである。

第 5 章

誤差項の諸問題

　多変数回帰式では，誤差項の平均は0，分布は独立であるという条件が課せられている。この2条件の内，平均は0という条件が満たされなくても，推定上の問題はおきない。なぜなら，誤差項の平均が0でなくとも，0でない平均は回帰式の定数項に吸収でき，最終的に最小2乗推定量に影響が残らないからである。

　分布の独立性条件は，最小2乗推定量に影響を与える。誤差項が独立に分布しないとき，誤差項間に相関（結びつき）が生じる。時系列データの分析では，誤差項間の相関を系列相関という。この場合，推定はどうすればよいか。あるいは，誤差項の分布は独立であるが，分散が一定という条件が満たされない場合，推定はどうなるのだろうか。

　本章は，このような疑問に解決の方法を与えることを目的とする。そして，誤差項の系列相関の分析法や，不均一分散などの検定法を紹介する。

5 誤差項の諸問題

□ 5-1 系列相関□

一般の回帰式を

$$y_t = \beta_1 x_{1t} + \cdots + \beta_K x_{Kt} + u_t \qquad t = 1, 2, \cdots, n \qquad (5.1)$$

とする。K 個の説明変数の内，1 個は定数項であり，その値は常に 1 である。誤差項に関しては，平均は 0，分散は一定

$$E(u_t) = 0 \qquad (5.2)$$

$$V(u_t) = \sigma^2 \qquad (5.3)$$

さらに，異なる添え字 i と j について，**共分散**は 0

$$Cov(u_i, u_j) = E\{(u_i - E(u_i))(u_j - E(u_j))\} = 0 \qquad (5.4)$$

という前提条件が課せられる。共分散が 0 であるとは，異なる誤差項の間に**結びつき**がないことを意味する。この共分散は，同じ系列における異なる時点間の共分散であるので，**自己共分散**とよばれる。図 5-1 では，この条件を満たす誤差項を，100 個示した。平均が 0，分散が 3 の正規分布から求めた**乱数値**だが，バラバラな値を示していることが理解できよう。ある誤差項の値は，他の誤差項には全く影響を与えない。

図 5-1 標準的な誤差項：$u(t)$

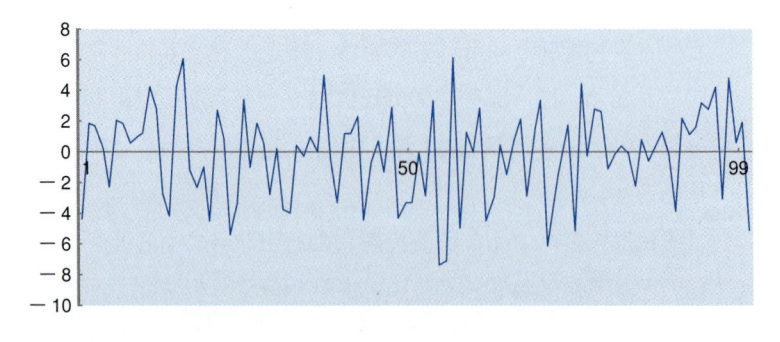

(5.3) 式が満たされない場合は，**分散均一性**が成立しない，という。この前提条件が成立するか否かの検定も行うが，通常の回帰分析では，前章でみたように，標準化した残差をプロットして，検証する。結果として，観測期間の前半は，後半に比べて残差の絶対値が大きい，などといった性質が見出される場合は，**分散均一性**が疑われる。均一でなければ，分散は不均一である，という。

■ 誤差項間の結びつき

誤差項間の結びつきを，**系列相関**，あるいは**自己相関**という。例えば，u_t と u_{t-1} 間で

$$Cov(u_t, u_{t-1}) \neq 0 \tag{5.5}$$

となるなら，u_t と，u_{t-1} の相関係数 ϕ_1 は 0 でない。（添字 1 は，誤差項の添字の差である。）一般的には，t 期と $t-j$ 期の共分散が，

$$Cov(u_t, u_{t-j}) \neq 0 \quad j = 1, 2, 3, \cdots \tag{5.6}$$

となることも考えられる。この場合，u_t と u_{t-j} 間の相関係数 ϕ_j は 0 でない。この相関係数を，**系列相関係数**あるいは**自己相関係数**という。((7.79)式を参照)。

系列相関は，誤差項 u_t と u_{t-j} の時間差が小さければ強く，大きければ弱くなるという予測もできる。図 5–2 では，系列相関がある誤差項の例を示した。図 5–1 と比べて，バラバラに見える変動の中に，大きな波が見られる。

図 5–2 系列相関がある誤差項：$u(t) = 0.67u(t-1) + e(t)$

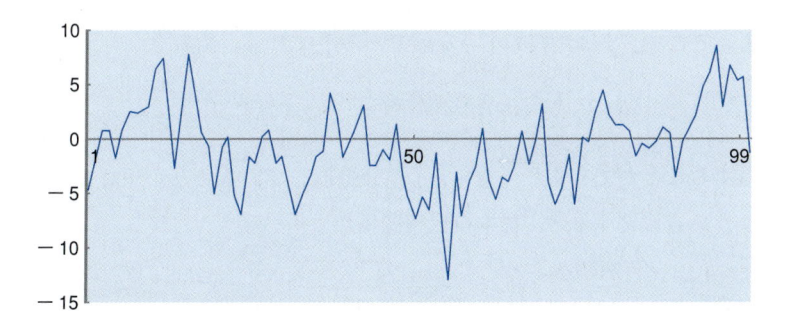

5 誤差項の諸問題

誤差項間に系列相関がある場合は，最小 2 乗推定に，次のような障害がおきる．

1. 通常の t 統計量によっては，係数の有意性検定ができない．
2. 同じく，F 検定が利用できない．

係数の有意性検定が使えなくなるから，t 検定などを行う前に，系列相関の有無を確かめる必要がある．系列相関により，最小 2 乗推定量は，7–9 節で説明される，最小分散不偏性を失うことも知られている．誤差項の期待値，分散，ならびに最小 2 乗推定量の分散などの理論的な性質は，7–10 節で示す．

■標本自己相関係数

誤差項の平均はほぼ 0 になるから，期間が j 期離れた誤差項，u_t と u_{t-j} の間の標本相関係数は

$$\frac{\sum_{t=j+1}^{n} u_t u_{t-j}}{\sqrt{\sum_{t=j+1}^{n}(u_t)^2 \sum_{t=j+1}^{n}(u_{t-j})^2}} \tag{5.7}$$

と定義される．このような相関係数によって，誤差項間の結びつきを測ることができる．これが，j 次の標本自己相関係数である．標本系列相関係数といっても良い．分母の 2 項は

$$\sum_{t=j+1}^{n}(u_t)^2 = (u_{j+1})^2 + \cdots + (u_n)^2$$

と

$$\sum_{t=j+1}^{n}(u_{t-j})^2 = (u_1)^2 + \cdots + (u_{n-j})^2$$

である．ここで，j は比較的小さな値であるとすれば，両者を

$$\sum_{t=1}^{n}(u_t)^2 = (u_1)^2 + \cdots + (u_n)^2$$

で近似することができる．両端で，j 項分追加していることが理解できよう．このような近似をすると，標本自己相関係数は

$$\widehat{\phi}_j = \frac{\sum_{t=j+1}^{n} u_t u_{t-j}}{\sum_{t=1}^{n}(u_t)^2}$$

表 5–1　誤差項データ

標準的な誤差項 x				系列相関がある誤差項 y			
1	−4.36	26	−1.01	1	−4.36	26	−2.08
2	1.88	27	1.90	2	−1.20	27	0.43
3	1.72	28	0.65	3	0.87	28	0.95
4	0.33	29	−2.82	4	0.94	29	−2.14
5	−2.28	30	0.16	5	−1.61	30	−1.36
6	2.12	31	−3.76	6	0.98	31	−4.72
7	1.92	32	−3.96	7	2.62	32	−7.30
8	0.57	33	0.40	8	2.43	33	−4.76
9	0.97	34	−0.23	9	2.68	34	−3.60
10	1.21	35	1.03	10	3.11	35	−1.52
11	4.30	36	0.05	11	6.50	36	−1.02
12	2.82	37	5.04	12	7.42	37	4.32
13	−2.98	38	−0.64	13	2.27	38	2.41
14	−4.21	39	−3.34	14	−2.60	39	−1.63
15	4.31	40	1.15	15	2.47	40	0.00
16	6.10	41	1.18	16	7.84	41	1.18
17	−1.12	42	2.35	17	4.42	42	3.18
18	−2.36	43	−4.49	18	0.77	43	−2.24
19	−0.97	44	−0.63	19	−0.43	44	−2.22
20	−4.53	45	0.76	20	−4.84	45	−0.81
21	2.72	46	−1.28	21	−0.70	46	−1.85
22	0.78	47	2.88	22	0.29	47	1.58
23	−5.45	48	−4.33	23	−5.24	48	−3.22
24	−3.32	49	−3.33	24	−7.03	49	−5.61
25	3.45	50	−3.33	25	−1.52	50	46.03

と簡略化できる (ϕ; ファイ)。真の値である**母自己相関係数**については，(7.79) 式などを参照せよ。

実際には，u_t は観測できない。したがって，u_t の代わりに，(5.1) 式を最小 2 乗推定して残差 $\hat{u}_t$ を求め，これを u_t に代入して，$\hat{\phi}_j$ を推定する。

例 5.1　図 5–1 および図 5–2 に示されたデータについて，自己相関係数を求めてみよう。データは表 5–1 に 50 個分が与えられている。期間差は 1 期から 5 期とする

5 誤差項の諸問題

と，図 5–1 の x については

$$\widehat{\phi}_1 = -0.10, \quad \widehat{\phi}_2 = -0.11, \quad \widehat{\phi}_3 = 0.05, \quad \widehat{\phi}_4 = 0.08, \quad \widehat{\phi}_5 = 0.004,$$

図 5–2 の y については

$$\widehat{\phi}_1 = 0.64, \quad \widehat{\phi}_2 = 0.44, \quad \widehat{\phi}_3 = 0.40, \quad \widehat{\phi}_4 = 0.35, \quad \widehat{\phi}_5 = 0.26$$

となった。前者では，自己相関係数はほぼ 0 である。後者については値は大きく，かつ，期間幅が広がると値は減少していく。

後で定義される DW 検定統計量を計算すると，$(2 - 2\widehat{\phi}_1)$ は，x では 2.2，y では 0.72 であった。DW 統計量の公式に従って計算しても，値は変わらない。

■自己回帰モデル

系列相関はよく見られる現象だが，最小 2 乗推定，ならびに検定に問題を生じる。しかし，一般的な対処の仕方はない。そこで，常識にかなっていて，系列相関を生じる簡単な数学モデルを考え，このモデルに対する対処法を考えよう。

代表的な数学モデルは，誤差項の一次の自己回帰（Auto-Regression）である。AR と略して表記される。一次の自己回帰を持つ AR (1) 誤差項 u_t は

$$u_t = \phi u_{t-1} + \varepsilon_t \tag{5.8}$$

と定義される。誤差項 u_t は，それ自身の一期前の値 u_{t-1} を説明変数とする回帰式として定められている。

ε_t はホワイトノイズあるいはショックと言われるが，平均 0，分散 σ_ε^2，分散は均一と仮定される。添え字が異なれば，このショックは独立に分布し，ある時点におけるショックは，他の時点におけるショックに影響を与えない。ショックとは，バラバラででたらめな値を出す確率変数である。

自己回帰係数 ϕ の絶対値は 1 より小とする。したがって，t 期の誤差項 u_t は，前期の誤差項 u_{t-1} により一部定まり，新しいショックによって残りが決まるという構造になる。前期の誤差項により一部が決まるため，自己回帰とよばれる。もし，ϕ が 0 なら，u_t は標準的な条件を満たす誤差項になる。すなわち，系列相関はない。

系列相関があるとは，ϕ が 0 でないことと同義だが，この場合，t 検定などが正しく行えない。そこで，次の節では，系列相関の検定法を解説する。

5-2 ダービン=ワトソン（DW）検定

(5.8) 式において，もし u_t が観測できるのであれば，係数 ϕ は最小 2 乗法により，

$$\widehat{\phi} = \frac{\sum_{t=2}^{n} u_t u_{t-1}}{\sum_{t=1}^{n} (u_t)^2} \tag{5.9}$$

と推定すれば良い。((5.8) 式は，被説明変数が u_t，説明変数が u_{t-1}，また定数項がない線形回帰式であると理解できる。) これは，標本自己相関係数 $\widehat{\phi}_1$ に一致するが，$\widehat{\phi}$ が 0 に近ければ，系列相関はないと判断されよう。逆に $\widehat{\phi}$ が 1 あるいは -1 に近ければ，強い系列相関があると判断される。

自己回帰係数 ϕ が 0 であるという帰無仮説の検定には，$\widehat{\phi}$ と関連しているダービン=ワトソン（Durbin=Watson）検定，略して DW 検定が使われる。$\widehat{u}_t$ を回帰式 (5.1) の回帰残差として，統計量は

$$DW = \frac{\sum_{t=2}^{n} (\widehat{u}_t - \widehat{u}_{t-1})^2}{\sum_{t=1}^{n} (\widehat{u}_t)^2} \tag{5.10}$$

と定義される。

この統計量の分子を展開してみると

$$\sum_{t=2}^{n} (\widehat{u}_t)^2 + \sum_{t=2}^{n} (\widehat{u}_{t-1})^2 - 2\sum_{t=2}^{n} \widehat{u}_t \widehat{u}_{t-1} \tag{5.11}$$

となる。最初の 2 項は分母に等しいとみなせば，(5.9) 式の自己相関係数により，DW 統計量は

$$DW \fallingdotseq 2 - 2\widehat{\phi} \tag{5.12}$$

と近似できる。したがって DW 統計量の性質は，$\widehat{\phi}$ を通して直感的に理解できる。DW の値は

1. $\widehat{\phi}$ が 1 のときには，ほぼ 0,
2. $\widehat{\phi}$ が -1 のときは，ほぼ 4,
3. $\widehat{\phi}$ が 0 なら DW は，ほぼ 2,

という値をとると予想される。したがって，帰無仮説 $H_0 : \phi = 0$ の検定では，DW が 2 に近い値を取れば帰無仮説は棄却されない。DW が 0 あるいは 4 に近い値を取れば，帰無仮説は棄却される，ということになる。

■ DW あるいは（4–DW）検定の手続き

DW 検定では，回帰式に定数項が必要である。統計量の分布は，定数項以外の説明変数の個数 $k(= K - 1)$ に依存している。また説明変数の値にも依存しているため，この検定では境界値が定まらず，境界値は境界区間となる。その点，検定手続きは t 検定などに比べて複雑になる。手順を説明しよう。

1 有意水準，5% あるいは 1% を選ぶ。

2 観測個数 n と説明変数の個数 k の値を確認する。片側検定では，対立仮説として $H_a : \phi > 0$ か $H_a : \phi < 0$ を選ぶ。経済データの場合，前者が普通である。

3 巻末付表5，付表6 より，境界区間の下限 (L) と上限 (U) を求める。（境界値ではなく，巾の広い境界区間しか決まらないのがこの検定の特色である。）

4 $H_a : \phi > 0$ ならば，DW の予想される値は 0 から 2 に挟まれる。（通常，$DW < 2$ であれば，この手続きに従う。図 5-3）

$DW < L$ であれば，帰無仮説は棄却される。

$L < DW < U$ なら，検定は不決定になる。

$U < DW$ であれば，帰無仮説は棄却できない。

5 $H_a : \phi < 0$ ならば，DW の予想される値は 2 から 4 に挟まれる。検定の手続きとしては，$4 - DW$ に上述の検定を行う。（通常，$2 < DW$ であれば，この手続きに従う。）

5–2 ダービン=ワトソン（DW）検定

図 5–3 DW あるいは $(4-DW)$ の値

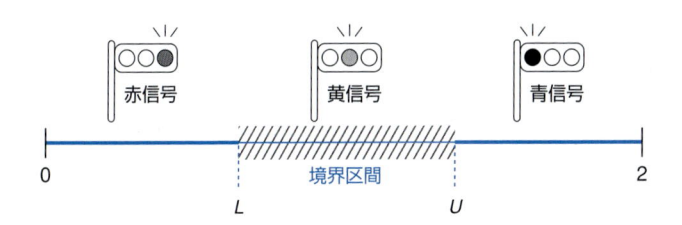

例 5.2 $DW = 1.3$, $n = 25$, $k = 2$。5%検定を行うと，巻末**付表6**より $L = 1.21$, $U = 1.55$ であるから DW は L と U に挟まれ，検定は不決定になる．実際上は，DW が L より小のときだけ，検定は有意であると判断する．

例 5.3 $DW = 2.3$, $n = 30$, $k = 2$。5%検定を行う．対立仮説を，$H_a : \phi < 0$ とすれば，$4 - DW = 1.7$ となる．$L = 1.28$, $U = 1.57$ だから，帰無仮説は棄却できない．

例 5.4 $DW = 1.8$, $n = 20$, $k = 7$。5%検定を行うと，$L = 0.60$, $U = 2.34$ だから，DW は不決定になる．U が2より大であることに注意しよう．$H_a : \phi < 0$ とすれば，$4 - DW = 2.2$ となり，やはり，不決定となる．n が小で k が大のときに，境界区間の上限 U が2を越えることがある．

DW検定は非常に広範囲に用いられており，計量経済分析では，t 検定や F 検定と肩を並べる基本的検定法の一つとして知られている．しかしDW検定については，以下のような欠点が知られている．

1. 検定に**不決定区間**（L と U の間）が含まれる．
2. n が小かつ k が大という状況では，DW がほぼ2であっても不決定になる．
3. この検定では，AR誤差項 (5.8) 式のショックが，正規確率変数であるという仮定が必要とされる．

実証分析では，下限 (L) を境界値に選ぶ傾向が見られる．これは検定が有意になることを避けるためである．

他方，理論的には上限 (U) を境界値に選ぶことが推奨される．上限を境界

値とすると，後で説明するコクラン=オーカット法などの系列相関処理を必要とすることが多くなり，手間がかかる。しかし，系列相関処理法を施したにしても，理論的に失うものは少ない。

例 5.5 例 4.5 でマクロ輸入関数を推定した。そこで得た DW 統計量の値は，$DW = 0.66$ であった。$n = 46$，$k = 2$，のときの DW 検定の 5% 境界区間は $(1.43,\ 1.62)$ であるから，自己回帰がないという帰無仮説は棄却される。したがって，推定法に工夫が必要である。

5–3 ラグランジ乗数(LM)検定

他にも便利の良い検定が知られている。多変数回帰式と (5.8) 式を合わせれば

$$y_t = \beta_1 x_{1t} + \cdots + \beta_K x_{Kt} + \phi u_{t-1} + \varepsilon_t \tag{5.13}$$

となるが，この**ラグ付き**（前期の）誤差項 u_{t-1} は観測できない。そこで，代わりに最小 2 乗残差 $\hat{u}_{t-1}$ を代入し，ϕ の係数推定量の有意性を t 検定で調べる。この検定（**ラグランジ乗数検定**，Lagrange multiplier；**LM 検定**）の特色をあげてみよう。

1. ショック変数 ε_t に，正規分布を仮定しなくて良い。

2. ϕ の t 検定では，標準正規分布から 5% などの境界値を選ぶ。したがって不決定区間が存在しない。

3. 会話型プログラム・パッケージを使って推定作業をしているなら，元の回帰式にラグ付き残差を追加し，追加変数 $\hat{u}_{t-1}$ の t 統計量を検定に用いれば良い。手間がかからない。

ブルーシュ=ゴッドフレー (Bruech=Godfrey) が提案したように，被説明変数も残差に置き換え，**人工的な回帰式**を

$$\hat{u}_t = \beta_1 x_{1t} + \cdots + \beta_K x_{Kt} + \phi \hat{u}_{t-1} + \varepsilon_t \tag{5.14}$$

として，回帰式の F 統計量を求め，F 検定を使うこともできる。統計量は

5-3 ラグランジュ乗数 (LM) 検定

$$f = \frac{n-K-1}{1}\frac{R^2}{1-R^2} \quad (5.15)$$

と計算できるが，自由度が 1, $n-K-1$ の F 分布を帰無仮説の下での分布とする。この f は，(5.13) 式の t 統計量の 2 乗になっている。（分子の自由度が $K+1$ でなく，1 になることに注意しよう。）

この回帰式は，検定統計量として F 統計量ではなく，決定係数の n 倍

$$LM = nR^2 \quad (5.16)$$

を使うことを目的として設定されている。自由度 1 の χ^2 分布が，帰無仮説の下での分布である。**LM 検定統計量**とよばれる。

例 5.6 ラグ付き残差による輸入関数の系列相関検定

例 4.5 で求まる残差 $\hat{u}_t$ のラグ値（前期値）$\hat{u}_{t-1}$ を，説明変数として回帰式に含めて再推定する。観測個数は 45 に減り，推定結果は

$$\widehat{IMR} = -5.6(-14) + 1.3(40)GDPR - 0.27(4.4)P + 0.71(5.7)\hat{u}_{-1}$$

となった。括弧内は t 値, $R^2 = 0.994, \overline{R}^2 = 0.993, DW = 1.73$, 対数尤度 $(\log(L)) = 52.5$, である。したがって，DW 値は改善され，系列相関がないという帰無仮説は棄却できない。価格の係数はやはり負で，t 統計量も有意である。しかし，この式の目的は，DW 検定に変わる自己回帰係数の有意性検定であり，自己回帰係数は 0.71, かつ有意であるという点が重要である。被説明変数も残差 $\hat{u}_t$ に置き換えて，自己回帰係数の検定を行う。観測個数は 45, 推定結果は，

$$\hat{u} = 0.4(1.0) - 0.03(-1.0)GDPR - 0.07(-1.1)P + 0.71(5.7)\hat{u}_{-1}$$

括弧内は t 値, $R^2 = 0.442, DW = 1.73$, となる。検定統計量は，$nR^2 = 20$, となった。自由度が 1 の χ^2 分布を使って検定するが，分布表を見るまでもなく，系列相関がないという帰無仮説は，棄却される。他方，F 統計量は，

$$f = (45-4)\frac{0.442}{1-0.442} = 32.5$$

となった。

$$f = (5.7)^2$$

であることも確認できる。（自由度は，ラグ付き残差を用いるので 1 減り，また，回帰式にはラグ付き残差を含め，4 個の説明変数が含まれているから 4 減る。）自由度が 1 と 41 の F 分布により検定を行う。分布表を見るまでもなく，帰無仮説は棄却される。

5 誤差項の諸問題

■変動回帰

ラグ付き被説明変数（過去の被説明変数）が，回帰式に説明変数として入るなら，DW 検定は AR 誤差項の検定に使えない。被説明変数のラグ値はしばしばラグ付き内生変数，あるいはラグ付き従属変数ともよばれるが，一般的な回帰式は

$$y_t = \gamma_1 y_{t-1} + \cdots + \gamma_s y_{t-s} + \beta_1 x_{1t} + \cdots + \beta_K x_{Kt} + u_t \quad (5.17)$$

となる。誤差項の定義は 1 次の自己回帰，(5.8) 式である。ラグ付き内生変数を含む回帰式を，変動回帰あるいは動的回帰 (dynamic regression) とよぶ。逆に，本書で今まで扱われてきたラグ付き内生変数がない回帰式を，静止回帰 (static regression) とよぶこともある。応用上幅広く用いられている $H_0 : \phi = 0$ の検定は，ダービンの h 統計量

$$h = \widehat{\phi}\sqrt{\frac{n}{1 - n \cdot z}} \quad (5.18)$$

である。定義の中で，$\widehat{\phi}$ は残差の標本自己相関係数で，残差を (5.9) 式に代入して計算する。z は (5.17) 式における γ_1 係数推定量の分散 $v(\widehat{\gamma}_1)$ の推定量で，通常の標準誤差の 2 乗である。帰無仮説の下での分布は，標準正規分布である。

h 統計量は，標本自己相関係数 $\widehat{\phi}$ と，$\widehat{\gamma}_1$ の分散推定量から成立しており簡単に計算できる。しかし，稀に平方根内の分母が負になり，利用できない。

他の検定法として，人工的な回帰式

$$y_t = \gamma_1 y_{t-1} + \cdots + \gamma_s y_{t-s} + \beta_1 x_{1t} + \cdots + \beta_K x_{Kt} + \phi \widehat{u}_{t-1} + \varepsilon_t \quad (5.19)$$

の ϕ 係数を t 検定で調べるという方法がある。$\widehat{u}_t$ は (5.17) 式の最小 2 乗残差である。境界値は t 分布を使わず，標準正規分布から求める。

この検定は常に計算できるから，実用性に富んでいる。特に会話型のプログラムを利用している際，t 統計量は (5.17) 式の最小 2 乗残差を右辺に追加すれば計算でき，簡便である。

被説明変数も残差に置き換えて，nR^2 を計算すると，ブルーシュ＝ゴッドフレー形式の LM 検定ができる。

■ 高次の自己回帰

　誤差項の自己回帰式が高次であっても，**人工的な回帰式**を使う検定は，容易に一般化することができる。p 次の自己回帰式

$$u_t = \phi_1 u_{t-1} + \phi_2 u_{t-2} + \cdots + \phi_p u_{t-p} + \varepsilon_t$$

の係数が全て 0 である，という帰無仮説の検定は，変動回帰を拡張して，

$$\begin{aligned} y_t = {} & \gamma_1 y_{t-1} + \cdots + \gamma_s y_{t-s} + \beta_1 x_{1t} + \cdots + \beta_K x_{Kt} \\ & + \phi_1 \widehat{u}_{t-1} + \phi_2 \widehat{u}_{t-2} + \cdots + \phi_p \widehat{u}_{t-p} + \varepsilon_t \end{aligned} \tag{5.20}$$

に関する，係数の有意性検定を行えば良い。追加された説明変数は，元の回帰式を推定して得た回帰残差である。被説明変数を，残差 $\widehat{u}_t$ に置き換え，**LM 検定統計量** nR^2 を用いることも多い。帰無仮説の下での分布は，自由度が p の χ^2 分布である。

　一次の自己回帰の場合と同様に，ラグ付き被説明変数が回帰式の説明変数に含まれない場合も，この検定は利用できる。

　この検定は，最小 2 乗推定により容易に計算ができるので，多くの計量分析用のソフトに導入されている。次数 p を指定すれば，検定結果を得るように設定されているので，様々な p について，検定を試みることができる。

5–4　系列相関回帰の推定

　系列相関係数が含まれる回帰式では，系列相関係数を無視した推定は，推定の効率性に問題を生じ，また，諸検定が誤った結果をもたらす可能性がある。そこで，このような問題を避けるために，望ましい推定法を説明する。

■ コクラン=オーカット法：ϕ 既知

　(5.8) 式の AR (1) 係数が既知であるとして，最小 2 乗法よりも望ましい推定方法を説明しよう。(5.8) 式の u_t と u_{t-1} に多変数回帰式 (5.1) を代入すると，

5 誤差項の諸問題

$$y_t - \beta_1 x_{1t} - \cdots - \beta_K x_{Kt} = \phi(y_{t-1} - \beta_1 x_{1t-1} - \cdots - \beta_K x_{Kt-1}) + \varepsilon_t \tag{5.21}$$

となる。第1項を定数項であるとしておく。ここで両辺を，回帰係数によって整理すれば，回帰式

$$\begin{aligned}y_t - \phi y_{t-1} &= \beta_1(1-\phi) + \beta_2(x_{2t} - \phi x_{2t-1}) + \cdots \\ &\quad + \beta_K(x_{Kt} - \phi x_{Kt-1}) + \varepsilon_t\end{aligned} \tag{5.22}$$

を得る。この式において，添え字の t は，2 から n までの値を取る。したがって，観測個数は，$n-1$ になる。この回帰式では ϕ は既知であるので，被説明変数は $(y_t - \phi y_{t-1})$，そして説明変数は $(x_{2t} - \phi x_{2t-1}), \cdots, (x_{Kt} - \phi x_{Kt-1})$ と定義される。定数項の値は1ではなく，$(1-\phi)$ に変わることに注意しよう。この式を導く操作は**コクラン=オーカット**（Cockrane=Orcutt）**変換**，省略して **CO 変換**とよばれる。(5.22) 式は最小2乗法で推定すれば良い。

目下推定しているのは (5.1) 式であり，ここで説明している CO 法は，(5.1) 式を推定するための一方法であることに注意しよう。この方法は，**一般化最小2乗法**（Generalized Least Squares method，**GLS**）の一種と理解される。

プログラム・パッケージによっては，定数項が自動的に1と設定されることもある。この場合は，定数項推定値を $(1-\phi)$ で割った値が，β_1 の推定値である。

(5.22) 式では誤差項が標準の条件を満たすから，最小2乗推定量は，最小2乗推定法の望ましい性質を全て持つ。偏回帰係数についての t 検定ならびに F 検定も，第3章，第4章と変わりなく行うことができる。したがって ϕ が既知であれば，t 検定なども (5.22) 式について応用すれば良い。

元の式の最小2乗推定は望ましい性質を持たず，また，t 統計量は，そのまま t 検定に使うことができない。しかし，変換された (5.22) 式は，標準の仮定を満たすので，t 検定も問題がないことに注意しよう。

■ コクラン=オーカット法：ϕ 未知

　自己回帰係数 ϕ が未知なら，(5.9) 式に従って推定した値を ϕ に代入して，既知の場合の推定を繰り返す。これは近似的な GLS 法である。観測個数が無限に増えるという大標本理論では良い推定量になる。t 検定なども同じ変換式について計算すればよい。CO 法は系列相関を除去する推定法ではなく，系列相関を利用しながら，有効に推定する方法である。

　回帰式を最小 2 乗法で推定し，DW 検定により系列相関が検出されたとする。この場合，CO 法で回帰係数を再推定する。ここで (5.1) 式の係数を再推定値に変え，残差を新たに求めるとしよう。（計算に使われるのは (5.22) 式だが，推定したい式は元の (5.1) 式である。）この新たな残差系列から系列相関係数を再推定することができる。再推定された系列相関係数を用い，(5.22) 式を新たに推定し直す事も可能である。反復 CO 法とよばれる。

　ϕ が取りうる区間を適当に与え，その区間内で，例えば 50 分の 1 刻みで ϕ を変え，全ての ϕ の値について RSS を求めて，その最小値をもたらす回帰係数や ϕ 値を推定結果として用いる，という方法も知られている。一般にグリッド法とよばれるが，現在の回帰式の推定に関しては，特にヒルドレス=ルウ（Hildreth=Lu）法と言われる。

■ 非線形回帰式の推定

　コクラン=オーカット法において，(5.22) 式を変数毎に分解して表記すると，次式のようになる。

$$y_t = \phi y_{t-1} + \beta_1(1-\phi) + \beta_2 x_{2t} + \cdots + \beta_K x_{Kt} - \beta_K \phi x_{Kt-1} + \varepsilon_t \quad (5.23)$$

この式の説明変数のリストは，ラグつき（前期の）内生変数を入れて

$$y_{t-1}, 1, x_{2t}, x_{2t-1}, \cdots, x_{Kt}, x_{Kt-1}$$

であり，未知係数のリストは

$$\phi, \beta_1, \beta_2, \cdots, \beta_K$$

である。説明変数は $(2K+1)$ 個となっているが，未知である係数は $(K+1)$ 個に過ぎない。この式を，最小 2 乗法で推定することはできない。しかし，計

算方法の詳細はともかく，被説明変数と右辺の差の 2 乗和

$$W = \sum_{t=2}^{n} \{y_t - (\phi y_{t-1} + \beta_1(1-\phi) + \beta_2 x_{2t} - \cdots - \beta_K \phi x_{Kt-1})\}^2 \tag{5.24}$$

を，未知係数 $\phi, \beta_1, \beta_2, \cdots, \beta_K$ について最小化することができる。これが，**非線形最小 2 乗法**である。

非線形最小 2 乗法は，かつては計算が非常に困難な推定法であったが，パーソナルコンピュータの計算力が向上したため，現在では，誰でも容易に推定結果を求めることができるようになった。単に，係数の推定だけでなく，t 検定ならびに他の諸検定結果も容易に求まるため，最近では，先に述べたコクラン=オーカット法よりも，非線形推定の方が頻繁に使われる。

■ **一般化最小 2 乗推定法**

コクラン=オーカット法では，新しい変数を定義することにより，観測個数が一個減る。観測個数の減少を避けるように工夫した推定法もある。この推定法では，第一観測値に対する回帰式に $\sqrt{1-\phi^2}$ を掛け，

$$\sqrt{1-\phi^2}\, y_1 = \sqrt{1-\phi^2}\,\beta_1 x_{11} + \cdots + \sqrt{1-\phi^2}\, u_1 \tag{5.25}$$

と変換することを基本とする。その理由は，要約すると，この式の誤差項 u_1 は 2 番目以降のショック ε_t と独立であり，また ε_t の分散を σ_ε^2 とすると，u_1 の分散は $\sigma_\varepsilon^2/(1-\phi^2)$ になるからである。証明は (7.77) 式に与えられている。

コクラン=オーカット変換後の $(n-1)$ 式と，この第一式を合わせて，全 n 式を使って推定を行う。この推定は，関数

$$V = (1-\phi^2)(y_1 - \beta_1 x_{11} - \cdots - \beta_K x_{K1})^2 + W$$

を最小化することと同じ意味を持つ。(5.24) 式より，項が 1 個増えている。観測個数を失わないのが，この方法の特色である。この推定法はプレイス=ウィンストン (Prais=Winsten) 法とよばれるが，一般化最小 2 乗法 (GLS) の一種と理解される。またコクラン=オーカット法より優れていると理解されている。

5–4 系列相関回帰の推定

■ 最尤推定法

ショック ε_t に正規分布を仮定した場合は，**最尤推定法**が利用できる。ショック ε_t が平均 0，分散 σ_ε^2 の正規確率変数であるとすると，その密度関数は指数関数を用い

$$\frac{1}{\sigma_\varepsilon\sqrt{2\pi}}\exp\left(-\frac{(\varepsilon_t)^2}{2\sigma_\varepsilon^2}\right)$$

となる。((7.25) 式を参照せよ。$\exp(a)$ は，e^a を意味する。e は自然対数の底である。) 以下，尤度関数を求める。

尤度関数の導出[*]：ショックは ε_2 から ε_t まであるから，全体の同時密度関数は個々の密度関数の積であり，

$$\prod_{t=2}^{n}\frac{1}{\sigma_\varepsilon\sqrt{2\pi}}\exp\left(-\frac{(\varepsilon_t)^2}{2\sigma_\varepsilon^2}\right) \tag{5.26}$$

となる。他方，u_1 は他のショックと独立であるが，平均は 0，分散は $\sigma_\varepsilon^2/(1-\phi^2)$ として良い。したがって u_1 の密度関数は，

$$\frac{1}{\sigma_\varepsilon}\sqrt{\frac{1-\phi^2}{2\pi}}\exp\left(-\frac{(1-\phi^2)(u_1)^2}{2\sigma_\varepsilon^2}\right) \tag{5.27}$$

となる。u_1 と，ε_2 から ε_t までの全体の密度関数は，(5.26) 式と (5.27) 式の積になるが，$e^a e^b = e^{a+b}$ であるので，整理すると

$$\left(\frac{1}{\sigma_\varepsilon\sqrt{2\pi}}\right)^n\sqrt{1-\phi^2}\exp\left\{-\frac{1}{2\sigma_\varepsilon^2}\left((1-\phi^2)(u_1)^2+\sum_{i=2}^{n}(\varepsilon_t)^2\right)\right\}$$

になる。ここで，ε_t を回帰式 (5.23) の残差

$$y_t-(\phi y_{t-1}+\beta_1(1-\phi)+\beta_2 x_{2t}+\cdots-\beta_K\phi x_{Kt-1})$$

で置き換え，また u_1 を，第一観測値に対する回帰式の残差

$$y_1-\beta_1 x_{11}-\cdots-\beta_K x_{K1}$$

に置き換える。(終わり)

以上の変換により

$$L=\left(\frac{1}{\sigma_\varepsilon\sqrt{2\pi}}\right)^n\sqrt{1-\phi^2}\exp\left\{-\frac{V}{2\sigma_\varepsilon^2}\right\} \tag{5.28}$$

が，未知母数 $\beta_1,\beta_2,\cdots,\beta_K,\phi,\sigma_\varepsilon^2$ に関する**尤度関数**になることが分かる。最

5 誤差項の諸問題

尤推定量は，この関数を未知母数に関して最大化して求める。推定法の利用可能性は，プログラム・パッケージに大きく依存していることが，理解できよう。既に述べた一般化最小2乗推定法は，指数関数の分子に含まれる，V に関する最小化と同義である。最尤推定量との違いは，指数関数の前に掛かる $\sqrt{1-\phi^2}$ だけとなる。

検定に使われる，対数尤度値は，(5.28) 式の最大値を対数変換した値である。様々な仮説検定は，この対数尤度を用いて簡便に進めることができる。帰無仮説 H_0 の下で計算した対数尤度と，対立仮説 H_a の下で計算された対数尤度を使えば，対数尤度比検定統計量

$$Q = -2\{\log(H_0 下の尤度) - \log(H_a 下の尤度)\} \quad (5.29)$$

が定義できる。（log は，自然対数を意味する。）制約下での検定統計量 Q の分布は，帰無仮説がもたらす制約の数を自由度とする，χ^2 分布である。Q は，対数尤度比の (-2) 倍，として知られている。

例 5.7 輸入関数のコクラン=オーカット推定

例 4.5 の輸入関数を，一次の自己相関を仮定して，コクラン=オーカット法により推定した。収束するまで繰り返して推定を行った結果は次のようになった。観測個数は 45 になることに注意しよう。

$$\widehat{IMR} = -7.4(-5.4) + 1.39(12.8)GDPR + 0.035(0.3)P$$

括弧内は t 値，$\widehat{\phi} = 0.79(6.7)$, $R^2 = 0.994$, $\overline{R}^2 = 0.993$, $DW = 1.66$, 対数尤度 $(\log(L)) = 53.85$, である。決定係数，DW 統計量，ならびに対数尤度は元の回帰式に関する値ではなく，(5.22) 式に関する値である。したがって，DW 値は改善されており，系列相関がないという帰無仮説は棄却できない。しかしながら，輸入価格の係数は正に変わり，かつ t 統計量の値は有意にならない。これはマルティコ現象であろう。最尤推定法では観測値を失うことはないから，観測個数は 46 になる。推定結果は，

$$\widehat{IMR} = -8.0(-6.9) + 1.44(15.5)GDPR + 0.035(0.3)P$$

括弧内は t 値，$\widehat{\phi} = 0.80(7.3), R^2 = 0.995, \overline{R}^2 = 0.994, DW = 1.87$, 対数尤度 $(\log(L)) = 54.83$, となった。決定係数，DW 統計量，ならびに対数尤度は，(5.22)，あるいは (5.23) 式に関する値であることに変わりはない。DW 値は改善されており，

系列相関がないという帰無仮説は棄却できない。価格の係数はやはり正値で，t 統計量も有意にならない。マルティコ現象は避けられないようだ。**例 4.5** の対数尤度値 40.18 を用いると，$\phi = 0$ の対数尤度比検定は，

$$Q = -2(40.18 - 54.83) = 29.3$$

となり，明らかに帰無仮説は棄却される。帰無仮説の下での分布は，自由度が 1 の χ^2 分布である。(95% 点は，3.8 である。) **非線形最小 2 乗法** も試みたが，筆者が使っている計算ソフトでは，コクラン=オーカット法の推定結果と全く同じになった。

5–5 不均一分散

　誤差項の分散が変化する例を考えよう。消費関数では，所得の低い人よりも高い人の方が消費の散らばりが大きい。なぜなら所得の高い人の消費額は，所得に比例する以上に大きくなりうるが，所得が高くとも吝嗇な人は消費額は低いままだからである。

　被説明変数の散らばりは，回帰式における誤差分散の散らばりである。(7.43)式で証明されるように，

$$V(u_t) = V(y_t)$$

となる。したがって，被説明変数の分散が変化すると予想される場合は，誤差項の分散が同じであるという仮定は，被説明変数の変動と矛盾している。

　回帰式は (5.1) 式のままとする。誤差項 u_t は互いに独立に分布しており，平均は 0，しかし分散は

$$V(u_t) = \sigma_t^2$$

と観測対象に応じて変化すると仮定する。標準の仮定では分散は不変で均一だが，このように分散が変化することを **不均一分散** という。

　この定義では，未知な分散の個数は n 個になる。係数は K 個あるから全体として未知母数は $(K+n)$ 個になり，観測個数より大である。このような場合，全ての未知母数の，意味のある推定はできない。

5 誤差項の諸問題

偏回帰係数の推定だけを考えるとしよう。回帰式は第4章と同じであるから，最小2乗推定量の導出も変わらない。系列相関の影響と同じく，最小2乗推定に大きな支障は生じない。

しかし，系列相関の場合と同様に，t 検定や F 検定などは影響される。DW 検定も使えない。特にプログラム・パッケージに含まれる両統計量などの計算式は均一分散が仮定されているから，誤差項の分散が不均一であれば誤った値がもたらされる。

■分散比が既知の場合

不均一分散があっても，分散の比が既知であれば，多変数回帰式を第3章の条件を満たすように回帰式を変換することができる。例えば，全ての c_i を既知として，σ^2 は未知だが

$$V(u_t) = (\sigma c_t)^2 \quad t = 1, 2, \cdots, n \tag{5.30}$$

と仮定されるとしよう。このような仮定の下では，回帰式を c_t で割れば

$$\frac{y_t}{c_t} = \beta_1 \frac{x_{1t}}{c_t} + \cdots + \beta_K \frac{x_{Kt}}{c_t} + \frac{u_t}{c_t} \quad t = 1, 2, \cdots, n \tag{5.31}$$

となる。新しい誤差項の分散は

$$V\left(\frac{u_t}{c_t}\right) = \sigma^2$$

となり，一定である。被説明変数を $\frac{u_t}{c_t}$，説明変数を $\frac{x_{1t}}{c_t}$ などとして，回帰式を推定する。回帰式の誤差項は標準的な仮定を全て満たすから，最小2乗推定量は第4章で示した諸結果を維持する。

分散比が全て分かっている場合では，変換された (5.31) 式に定数項が含まれてない。例えば第1変数が1であるなら，定数項は失われる。定数項が回帰式に含まれないと，最小2乗残差の和は0にならないから，総変動の分解が は成立しない。(定数項係数に関する正規方程式により，残差和が0になることを思い出そう。) そのため，決定係数が，0と1に挟まれる根拠はなくなる。

現実には，(5.30) 式のように定数 c_t が分かっているとは考えられない。しかし，消費関数に関する回帰式については，誤差分散は所得が高いほど大き

いと考えられるから，c_t の代わりに所得を当てはめることがある。

分散が説明変数 x_{kt} の平方に比例するとして，
$$V(u_t) = (\sigma x_{kt})^2 \qquad t = 1, 2, \cdots, n \tag{5.32}$$
と特定することは可能である。分散が変数の絶対値に比例していれば，
$$V(u_t) = (\sigma)^2 |x_{kt}| \qquad t = 1, 2, \cdots, n \tag{5.33}$$
という関係も考えられる。いずれの場合においても，多変数回帰式を既知の変数値 x_{kt} で割ったり，$|x_{kt}|$ の平方根で割ったりすれば，標準条件を満たす回帰式を導くことができる。

■不均一分散の検定

線型回帰の枠組の中で，観測対象が誤差分散の大きさに応じて2グループに分割されるとしよう。観測個数 n は第1グループの n_1 個と第2グループの n_2 個に分けられ，第1グループの誤差分散 σ_1^2 と第2グループの誤差分散 σ_2^2 が異なるか否かの検定を行う。これは，1–3節で導入された，「分散比に関する検定」の応用である。

クロスセクション・データでは，消費関数の推定において，観測対象が都市部と農村部に分けられるといった例があげられよう。都市部と農村部の分散が，等しいか否かが問題となる。

ゴールドフェルト=クォント (Goldfeld=Quandt) 検定は，各グループで回帰式を最小2乗推定し，残差分散 $(s_1)^2$ と $(s_2)^2$ を計算する。残差分散間では F 統計量
$$f = \frac{(s_2)^2}{(s_1)^2}$$
が定義できる。この F 統計量は，均一分散の帰無仮説の下で，自由度が $n_1 - K$，$n_2 - K$ の F 分布を持つ。実際，帰無仮説が成立しないときは，どちらのグループの分散が大きいか分からないから，境界値は分布の両裾5%値を選べば良い。この検定では，誤差項に正規分布の仮定が必要である。

この検定は，標本を二分割する大まかな検定であることは先に述べた通りである。もし F 検定が有意になれば，不均一分散モデルとしてグループごと

に異なる分散を使えば良く，推定も容易である．

分散がグループごとに異なるとすると，推定は以下のように行う．

1 グループごとに最小2乗推定を行い，残差分散 $(s_1)^2$ と $(s_2)^2$ を求める．

2 グループごとの回帰式を，グループの残差分散の平方根で割る．第1グループに属する n_1 個の観測値については

$$\frac{y_t}{s_1} = \beta_1 \frac{x_{1t}}{s_1} + \cdots + \beta_K \frac{x_{Kt}}{s_1} + \frac{u_t}{s_1} \quad t = 1, \cdots, n_1 \quad (5.34)$$

となる．第2グループについては

$$\frac{y_t}{s_2} = \beta_1 \frac{x_{1t}}{s_2} + \cdots + \beta_K \frac{x_{Kt}}{s_2} + \frac{u_t}{s_2} \quad t = n_1 + 1, \cdots, n \quad (5.35)$$

となる．次に，従属変数の観測値を

$$\left\{ \frac{y_1}{s_1}, \cdots, \frac{y_{n_1}}{s_1}, \frac{y_{n_1+1}}{s_2}, \cdots, \frac{y_n}{s_2} \right\}$$

k 番目の説明変数の観測値を，

$$\left\{ \frac{x_{k1}}{s_1}, \cdots, \frac{x_{kn1}}{s_1}, \frac{x_{kn1+1}}{s_2}, \cdots, \frac{x_{kn}}{s_2} \right\} \quad k = 1, 2, \cdots, K$$

として，回帰式を推定すれば良い．原データを，前半は s_1 で割り，後半は s_2 で割って，新たなデータを作っていると理解できる．

■一般的な不均一分散の検定

不均一分散の表現を一般化すると，誤差分散がいくつかの変数 w_{1t} から w_{pt} によって，$t = 1, 2, \cdots, n,$ について

$$V(u_t) = \sigma^2 \{\gamma_0 + \gamma_1 w_{1t} + \cdots + \gamma_p w_{pt}\} \quad (5.36)$$

と表現されると考えられる．このような一般的な不均一分散の検定は，最小2乗残差 $\hat{u}_t$ を用いた人工的な回帰式

$$(\hat{u}_t)^2 = \gamma_0 + \gamma_1 w_{1t} + \cdots + \gamma_p w_{pt} + 誤差項 \quad (5.37)$$

において，帰無仮説

$$H_0 : \gamma_1 = 0, \cdots, \gamma_p = 0$$

の有意性を検討して行う。定数項だけが残れば，均一分散になる。

検定は，(5.37) 式の推定結果から RSS や ESS を求め，F 統計量

$$f = \frac{n-p-1}{p}\frac{ESS}{RSS}$$

を計算する。自由度は p と $n-p-1$ である。言うまでもなく，F 検定を使うためには，誤差項が正規分布に従うという仮定が必要である。この前提条件はおそらく満たされないだろうから，F 統計量を p 倍して計算する **LM 検定**

$$LM = nR^2 = (n-p-1)\frac{ESS}{RSS}$$

の方が望ましい。R^2 は，(5.37) 式の最小 2 乗推定から求める。帰無仮説の下では，自由度が p の χ^2 分布の右裾から，境界値を選ぶ。

実際には，(5.37) 式の w 変数の選択が難しく，恣意的になりやすい。ホワイト（White）は (5.37) 式の p 個の w 変数の代理として，元の線型回帰式に含まれる説明変数の 2 乗，変数間の積などを利用する。K が 2 ならば，$t = 1, 2 \cdots, n$ について，**人工的な回帰式**は

$$(\widehat{u}_t)^2 = \gamma_0 + \gamma_1 x_{1t} + \gamma_2 x_{2t} + \gamma_3 (x_{1t})^2 + \gamma_4 (x_{2t})^2 + \gamma_5 x_{1t} x_{2t} + 誤差項 \tag{5.38}$$

となる。定数項以外の全ての係数について，F あるいは LM などの有意性検定を応用すれば良い。この検定は，容易に利用できるという特長を持つ。しかし，帰無仮説が棄却され，不均一分散が検出されれば次に何をするかという指針を与えない。また，右辺に含まれる変数の数も多くなる。

変数を減らすための便法として，元の回帰値 $\widehat{y}_t$ の平方を使う。検定の為の**人工的な回帰式**は

$$(\widehat{u}_t)^2 = \gamma_0 + \gamma(\widehat{y}_t)^2 + 誤差項 \tag{5.39}$$

$t = 1, 2, \cdots, n$，となるが，t 検定により γ の有意性を調べればよい。F や LM 検定では，自由度が 1 の χ^2 分布が帰無仮説下の分布になる。

5　誤差項の諸問題

■ モデルを特定しない検定*

観測点ごとに分散が変化するような不均一分散

$$V(u_t) = \sigma_t^2$$

は，母数の数が $n+K$ になるため，推定できないと述べた．しかし，ホワイトは，誤差分散の推定は考えず，回帰係数の推定だけを考える．(5.1) 式の回帰残差を用い，各期の回帰式をその期の残差 $\widehat{u}_t$ で割り，

$$\frac{y_t}{\widehat{u}_t} = \beta_1 \frac{x_{1t}}{\widehat{u}_t} + \cdots + \beta_K \frac{x_{Kt}}{\widehat{u}_t} + \frac{u_t}{\widehat{u}_t} \tag{5.40}$$

$t = 1, 2, \cdots, n$, と変換する．この変換を使えば，最小 2 乗推定量の性質もよくなり，様々な検定が可能になる．t 統計量にしても，標準正規分布を使って検定することができることが知られている．

ニューウェイ＝ウェスト（Newey=West）はホワイトの検定を発展させ，単に不均一分散だけでなく系列相関が含まれる回帰誤差についても，修正して推定する方法を提案した．この方法は一層複雑であり，回帰式の形式で説明することができない．また，観測個数 n も，大であることが必要とされる．

5-6　他の診断検定*

最小 2 乗残差に基づく検定を診断検定とよぶ．既に DW 検定，系列相関の LM 検定，不均一分散の LM 検定などを紹介したが，以下，最近の実証分析で頻繁に用いられる診断検定の説明を追加しよう．

■ ARCH 誤差項

実際の推定結果，特に残差のプロットを検討してみると，残差の大きさにはかなりの変動が見られる．しかも残差は，大きな波のように，大きな変動が継続し，逆に小さな変動も継続する．このような変化は，株価などの金融時系列データの分析では特に顕著であるが，この現象をボラティリティ・クラスタリ

ング（volatility clustering）とよぶ。

エングル（Engle）は，金融データが示す残差のこのような変化をつぶさに検討した上で，誤差分散が過去の誤差の大きさに依存するという**アーチ（ARCH**, Auto-Regressive Conditional Hetero-scedasticity）モデルを提案した。このモデルでは，誤差項の条件付き分散を

$$E(u_t^2 | 過去の情報) = h_t$$

とあらわす。$t = 1, 2, \cdots, n$, とするが，h_t は未知であり，観測もできない。診断検定としては，回帰残差の2乗を h_t とし，**人工的な回帰式**

$$\widehat{u}_t^2 = a_0 + a_1 \widehat{u}_{t-1}^2 + \cdots + a_p \widehat{u}_{t-p}^2 + 誤差項$$

を最小2乗法で推定し，係数の有意性を調べる。検定では，次数 p を設定する。また，a_1 から a_p までが全て0ならば，均一分散になる。過去の誤差が長く尾を引いて，今期の誤差分散に影響を及ぼす，というのが式の意味である。条件付き分散に，変動プロセスを当てはめたところに目新しさがある。

■正規性検定

誤差項が正規分布に従うかどうかを調べる検定として，ハルケ=ベラ（Jarque=Bera）の方法がよく知られている。期待値が0，分散が1の標準正規確率変数 X については，

$$E(X^3) = 0$$

かつ，

$$E(X^4) = 3\sigma^4$$

となることが知られている。誤差項の正規性検定では，誤差項 u_t がこの2性質を満たすか否かを調べる。誤差項は観測できないので，検定では，標準化された残差の3次と4次の標本モーメント（積率，3乗と4乗のこと）の平均

$$\frac{1}{n}\sum_{t=1}^{n}\left(\frac{\widehat{u}_t}{s}\right)^3 \tag{5.41}$$

$$\frac{1}{n}\sum_{t=1}^{n}\left(\frac{\widehat{u}_t}{s}\right)^4 \tag{5.42}$$

を使う。3乗の統計量は，**歪度**（わいど，skewness），4乗の統計量は，**尖度**（せんど，kurtosis）とよばれる。帰無仮説の下では，3乗の平均が0，4乗の平均が3になる。したがって，標本から得たこの2個の統計量の値と，0あるいは3の差が，検定の基本になる。

最近のプログラム・パッケージでは，自動的にハルケ=ベラの検定結果が示されるが，検定統計量は，帰無仮説の下で，自由度が2のχ^2分布になる。

この検定は，帰無仮説が棄却された場合，いかなる方向に分析を進めれば良いのか，明らかにしない。しかし，説明変数の欠落や非線形性などは，チェックすべきである。

■ リセット検定

ラムゼイ（Ramsey）によって提案された**リセット（RESET）**検定では，回帰式の関数型を調べる。帰無仮説の下の回帰式は，線型式 (5.1) である。対立仮説の下では，説明変数に重要な脱落があるかないかの可能性，非線型関数の可能性，あるいは説明変数が誤差項と相関している可能性などが考慮される。

リセット検定は，線形式を推定して良いかどうか調べる方法である。修正リセット検定は，最小2乗推定から求まった回帰値$\widehat{y}_t$を用い

$$y_t = \beta_1 x_{1t} + \cdots + \beta_K x_{Kt} + \gamma_1 (\widehat{y}_t)^2 + \cdots + \gamma_c (\widehat{y}_t)^{c+1} + \varepsilon_t \tag{5.43}$$

$t = 1, 2, \cdots, n$，という式を推定する。検定の帰無仮説は

$$H_0 : \gamma_1 = 0, \cdots, \gamma_c = 0$$

であり，この帰無仮説をF統計量で検定すれば良い。帰無仮説の下での，F統計量の自由度はcと$(n - K - c)$であり，通常のように分布の右裾から境界値を選ぶ。cが1の際は，γ_1のt検定と一致する。

誤差項の正規性を仮定しないのであれば，F統計量をc倍した，χ^2型の統計量を使う。これは帰無仮説の下で自由度がcのχ^2分布を持ち，境界値は分布の右裾から取る。**LM検定**では，被説明変数を元の式の回帰残差に置き換え，**人工的な回帰式**

5–6 他の診断検定*

$$\widehat{u}_t = \beta_1 x_{1t} + \cdots + \beta_K x_{Kt} + \gamma_1 (\widehat{y}_t)^2 + \cdots + \gamma_c (\widehat{y}_t)^{c+1} + \varepsilon_t \tag{5.44}$$

の決定係数 R^2 を求め，nR^2 を検定統計量とする。この統計量も，帰無仮説の下で，自由度が c の χ^2 分布を持つ。

例 5.8 4–3 節で推定したリターン・モデルの推定結果は，

$\widehat{r} = -10.3(-7.9) + 2.4(1.3)div + 2.5(1.8)cfpr + 0.21(0.13)bpr + 7.4(4.9)\log(mv)$

となっていた。クロスセクション分析であるので，誤差項の不均一分散を考慮して，ホワイトの方法で再推定すると，

$\widehat{r} = -10.3(-7.9) + 2.4(1.8)div + 2.5(1.5)cfpr + 0.21(0.17)bpr + 7.4(4.0)\log(mv)$

となった。t 値はほとんど変わらない。

リセット検定では，回帰値の 2 乗を入れると，

$$\widehat{r} = -2.8(-0.6) - 1.5(-0.5)div - 0.6(-0.3)cfpr - 0.2(-0.1)bpr$$
$$+ 0.6(0.1)\log(mv) - 0.048(-1.8)\widehat{r}^2$$

となる。t 値が -1.81，P 値は 8.2% で有意ではないから，非線形性は問題にならない。残差を被説明変数とすると

$$\widehat{u} = 7.5(1.7) - 3.9(-1.4)div - 3.2(-1.4)cfpr - 0.4(-0.2)bpr$$
$$- 6.8(-1.7)\log(mv) - 0.048(-1.8)\widehat{r}^2$$

$R^2 = 0.116, nR^2 = 3.6$，となった。LM 検定統計量の値は 3.6 で，その平方根は 1.9 だから，t 値とあまり変わらない値になる。したがって，t 値と LM 値の差は小さい。

ホワイトの不均一分散の診断検定は，

$$\widehat{u}^2 = 8.5(0.4) + 45(1.9)div + 28(0.9)cfpr - 34(-1.6)bpr - 22(-1)\log(mv)$$
$$- 16(-0.8)div^2 + 21(0.2)div*bpr + 79(2.7)div*\log(mv) + \cdots$$

$R^2 = 0.703$，といった結果になる。2 乗の項は有意にならないが，積の項が有意になる。元の説明変数が 4 個あるので，補助回帰式では 4 個の 2 乗項と 6 個の積の項が追加され，総計 14 個の説明変数が含まれる。F 検定統計量は

$$f = \frac{31-15}{14} \frac{0.703}{1-0.703} = 2.71$$

となり，自由度が 14 と 16 の F 分布表より，P 値は 2.9% と求まった。（巻末付表では，求まらない。）これは有意である。14 倍した χ^2 型の検定では，値は 38 になる。自由度が 14 の χ^2 分布では，5% 点は 23.7 だから，帰無仮説は棄却される。他方，LM 検定では，$nR^2 = 21.8$ となり，自由度が 14 の χ^2 分布より，P 値は 8.3% と求まった。以上の結果から，残差系列に強い不均一性は見いだせないが，元の回帰式において，説明変数間の積の効果を検討した方が良いという結論を得る。不均一分散の診断検定として，回帰値の 2 乗を説明変数とする LM 検定では，

$$\widehat{u}^2 = 28.9(1.6) + 0.099(1.2)\widehat{y}^2$$

$R^2 = 0.046$，となった。t 統計量の P 値は 24% である。LM 統計量は，$nR^2 = 1.44$，となるから，自由度が 1 の χ^2 分布において P 値は 23% となり，有意にならない。

ハルケ=ベラの正規性検定は，0.47，P 値は 79% となり，正規分布という帰無仮説は棄却できない。

● 練習問題

1. 1971 年から 1995 年までの年次データを使い消費関数を推定した。C は消費，Y を所得，L を流動性資産，そして R をコールレートとする。最小 2 乗法による推定結果は次のようになった。括弧内は t 値である。

$$C = -14(-2.1) + 0.58(2.7)Y + 0.21(0.8)Y_{-1} + 0.18(3.2)L - 0.25(-0.42)R$$

決定係数 0.8，DW 値 1.7，さらに残差 2 乗和 270 とする。

1.1 推定結果について各係数の意味を論じ有意性を検討しなさい。
1.2 誤差項の系列相関を検定しなさい。
1.3 DW 値を用い，誤差項間の一次の自己相関係数を推定しなさい。
1.4 決定係数と RSS を用いて総変動和 TSS を求めなさい。
1.5 回帰式全体の有意性を検定しなさい。
1.6 自由度修正済み決定係数の値を求めなさい。

2. 被説明変数 y と説明変数 x に関するデータが次のように与えられているとする。$y = 2, 4, 6, x = 16, 10, 4$。また回帰式 $y_t = a + bx_t + u_t, t = 1, 2, 3$ の誤差項は一次の自己回帰 $u_t = 0.5u_{t-1} + \varepsilon_t$ に従っているとする。ε_t は期待値が 0，分散が σ^2 で一定，かつ互いに独立に分布すると仮定する。

2.1 コクラン＝オーカット法，(5.21) 式を用いて回帰式を推定しなさい。（自己回帰係数は既知である。定数項に注意すること。観測個数が 1 減るので，図によっても，係数を推定することができる。）

2.2 一般化最小 2 乗法により，一番目の観測値を含め推定しなさい。((5.21) 式と (5.25) 式を使う。定数項の処理に注意すること。)

3. 回帰式を $y_t = a + bx_t + u_t, t = 1, 2, 3$，説明変数 x_t は非確率変数，誤差項 u_t は互いに独立に分布しており，$E(u_t) = 0, V(u_1) = V(u_2) = 4, V(u_3) = 1$ であるとする。

3.1 y_t の標本平均の期待値と分散を求めなさい。(これは，期待値計算の問題である。)
3.2 データが $y_t = 2, 4, 6, x_t = 14, 10, 4$ とする。誤差項の分散が均一になるように回帰式を調整し，回帰係数を推定しなさい。((5.31) 式にそって，計算を進める。)
3.3 $a = 2b$ と分かっている場合，分散が均一になるように回帰式を調整して，推定しなさい。(制約を回帰式に入れ，(5.31) 式にそった調整をして，推定する。)
3.4 $a = 2b$ という制約を検定しなさい。(3.2 と 3.3 の推定結果から，残差変動和を求め，それを使って検定する。)

■コラム：最小 AIC（エーアイシー）基準■

　最小の AIC 値をもたらす回帰式を選択する，という回帰式選択の基準を言う。検定とは異なる考え方である。

　比較可能な複数の統計モデル間での一般的な選択基準で，赤池情報量基準（Akaike Information Criterion）の略称。赤池弘次氏が開発した。モデルの善し悪しを計る基準関数を

$$\text{AIC} = -2\ln(L) + 2k$$

と決めておき，各回帰式がもたらす AIC を比較し，最小 AIC をもたらすモデルを選択する。ただし，$\ln(L)$ は最大尤度の自然対数値であり，また各モデルが含む未知母数の数を k とする。有意性検定に依存しない一般的なモデルの選択法で，回帰式への応用は容易である。

　モデルによって尤度関数は異なってくるが，最尤推定法では尤度関数を最大にするように未知母数を推定する。このときもたらされる最大尤度の対数値から第 1 項が決まる。最尤推定法は第 1 項の最小値をもたらす。第 2 項はモデルの罰金で，モデルに含まれる未知母数の数の 2 倍である。母数を増やせば対数尤度は値を増し，第 1 項は減少する。しかし母数を増やせば推定の信頼度などを失うわけだから，第 2 項の罰金は増える。推定法にかかわらず最小 AIC をもたらすモデルが選択される。よく似ているが，シュワルツ基準（Schwarz's Criterion）は，

$$\text{AIC} = -2\ln(L) + k\ln(n)$$

となる。この基準では，罰金の計算法が多少異なる。

第 6 章

発展した分析法

　この章では，応用上，頻繁に使われるモデルを紹介する。第1は，回帰係数間に関係式をはめ込み，未知係数の数を減少させる分布ラグモデルである。第2は，被説明変数が2値しか取らない，二項選択モデルの推定である。アンケート調査の「はい」「いいえ」などの解答に1と2を当て，「はい」「いいえ」が，説明変数によって説明できるかどうか分析しようとする。一般的には，離散選択モデルという。第3は，被説明変数が正値しか取らないような場合の推定である。最後に，回帰式の個数が複数になる場合の推定を紹介する。第1はSURであり，第2は説明変数が他の式の被説明変数になる同時方程式の推定である。

6 発展した分析法

6–1 分布ラグモデル

多変数回帰において，ある説明変数が，過去の多期にわたって，徐々に被説明変数に影響するとしよう。過去の変数値は，ラグ値とよばれる。ラグとは，タイム・ラグ（時間の遅れ），を意味する。例えば消費関数において，同期の所得 x_t だけではなく，このとき過去の所得の列 $x_{t-1}, x_{t-2}, x_{t-3}, \cdots$ の総効果として，消費の変動が説明されるといった例が考えられよう。このとき過去の所得の列を，ラグ付き所得という。

一般的には他の説明変数，ならびそのラグ値が回帰式に含まれても良い。最も簡単なケースは，定数項以外の説明変数が 1 個の場合で，回帰式は

$$y_t = \alpha + \beta_0 x_t + \beta_1 x_{t-1} + \cdots + \beta_P x_{t-P} + \varepsilon_t \tag{6.1}$$

となる。x_t のラグ値が P 個使われている。このように，同じ変数の過去の時点の値を説明変数として含む回帰式を，分布ラグモデルと言う。分布ラグとは，数多くのラグ値という意味である。

この式は，定数項を含め，K が $P+2$ の場合の多変数回帰によって推定できる。後で見るように，係数推定値は不安定になり，次数 P を変化させると値が大きく変わったりする。この変化は，ラグ付き変数間のマルティコによって生じると理解されている。（例えば，x_t と x_{t-1} は，高い相関を持つことが多い。）

■平均ラグ

分布ラグを含む回帰式においては，説明変数 x が y に及ぼす総効果は，係数の総和

$$Q = \beta_0 + \beta_1 + \cdots + \beta_P$$

である。これは長期乗数あるいは均衡乗数と言われるが，ラグを無視した効果の集計である。係数の総和と違い，y_t と同期の x_t の係数 β_0 は，直接効果

になっている。**衝撃乗数**とも言われる。

　分布ラグでは，ラグ（時間差）の平均が計算される。**平均ラグ**と呼ばれる。係数の符号が同じであるとすると，個々の係数が総和に対して占める割合は，

$$\frac{1}{Q}\beta_0, \frac{1}{Q}\beta_1, \cdots, \frac{1}{Q}\beta_P$$

となる。総和は1である。この割合を重みとした，0からPまでのラグ（時間の遅れ）の加重平均が平均ラグで，

$$平均ラグ = \frac{1}{Q}(\beta_0 \times 0 + \beta_1 \times 1 + \cdots + \beta_P \times P)$$

と定義される。

　係数総和Qと平均ラグの両方が求まれば，x変数は平均ラグの1点においてQ分の影響を持つ，という直感的な解釈が可能になる。

例 6.1　138頁の例4.5の輸入関数は，

$$\widehat{IMR} = -6.0 + 1.3 GDPR - 0.20 P$$

$R^2 = 0.989, \overline{R}^2 = 0.989, DW = 0.66, RSS = 0.115$, 対数尤度$=40.18$，であった。ここで，対数価格に関して6次のラグを入れて，最小2乗推定法で推定した。推定結果は，

$$\widehat{IMR} = -3.6 + 1.1 GDPR + 0.21 P - 0.31 P_{-1} - 0.12 P_{-2}$$
$$- 0.20 P_{-3} + 0.11 P_{-4} - 0.08 P_{-5} - 0.18 P_{-6}$$

$R^2 = 0.995, \overline{R}^2 = 0.993, DW = 1.1, RSS = 0.470$, 対数尤度$=60.344$，となった。7個のラグ係数が不安定な変化を示すことが理解できよう。**図6-1**では，ラグ係数の変化の様子を示す。平均ラグは3.84，その標準誤差は1.258，t値は3.1となった。（ラグ係数の符号が変わるから，加重平均により平均ラグを求めることは，解釈に多少難がある。）平均ラグが0である，という帰無仮説は棄却される。また，価格係数の和は-0.56，標準誤差0.065，t値-8.5であり，係数の変化は不安定であるが，価格係数の総和が0である，という帰無仮説は棄却される。（平均ラグの標準誤差などの計算は，ソフトに依存している。）平均ラグと，係数和に関する検定から，価格は，平均4期ラグで，総効果は-0.6とまとめられる。

6 発展した分析法

図6-1 ラグ係数の変化

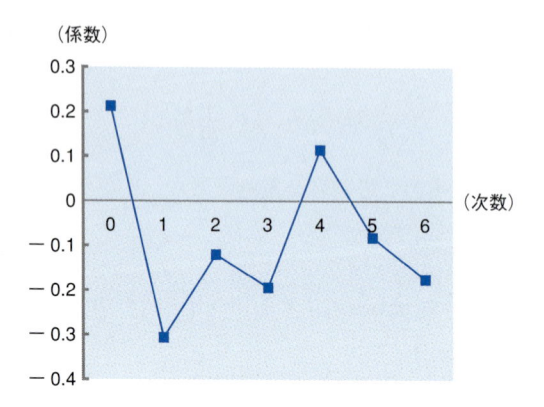

■コイック分布ラグ

　分布ラグ式の推定は，ラグ付き変数間のマルティコのために，推定された係数値が不安定な効果を示す。例えば，正の係数値と負の係数値が混ざり合ったりする。このような問題を避けるために考えられたモデルの一つが，コイック（Koyck）分布ラグである。回帰式は

$$y_t = \alpha + \beta_0 x_t + \beta_0 \lambda x_{t-1} + \beta_0 \lambda^2 x_{t-2} + \cdots + \varepsilon_t \tag{6.2}$$

$$= \alpha + \beta_0 \sum_{i=0}^{\infty} \lambda^i x_{t-i} + \varepsilon_t \qquad |\lambda| < 1 \tag{6.3}$$

と，定義される (λ; ラムダ)。このモデルでは，時点 t からの間隔が離れれば，係数の絶対値が減少するように，係数が設定されている。時間が離れれば離れるほど，影響が小さくなるわけで，これは直感に合う。しかし，ラグ時点が負の無限大にまで遡るという問題が残る。

■コイック変換

　(6.2) 式は簡潔に表現することができる。$t-1$ 期では (6.2) 式は，

$$y_{t-1} = \alpha + \beta_0 x_{t-1} + \beta_0 \lambda x_{t-2} + \beta_0 \lambda^2 x_{t-3} + \cdots + \varepsilon_{t-1} \tag{6.4}$$

となるから，(6.2) 式から (6.4) 式の λ 倍を引けば，変換された式は，

$$y_t = \lambda y_{t-1} + \alpha' + \beta_0 x_t + \varepsilon_t - \lambda \varepsilon_{t-1} \tag{6.5}$$

となる。回帰式は非常に簡潔になる。しかし，誤差項 ($\varepsilon_t - \lambda \varepsilon_{t-1}$) が，標準の設定と違う。

最小 2 乗法は望ましい推定法にはならず，推定は難しい。その理由は，y_{t-1} と ε_{t-1} の係数が同じであり，また誤差項が，平均 0，分散一定，かつ互いに独立に分布するという標準条件を満たさないからである。詳細は，数学補論 6.1 を参照せよ。

例 6.2 * 138 頁の例 4.5 の輸入関数は，最小 2 乗法で推定された。この式を，コイック分布ラグを用いて再度推定する。(6.5) 式の変換により，輸入関数は

$$\widehat{IMR} = \lambda IMR_{-1} + \alpha' + \beta \lambda GDPR - \beta \lambda GDPR_{-1} + \delta P + \varepsilon - \lambda \varepsilon_{-1} \quad (*)$$

となる。ここで，ε は，標準的な条件を満たす誤差項であることに注意しよう。誤差項が，一次の移動平均過程に従う回帰式になっている。したがって，TSP のような移動平均過程のコマンドを含むソフトにより，推定が可能である。(TSP のようなコマンドがない場合は，推定はできない。) 制約を無視した推定結果は，

$$\widehat{IMR} = 0.97 IMR_{-1} + 0.12 + 1.57 GDPR$$
$$- 1.56 GDPR_{-1} - 0.12 P + \varepsilon - 0.97 \varepsilon_{-1}$$

$R^2 = 0.997, \overline{R}^2 = 0.997, DW = 1.5, RSS = 0.118$, 対数尤度 $= 69.9$，となった。

この移動平均誤差項を持つ回帰式の推定結果より，残差 $\hat{\varepsilon}$ が求まる。($\hat{\varepsilon}$ の 2 乗和が，先の RSS である。) そこで，この $\hat{\varepsilon}$ をあたかも既知の変数であると理解して，変換された (*) 式に代入する。制約が課せられた式の未知係数は，α'，β，δ，λ である。右辺に含まれる変数は，IMR_{-1}，$GDPR$，$GDPR_{-1}$，P，$\hat{\varepsilon}$，$\hat{\varepsilon}_{-1}$ と，定数項の 7 個である。非線形最小 2 乗法では，4 係数，α'，β，δ，λ について最小化を行う。この計算も，既存の回帰計算用ソフトに含まれなければ，不可能である。推定結果は，

$$\widehat{IMR} = 0.85 IMR_{-1} - 0.4 + 1.0(GDPR - 0.85 GDPR_{-1})$$
$$- 0.12 P + \hat{\varepsilon} - 0.85 \hat{\varepsilon}_{-1}$$

となった。元の式の決定係数がほぼ 1 であるから，推定結果は改善されていない。また，正確な RSS などを求めるためには，$\hat{\varepsilon}$ を再推定するなどの，一層の工夫が必要である。

図6–2 コイック分布ラグ ($\lambda = 0.7$)

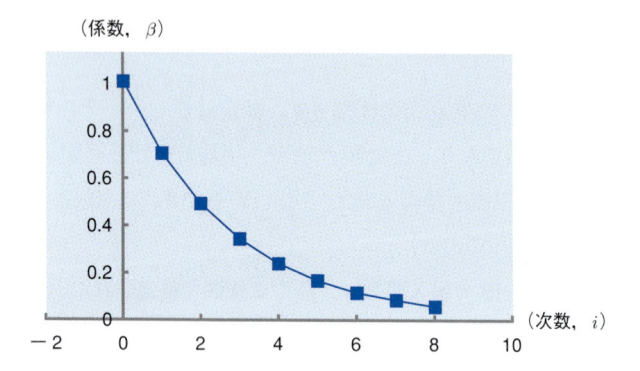

■アーモン分布ラグ

コイック分布ラグでは，ラグ係数は λ の累乗に比例すると定式化された。そしてラグ係数 β_i を図示してみると，**図6–2** のように係数値は減衰する。このような減衰するラグ係数は，場合によっては不都合な事がある。というのは，多少の時間的な遅れの後に x 変数の効果は最大になり，それ以上時間が離れれば，効果は減少するような例に出会うからである。

図6–3 では，一期のラグ係数が最大になる。コイック分布ラグでは，ラグ係数が**図6–3**で示した形状を持つことは不可能であるが，アーモン（Almon）分布ラグでは可能になる。

アーモン分布ラグでは，ラグ係数 β_i を，i に関する多項式

$$\beta_i = \gamma_0 + \gamma_1 i + \gamma_2 i^2 + \gamma_3 i^3 + \cdots + \gamma_q i^q \tag{6.6}$$

によって，定義する。この多項式において，係数 γ は全て未知である。多項式の次数 q も，未知である。しかし，係数 γ と次数 q が与えられれば，β_i はすべての i について，変数 i によって値が決まる。また，全ての β_i は，(6.6) 式が定める一つの多項式上に乗っていることが分かる。この式は，$i=0$ なら，

$$\beta_0 = \gamma_0$$

$i=1$ なら，

$$\beta_1 = \gamma_0 + \gamma_1 + \gamma_2 + \gamma_3 + \cdots + \gamma_q$$

図 6–3　アーモンラグ係数 $\beta(0)$ から $\beta(4)$ (ただし次数 $q = 2$)

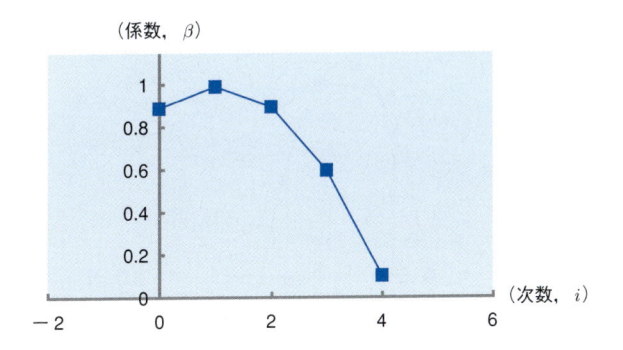

などとなる。多項式を (6.1) 式に代入すると，

$$y_t = \alpha + \gamma_0 x_t + (\gamma_0 + \gamma_1 + \gamma_2 + \gamma_3 + \cdots + \gamma_q)x_{t-1}$$
$$+ \cdots + (\gamma_0 + \gamma_1 P + \gamma_2 P^2 + \gamma_3 P^3 + \cdots + \gamma_q P^q)x_{t-P} + \varepsilon_t$$

と書ける。この式を，γ 係数に関して整理すると，

$$y_t = \alpha + (x_t + x_{t-1} + \cdots + x_{t-P})\gamma_0 \tag{6.7}$$
$$+ (x_{t-1} + 2x_{t-2} + \cdots + Px_{t-P})\gamma_1$$
$$+ \cdots + (x_{t-1} + 2^q x_{t-2} + \cdots + P^q x_{t-P})\gamma_q + \varepsilon_t \tag{6.8}$$

となる。この式を推定する。実際，括弧内の x 変数の和などを別途計算すれば，この式は線形回帰式だから，定数項ならびに $q+1$ 個の γ 係数を，最小2乗法によって推定することができる。

　回帰式の未知係数 β は，$P+2$ 個あることに注意しよう。係数 γ が推定できれば，(6.6) 式を使って，係数 β が推定できる。(6.6) 式は多項式であるから，元の係数 β_i は，多項式が描く関数上の値を取る。

　図 6–3 は二次式であるから，i が負のとき，また i が 5 以上の正値を取るときの多項式の値は，容易に想像することができる。

6 発展した分析法

> 図 6-4　アーモンラグ係数 $\beta(-2)$ から $\beta(4)$ (次数 $q = 2$, 最近点制約 near = 0)

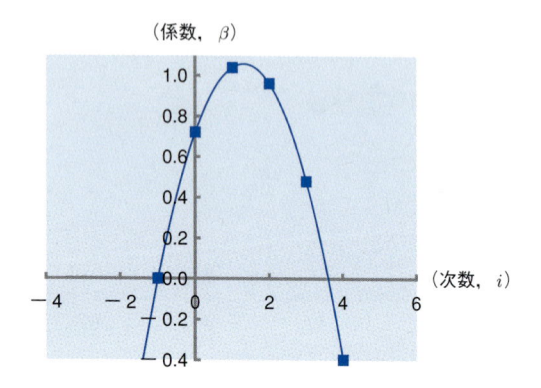

■ アーモン分布ラグの制約

推定に先立って，ラグ次数 P と，多項式の次数 q を決めないといけない。また，

1. q は P より小とする。

この制約により，推定する係数の数を節約することができる。$q = P$ ならば，制約のない最小 2 乗推定と，推定結果は変わらない。$q > P$ だと，もともと $P+1$ 個の変数を，それより多い $q+1$ 個に変換するのであるから，完全なマルティコが発生して，推定が不可能になる。

単に q を定めるだけでなく，多項式の形状を決めるため，次の **2.** と **3.** のような端点制約を課すことが多い。

2. ラグ係数を，$i = -1$ において 0 にする (最近点制約，$\beta_{-1} = \beta(-1) = 0$)

3. ラグ係数を，$i = P+1$ において 0 にする (最遠点制約，$\beta_{P+1} = \beta(P+1) = 0$)

最近点制約は，**図 6-4** で示されるが，$i = 0$ で，始めて係数が正値を取り，それ以後係数が滑らかな曲線を描くことが念頭に置かれている。最遠点制約は，$P+1$ 次のラグ係数が 0 になるとする。意味は明らかだろう。

■ アーモン分布ラグの推定

(6.1) 式の各係数に (6.6) 式を代入し，各 γ 係数で整理すると，回帰式は，(6.7) 式のように，定数項と，$q+1$ 個の合成変数が含まれる式に変換される。この変換された式を，最小 2 乗法で推定する。

端点制約がある場合は，次頁で示す (6.9) 式と (6.10) 式を，$q+1$ 個の係数に関する制約式として，回帰式を推定する。これは，係数に線形制約が課せられた場合の推定となる。制約付き最小 2 乗法と言われる。

計量分析用の計算ソフトが利用可能な場合は，推定は簡単である。

例 6.3 例 4.5 の輸入関数を，アーモン分布ラグを用いて推定し直してみる。$q=3$ の 3 次多項式を使うが，制約なしの推定結果は

$$\widehat{IMR} = -3.5 + 1.1(32)GDPR + 0.15(2.5)P$$
$$- 0.19(-5.4)P_{-1} - 0.23(-5.8)P_{-2} - 0.11(-4.6)P_{-3}$$
$$+ 0.02(0.5)P_{-4} + 0.03(0.7)P_{-5} - 0.24(-3.8)P_{-6}$$

$R^2 = 0.994, \overline{R}^2 = 0.994, DW = 1.1, RSS = 0.1185$，対数尤度 $= 59.7$，となった。同期の係数推定値が 0.15 だが，係数値は負から正に変化する。平均ラグは 3.9，その t 値は 3.4 となり有意である。ラグ係数和は -0.57 で，その t 値は -9.2 だから，負の効果は有意である。総じて有意な負の効果が見られるわけで，もっともな推定結果になっている。

最遠点で，0 制約を入れると，推定結果は次のようになった。

$$\widehat{IMR} = -3.8 + 1.1(29)GDPR + 0.03(0.5)P$$
$$- 0.08(-3.6)P_{-1} - 0.13(-3.9)P_{-2} - 0.14(-5.0)P_{-3}$$
$$- 0.11(-6.0)P_{-4} - 0.07(-2.6)P_{-5} - 0.03(-1.0)P_{-6}$$

$R^2 = 0.992, \overline{R}^2 = 0.991, DW = 0.99, RSS = 0.1646$，対数尤度 $= 53.1$，となった。同期の係数推定値が 0.03 だが，全体として負の価格効果が示されており，また係数値の変化も滑らかで，納得のいく結果になる。この点が，端点制約がない推定結果と異なる。平均ラグは 3.2，その t 値は 2.6 となり有意である。ラグ係数和は -0.53 で，その t 値は -7.5 となるから，負の効果は有意である。もっともな推定結果になっている。

6　発展した分析法

■制約の検定

　2つの端点制約は，いずれも推定に強い影響を持つ。最近点制約を置けば，β_0 は，0に近い値を取るであろう。また最遠点制約を置けば，β_P は0に近い値を取るであろう。もちろん両制約を同時に課すことも可能である。この両制約を共に使う際は，ラグ係数は両端で0になるため，係数推定結果の解釈は容易であると考えられている。係数の値は最初は小，徐々に強くなり，また徐々に減少し，$P+1$ で消滅する。

　最近点制約は (6.6) 式の i に -1 を代入して，

$$\beta_{-1} = \gamma_0 - \gamma_1 + \gamma_2 - \gamma_3 + \cdots + \gamma_q(-1)^q = 0 \quad (6.9)$$

となる。最遠点制約は，i に $(P+1)$ を代入して，

$$\beta_{P+1} = \gamma_0 + \gamma_1(P+1) + \gamma_2(P+1)^2 + \cdots + \gamma_q(P+1)^q = 0 \quad (6.10)$$

となる。両式から，2つの制約は，$q+1$ 個の γ 係数に課せられた線形制約であることが理解できよう。

　端点制約には以下のような問題があることが知られている。まず，このような制約は，制約がない場合と比べてかなり異なる推定結果をもたらす。さらに，制約を課しても，$i = -2$ では，係数は0にならず，同じく，$i = P+2$ では，係数は0にならない。

　第1の問題は，制約を入れる推定と，入れない推定の残差変動を使って，F 検定によって妥当性を調べることができる。$RSS(H_0)$ を，端点制約が付いた回帰式の残差変動，$RSS(H_a)$ を，端点制約がない回帰式の残差変動とする。両端制約の場合であれば，制約数が2だから，検定統計量は

$$f = \frac{(n-P) - (q+1+K)}{2} \frac{RSS(H_0) - RSS(H_a)}{RSS(H_a)} \quad (6.11)$$

となる。分母の自由度を説明すると，$(n-P)$ が元の観測個数からラグ数を引いた値である。ラグ次数を P とすれば，推定期間は $P+1$ から n までになることに注意しよう。$q+1$ は，アーモン分布ラグに含まれる未知係数の数，K は，定数項を含むラグ変数以外の説明変数の個数である。また，端点制約が一個の場合は，制約は1で，分子の自由度は1になる。

例 6.4 例 6.3 を続けて分析する。アーモン分布ラグは，係数に制約を課すから，その制約について検定をしてみる必要がある。検定の方向は，RSS が小さいものから，大きなものへ，順に比べていく。

1. RSS は，全く制約のない最小 2 乗推定が最小値をもたらす。この RSS は，0.1146，であった。自由度は，観測個数が 46，ラグ次数が 6，回帰変数が 9，だから，$46-6-9=31$，となる。（説明変数に $GDPR$ が加わっていることに注意しよう。）

2. 次に端点制約のない三次のアーモン分布ラグを推定すると，その RSS は 0.1185 であった。制約なしの回帰と，このアーモン分布ラグ式の推定を比べると，アーモン分布ラグ式では 4 個の γ 係数を推定する。他方，制約なしの回帰では，7 個のラグ係数を推定するから，アーモン分布ラグは，3 制約を課していることになる。したがって，F 検定では

$$f = \frac{46-6-9}{3}\frac{0.1185-0.1146}{0.1146} = 0.35$$

となり，これは自由度が 3, 31 の F 分布において有意にはならない。したがって，端点制約のないアーモン分布ラグ式は，棄却できない。

3. 次に，端点制約が含まれた，アーモン分布ラグ式と，端点制約のないアーモン式を比較しよう。端点制約のないアーモン式の RSS は 0.1185，その自由度は $46-6-6$，となる。（ラグが 6 期，推定する係数の数は，4 個の γ 係数の他に，2 個ある。）端点制約は 1 個だから，

$$f = \frac{46-6-6}{1}\frac{0.1646-0.1185}{0.1185} = 13.2$$

となる。この値は，自由度が，1, 34 の F 分布において明らかに有意であり，端点制約は棄却される。

4. 結果として，端点制約がないアーモン分布ラグ推定を使う。

6–2 離散選択

多変数回帰において，既に述べたが，ダミー変数が，説明変数として使われることがある。この節では，被説明変数 y_i が，ダミー変数のように，0 と

6 発展した分析法

1の2値しかとらない場合の推定法を,説明しよう。

家の所有状況,所得,年齢,勤続年数のような個人情報からなるデータを,**個票データ**とよぶ。ダミー被説明変数を伴う推定は,個票データを分析する際に必要となる。

例としては,給与所得者が家を所有しているか否か,といった調査データの統計分析が考えられる。被説明変数 y_i は,「持つ」「持たない」の2値しかとらない。説明変数としては,所得や勤続年数など,様々な要因が考えられる。所得が高ければ,家を持つであろう。勤続年数が長ければ,やはり家をもつ可能性が高い。年令,家族構成,教育歴も,データがあれば説明変数に加えられる。

被説明変数 y_i は,2値しか取らないから,**二項確率変数**である。家を持てば y_i は 1,持たなければ y_i は 0 としよう。1 を取る確率を p_i とすれば,確率関数は,

$$P(y_i = 1) = p_i, P(y_i = 0) = 1 - p_i (= q_i)$$

となる。y_i の回帰式を

$$y_i = p_i + \varepsilon_i \tag{6.12}$$

と定義する。誤差項 ε_i の性質については,数学補論 6.2 を,参照されたい。

■ プロビットとロジットモデル

(6.12) 式において,所得や勤続年数などの諸変数が影響を及ぼすのは,被説明変数が 1 を取る確率,p_i である。一般的には,

$$p_i = f(\text{所得}_i, \text{勤続年数}_i, \text{年齢}_i)$$

といった関数が想定される。その最も単純な関数は,線形式である。

関数 $f(\cdot)$ を,所得や勤続年数の線形関数

$$f_i = \beta_1 x_{1i} + \beta_2 x_{2i} + \cdots + \beta_K x_{Ki}$$

と定義した場合,回帰式を**線形確率モデル**とよぶ。ところが,平面上の直線からも明らかなように,線形式は 0 を下限,1 を上限としない。したがって,線形確率モデルでは,p_i が 0 と 1 に入る保証がない。

線型確率のこのような欠陥を除くために提案されたのが，プロビット（Probit）モデルとロジット（Logit）モデルである。これらのモデルでは，f_i は，i 番目の人の諸特性が示す，選択1に対する好みの強さである。そして，プロビットモデルは

$$p_i = \int_{-\infty}^{f_i} \frac{1}{\sqrt{2\pi}} \exp\left(-\frac{1}{2}t^2\right) dt$$

と定義される。これは標準正規分布関数を用いており，積分の上限に説明変数の線型関数 f_i が入る。1に対する好みの強さである f_i が，大きな値を取れば，p_i は1に近くなる。f_i が大きな負の値を取れば，p_i は0に近い値を取る。分布関数の性質により，p_i は負の値は取らず，1を越えることもない。

ロジットモデルは指数関数を用いて

$$p_i = \frac{\exp(f_i)}{1 + \exp(f_i)}$$

と定義される。この右辺はやはり分布関数であり，形は正規分布に似ている。f_i が大きな正値を取れば1に近い値を取り，大きな負値を取れば0に近い値を取る。

プロビットとロジットモデルは最尤推定法によって推定される。y_i は二項確率変数だから，尤度関数は

$$L = \prod_{i=1}^{n} (p_i)^{y_i}(1-p_i)^{1-y_i}$$

となる。（y_i は，n 個の独立な二項確率変数である。ギリシャ文字パイ Π は，積を意味する。$\prod_{i=1}^{n} f(y_i) = f(y_1) \times f(y_2) \times \cdots \times f(y_n)$）対数尤度は

$$\ln(L) = \sum_{i=1}^{n} \{y_i \ln(p_i) + (1-y_i)\ln(1-p_i)\}$$

となる（ln は，自然対数を意味する）。未知回帰係数 $\beta_1, \beta_2, \cdots, \beta_K$ は，対数尤度関数の最大化によって推定されるが，この計算は非線形関数の最大化を含むので，容易でない。

6 発展した分析法

■多項選択モデル

ロジットモデルを，選択対象が3以上の場合に一般化する。通勤方法の例では，選択対象が乗用車，バス，電車と3種あるとし，各通勤手段に応じて，離散変数 y_i は，1，2，3のいずれかの値をとるとする。y_i の確率関数を，

$$P(y_i = 1) = p_{i1}, P(y_i = 2) = p_{i2}, P(y_i = 3) = p_{i3},$$

としよう。3個の確率の和は1である。これらの確率は，様々な経済変数の関数であると理解し，先のロジットモデルを拡張する。例えば，三項ロジットモデルは，i 番目の人の選択 $j = 1, 2, 3$ に対する好みの強さを

$$f_{ij} = \alpha_j + \beta_j x_i + \gamma z_{ji}$$

として，

$$p_{ij} = \frac{\exp(f_{ij})}{\exp(f_{i1}) + \exp(f_{i2}) + \exp(f_{i3})}$$

と定義する。x 変数は，所得などのように個人に個有の情報を示す変数で，特定の選択と結びつかない。**多項変数**とよばれる。z 変数は，バス賃や電車代などのように，特定の選択と結びついた変数で，**条件変数**とよばれる。多項変数は，選択によってその効果が異なるから，係数が選択に依存して変化する。他方，条件変数は，選択により変数値が異なるが，係数は共通であるとする。

分母および分子を，分母の第1項で割ると，指数関数の性質により，$j = 1, 2, 3$ について

$$p_{ij} = \frac{\exp(f_{ij} - f_{i1})}{1 + \exp(f_{i2} - f_{i1}) + \exp(f_{i3} - f_{i1})}$$

となる。ここで，好みの強さの差 $f_{i2} - f_{i1}$ は，回帰式

$$f_{i2} - f_{i1} = \alpha_2 - \alpha_1 + (\beta_2 - \beta_1)x_i + \gamma(z_{2i} - z_{1i})$$

となる。多項変数の係数は，選択1の係数との差だけが意味を持つ。条件変数については，係数は共通だが，変数値の差が選択確率に影響を及ぼす。選択1では，x_i 変数の係数は0となる。条件変数の差も0となる。

二項選択であれば，$j = 1, 2$ について

$$p_{ij} = \frac{\exp(f_{ij} - f_{i1})}{1 + \exp(f_{i2} - f_{i1})}$$

となる。このような表現を基にして、プログラムに組まれている場合は、条件変数を宣言する必要は生じない。回帰式は 1 個だけだから、定数, x_i, $z_{2i} - z_{1i}$ を多項変数と扱えば良い。

■検定およびフィット

各係数の有意性は、近似的な t 統計量によって検定する。また、ある変数を含むモデル (H_a) と含まないモデル (H_0) を最尤推定し、(5.29) 式によって、尤度比検定を行うこともできる。

検定の対象となる係数が m 個なら、帰無分布は自由度が m の χ^2 分布である。t 検定は、分母の評価が近似計算によるため、尤度比検定の方が信頼できる。

フィットの尺度としては決定係数 R^2 が使われる。離散選択では、被説明変数は、整数値を取る。回帰値は確率の推定値になる。

フィットの尺度として、正解率が使われることもある。これは、二項選択の場合なら、予測値が 0.5 を越えれば 1, 0.5 以下なら 0, が予測されていると理解し、被説明変数と予測値が一致すれば正解、一致しなければ誤りと判断する。正解の割合が正解率である。正解率は、直感的な理解が容易である。正解率は、単純予測による正解率と比較する。後者は、観測確率により、全ての予測を行って得られる正解率を言う。

例 6.5 ある企業の通勤モード調査に関して、推定を行った。通勤形態として乗用車を使うかバスを使うかという簡単な調査であるが、選択を説明する要因として、各通勤形態の費用と、ボーナスを除く月々の平均所得を示した。データの一部は表 6–1 に示す。所得は多項変数である。通勤費用は条件変数だが、費用差を所得と同じように多項変数として推定する。ロジット推定の結果は、$y = 0$ をバス、$y = 1$ を乗用車とし、定数項、所得 $income$, 費用差 dif を説明変数として

$$\hat{y} = -1.1 - 0.010(-0.99)dif + 0.0020(1.6)income$$

となった。所得が高ければ乗用車を使い、費用の差が大であればバスを使うと予想されるが、t 値は有意にならなかった。P 値は 0.32 と、0.11 である。ただし、非線形モデルの最尤推定では、t 値は近似的な計算法で求められていることに注意しよう。

6 発展した分析法

表 6-1 通勤モードのデータ

番 号		所 得	車費用	バス費用	費用差	番 号		所 得	車費用	バス費用	費用差
1	0	517	82	22	60	16	1	377	36	5	31
2	0	361	39	27	12	17	1	260	2	26	−24
3	0	481	2	−3	5	18	0	202	29	21	7
4	0	259	46	15	31	19	0	900	33	29	4
5	1	650	54	16	37	20	1	508	32	25	8
6	1	564	17	38	−20	21	0	301	19	35	−16
7	0	207	37	2	35	22	0	452	52	25	27
8	1	389	7	17	9	23	0	180	24	14	9
9	0	30	26	20	−6	24	0	420	57	16	41
10	0	95	36	24	12	25	1	356	51	29	23
11	1	233	20	14	5	26	0	651	25	15	9
12	1	474	20	33	−13	27	1	294	39	17	22
13	0	448	37	16	21	28	0	373	23	32	−8
14	0	598	29	4	25	29	1	304	22	17	5
15	0	453	28	16	13	30	0	294	21	21	0

0−バス，1−車選択を意味する．単位は千円，車費用は，条件変数．

対数尤度は -64.54，R^2 は 0.04，正解率は 63% だった．

各説明変数の P 値を，尤度比検定により求めるために，費用差を除いた二項選択式を推定すると，

$$\hat{y} = -1.2 + 0.002(1.6) income$$

対数尤度は -65.04，となった．費用差についての対数尤度比は，

$$Q = -2(-65.04 + 64.54) = 1.0$$

となり，自由度が 1 の χ^2 分布から P 値を求めると，ほぼ 0.32 であった．有意でない．また，t 検定から求まる P 値は，正確であることが分かる．

線形回帰での，説明変数全体に対する F 検定のように，モデルの妥当性を検定するには，定数項だけを右辺に含むロジット推定をし，対数尤度を求めれば良い．このデータについては，-66.41，となる．したがって，所得と費用差の両変数の尤度比検定は

$$Q = -2(-66.41 + 64.54) = 3.7$$

となる。自由度が 2 の χ^2 分布から P 値を求めると，ほぼ 0.16 であった。したがって，データが不十分なこともあり，このロジットモデルは，有意にならない。

定数項しか含まないロジットモデルから推定される確率は，観測確率に等しくなる。このデータでは，0.38。したがって，単純予測値は，全観測値について 0 である。100 個の観測値の内，62 個は 0 であるので，この単純予測法の正解率は 62% となる。ロジット推定の正解率は 63% だから，モデルが優れているとは言えない。

例 6.6 二項選択モデルは，各説明変数に関する非線形なモデルであるから，各変数が与える選択確率への効果は，係数値だけからは理解しにくい。そこで，各説明変数が及ぼす効果を，偏微分

$$\frac{\partial p_{ij}}{\partial x_i} \qquad j = 0, 1$$

によって，表現する。この偏微分は観測個数に等しいだけあるので，簡便な値として，平均 $\bar{x}$ において評価する。この例では，費用差に関しては，

$$\frac{\partial p_0}{\partial dif} = 0.0022, \quad \frac{\partial p_1}{\partial dif} = -0.0022$$

所得に関しては，

$$\frac{\partial p_0}{\partial income} = -0.00045, \quad \frac{\partial p_1}{\partial income} = 0.00045$$

となった。費用差は p_0 に正の効果，p_1 に負の効果を持ち，逆に所得は p_0 に負の効果，p_1 に正の効果を持つことが分かる。つまり，費用差が大きければバスが選ばれ，所得が高くなれば車が選ばれる。

同じ式をプロビットで推定すると，

$$\widehat{y} = -.68 - 0.0061(-1.0)dif + 0.0012(1.6)income$$

となった。推定結果は，ロジットと直接比較することはできない。しかし，偏微分は，費用差に関しては，

$$\frac{\partial p_0}{\partial dif} = 0.0023, \quad \frac{\partial p_1}{\partial dif} = -0.0023$$

所得に関しては，

$$\frac{\partial p_0}{\partial income} = -0.00046, \quad \frac{\partial p_1}{\partial income} = 0.00046$$

となった。ロジットとの違いはほとんど見られない。

6–3 分布に制約がある回帰

■ 切 断 回 帰

多変数回帰式を

$$y_i = f_i + \varepsilon_i, \quad f_i = \alpha + \beta x_i$$

と簡略に表そう。標準の回帰では，誤差項 ε_i は互いに独立に分布し，平均は 0，分散は σ^2 と仮定する。この標準仮定では，誤差項の分布範囲は，負の無限大から正の無限大までとなる。したがって，被説明変数 y_i の分布範囲も，f_i の値にかかわらず負の無限大から正の無限大になる。

もし y_i が正値しか取らないなら，同じことは右辺についても言え，

$$f_i + \varepsilon_i > 0$$

とならないといけない。したがって，誤差項の分布範囲は

$$\varepsilon_i > -f_i$$

を満たさないといけない。不等式が満たされないと，y_i は負値を取りうる。誤差項の分布範囲が不等式で制約されている場合，分布に切断があると言う。

誤差項の分布が，このように $-f_i$ で切断されているなら，その期待値も 0 になりえない。このことは，分布が 0 の左右で，対象にならないことからも明らかである。

誤差項 ε_i が正規分布に従うとすると，分布範囲は $-f_i$ 以上となるから，富士山型の分布型は，$-f_i$ で切れた形になる。それゆえに，回帰推定は，切断回帰 (truncated regression) とよばれる。分布が切れただけでは，分布全体の面積が 1 にならないので，面積を 1 にするための調整が必要となる。

誤差項の分布は正規分布を基にすることが多いが，分布が切れているので，切断正規分布 (truncated normal distribution) とよぶ。切断部分の調整をしない最小 2 乗推定量は，バイアス（偏り）を持つ。

■ トービット1回帰

前項では,所得は正であるから分布が切断されると考えた。また,切断された部分については全く情報がないとされている。しかしデータによっては,切断部についての情報がもたらされる。

女性に関する就業調査を例としよう。女性労働者が受け取る賃金 w を考えると,賃金は正の値しか取らないから,切断回帰が適切であるように思える。しかし多くの女性は就業しておらず,就業していない女性については,w は 0 と観測される。もちろん,子供の年齢など,他の特性も観測できるとする。切断回帰との違いは,切断点に位置する選択が観測され,その選択をもたらす要因も,情報として得られることである。このように,切断点の情報を組み込む推定法を,**トービット**(Tobit)**1回帰**という。**センサー** (censored) **回帰**と呼ばれることもある。

トービット1回帰では,就業している女性の情報だけでなく,就業していない女性が持つ特性が,推定に利用される。もし100人の観測対象の内30人が就業していないなら,この30人の情報を推定に利用する。このような分布情報を考慮したのが,トービット1回帰である。

最小2乗推定はバイアス(偏り)を持つ。トービット1回帰は,**最尤推定法**とよばれる方法により推定される。推定結果は,係数 α, β と,誤差項の分散 σ^2 である。

トービット1回帰では,$-f_i$ 以上では,誤差項の密度関数は平均 0,分散 σ^2 の正規密度の形状を維持する。しかし,$-f_i$ 以下の切断された領域の確率は,切断点の離散確率

$$P(y_i = 0) = P(\varepsilon_i \leqq -f_i)$$

である。プロビット法では,両辺を σ で割り

$$P\left(\frac{1}{\sigma}\varepsilon_i \leqq -\left(\frac{1}{\sigma}\alpha + \frac{1}{\sigma}\beta x_i\right)\right)$$

と標準化するから,プロビットは

6 発展した分析法

図 6-5 トービット 1 回帰 (f_i/σ を -1 として)

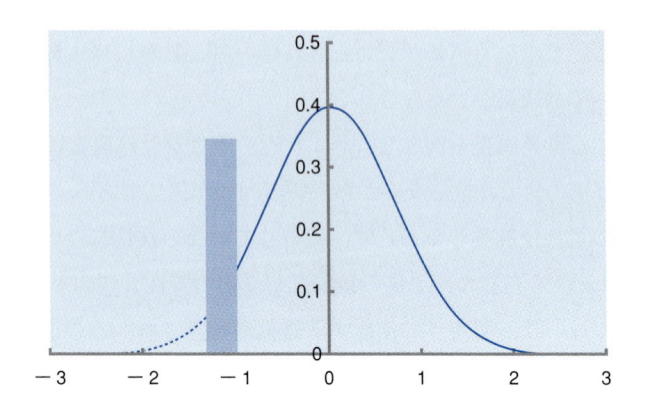

$$p_i = \int_{-\infty}^{f_i/\sigma} \frac{1}{\sqrt{2\pi}} \exp\left(-\frac{1}{2}t^2\right) dt$$

という関数になる．この関数型からも分かるように，プロビットでは，標準化された回帰係数が意味を持ち，他方，回帰部分では，標準化しない α と β の推定が意味を持つ．したがって，σ が重要である．最尤推定では，回帰部分と，離散部分が併せて計算される．両部分の係数が共通であることに注意．

例 6.7 100 名の女性についての，賃金，教育歴，職歴，年齢，子供の数についてのデータを，最小 2 乗法，切断回帰，トービット 1 回帰法で分析する．データの一部は**表 6-2** に与えられている．まず，就業している女性 43 人のデータを用い，最小 2 乗推定を行うと，賃金式は

$$\widehat{wage} = 129(4.4) + 13(2.4)edu + 17(6.1)workyear - 1.7(-0.4)age$$

となった．また，$\hat{\sigma} = 58, R^2 = 0.51, RSS = 130007$,対数尤度 $= -233.3$ であった．この推定結果では，教育歴及び職歴が賃金に正の効果を示す．年齢の係数は負になる．既に述べたように，この推定結果はバイアスを持つことが知られている．

切断点のデータを無視した，切断回帰推定では，

$$\widehat{wage} = 128(3.3) + 13(2.2)edu + 18(5.1)workyear - 1.8(-0.8)age$$

となった．また，$\hat{\sigma} = 55, R^2 = 0.52, RSS = 129421$,対数尤度 $= -233.2$ であった．この結果は，上の最小 2 乗法とほとんど変わらない．切断回帰と，正のデータだけを

表 6-2 女性就業調査

番号	教育	職歴	子供数	年齢	実賃金	番号	教育	職歴	子供数	年齢	実賃金
1	4	8	3	20	0	16	0	2	1	15	0
2	4	2	1	15	0	17	4	4	3	20	0
3	4	4	0	5	0	18	2	2	0	10	87.2
4	0	6	0	5	0	19	0	0	1	10	123.6
5	0	8	1	15	0	20	4	2	0	5	148.1
6	4	4	0	10	0	21	2	8	2	15	180.2
7	0	4	2	15	0	22	2	2	0	10	230.0
8	0	2	2	20	0	23	0	4	1	15	233.5
9	4	0	3	20	0	24	4	4	1	10	239.8
10	4	10	0	10	0	25	4	2	2	15	240.6
11	2	2	0	5	0	26	4	2	2	15	259.0
12	4	4	1	10	0	27	4	4	3	20	267.4
13	2	2	1	15	0	28	0	8	1	15	318.8
14	4	2	3	20	0	29	2	8	2	20	323.3
15	0	2	0	10	0	30	4	8	1	10	339.3

教育歴は高卒後の在学年数を示す。職歴が 10 年を超えるケースは除いた。年齢も 18 を超える年数とした。データは縦にそろえて，読み込む。

使った最小 2 乗推定は，良く似た結果をもたらす。

次に，就業していない女性の賃金を 0 として，全データに最小 2 乗法を応用した。推定結果は次のようになった。

$$\widehat{wage} = 82(2.3) - 2.1(-0.3)edu + 15(4.2)workyear - 4.5(-2.0)age$$

$\hat{\sigma} = 112, R^2 = 0.20, RSS = 1221654$, 対数尤度 $= -612.4$ であった。有意ではないが教育効果が負になる。それだけではなく，この推定結果は，先の 2 推定と大きく異なっている。100 個の観測値の内 57 名は就業しておらず，その内 25 名が大卒歴であった。就業しているのは 43 名で，大卒は 12 名である。このようなデータの性質から，教育歴が高ければ非就業，したがって賃金が低い，という不自然な推定結果がもたらされる。最小 2 乗推定は，バイアスを持つ。

切断点における観測値を考慮するトービット 1 回帰法による結果は，賃金が正である女性は 43 人に過ぎないが，

$$\widehat{wage} = -6.7(-0.08) - 7.6(-0.5)edu + 27(3.3)workyear - 9.8(-1.9)age$$

$\hat{\sigma} = 218$, 対数尤度 $= -328.0$ となった。教育歴は有意ではないが負の効果を持ち，職歴は有意な正の効果，そして年齢がほぼ有意な負の効果を示す。年齢は，常に負の効果を示していて，納得がいかない。教育歴も本来は正の効果が期待される。

トービット 1 回帰法では，就業しているか否かの確率を推定するプロビット式と，就業している場合の賃金式の係数が共通であると定義されている。そのために，全観測値を使った最小 2 乗法と同じように，切断点の観測値の影響が強く，教育歴が負の効果を示す。

トービット 1 回帰法の代わりに，プロビット法と，切断回帰を別個に応用して推定することができる。ただし，この場合は，プロビット部分と切断回帰部分の係数は同じにはならない。したがって，トービット 1 回帰法は，係数が共通であるという制約の下での，プロビット法と切断回帰の合成である。この場合，トービット 1 回帰をモデルとするか，あるいは，プロビットと切断回帰に分けて推定するかの選択が必要となる。現在の例において，就業するか否かの，選択確率のプロビット推定は，$work$ を就業すれば 1，しなければ 0 を取るダミー変数として，トービット 1 回帰で推定された式の係数を $218(=\hat{\sigma})$ で割って，プロビット式を求めると，

$$\widehat{work} = 0.031 - 0.035edu + 0.12workyear - 0.045age$$

となる。他方，制約がないプロビット法の推定結果は，

$$\widehat{work} = 0.043(0.10) - 0.07(-0.9)edu + 0.09(2.2)workyear - 0.05(-1.7)age$$

対数尤度 $= -63.3$, となった。両方式の推定結果は似ているが，検定ではどうなるだろうか。クレイグ（Cragg）が提案した尤度比検定統計量によれば，切断回帰と，両部分の係数を共通としたトービット 1 回帰の対数尤度は各々 $-233.2, -328.0$ だから，

$$Q = -2\{-328.0 + (63.3 + 233.2)\} = 63.0$$

となる。自由度が 4 の χ^2 分布の右裾 1% 点は 13.3 だから，帰無仮説は強く棄却される。つまり，プロビット部分と回帰部分の係数は異なるとした方が良い。

■ トービット 2 回帰

トービット 1 回帰では，賃金関数を推定する際に，市場に出てこない女性も同じ賃金関数を持つが，切断点が観測されると考える。

6-3 分布に制約がある回帰

しかし，**トービット**（Tobit）**2回帰**では，女性が就業するか否かという判断基準と，就業した場合の賃金関数は，異なる関数として定義される。

各個人が就業するか否かを決める**意志**は，関数

$$u_i = \gamma_1 z_{1i} + \cdots + \gamma_p z_{pi} + v_i$$

によって決まるとする。説明変数としては，子供の数とか，家族数，家計に収入などが考えられる。そして，**意志 u_i が，基準となる値 u^R を越えると，その人は就業する**。つまり，

$$u_i > u^R$$

という不等式が満たされるときだけ，雇用が成立する。市場で支払われる賃金 w_i は，教育年数，年齢などの能力を示す変数によって説明されるが，

$$w_i = \beta_1 x_{1i} + \cdots + \beta_K x_{Ki} + u_i$$

と表現しておこう。（ここでは，賃金が正であるという制約がない。）

意志関数と，賃金を決める関数は全く異なる式であるが，6-5 で詳述するSUR のように誤差項が相関する。そして，賃金関数は，意志に関する不等式が成立する場合にだけ，観測することができる。

推定問題としては，確率

$$P(u_i > u^R)$$

の推定はプロビット，ロジット問題であり，賃金式の推定は，トービット1回帰に似ている。このように見ると，2つの推定を，別個に扱えば良いと考えられよう。しかし，誤差項 u_i と v_i は一般的に相関を持つから，2個の**誤差項の相関係数**も推定する。また，プロビット推定では，意志決定式の誤差項 v_i の分散を 1 とするため，σ で標準化する。

最尤推定法で使われる尤度関数には，両式が同時に含まれる。相関係数が 0ならば，賃金式は就業者に関する最小2乗法で推定でき，また，就業確率はプロビット法で推定することができる。一般の場合に推定するのは，2回帰式の係数，賃金式の誤差分散，そして，2個の誤差項間の相関係数である。

6　発展した分析法

例 6.8　データは女性の就業に関するもので，観測個数は 100 であるが，一部が**表 6–2** に示されている。就業者は 43 人である。トービット 2 回帰の推定結果は，選択確率の式が

$$\widehat{work} = -0.04(-0.09) - 0.40(-1.5)child + 0.02(0.33)age$$

となった。データの制約があるので，働くか否かの意志は，子供の数と年齢によって定まるとする。賃金式は，トービット 1 と同じ設定だが，

$$\widehat{wage} = 119(3.5) + 12(2.3)edu + 17(6.4)workyear - 2.37(-1.1)age$$

$\hat{\sigma} = 57.4$，相関係数は 0.36，対数尤度 $= -298.42$ となった。賃金式で，教育が有意なプラス効果を示す。この結果は，トービット 1 推定より望ましい。他の結果と同じく，職歴は強いプラス効果を示し，年齢は弱いマイナス効果を示している。既に示したが，就業者のデータだけを使った，最小 2 乗推定と類似した結果をもたらすことに注意しよう。最小 2 乗推定の対数尤度は，-233.32 であった。

　トービット 2 回帰は，正の観測値だけを利用した最小 2 乗回帰の改良法である。実際，相関係数が 0 であれば，両者は一致する。「就業するかしないか」のプロビット推定では，子供の数が多ければ就業せず，年齢が高ければ就業するという弱い傾向が見られる。この式を，プロビットで推定すると，

$$\widehat{work} = -0.01(-0.02) - 0.38(-1.4)child + 0.01(0.26)age$$

となった。対数尤度は -65.20，であった。相関を考慮した，トービット 2 の推定と，良く似ている。相関係数が 0 か否かの対数尤度比検定は，3 個の対数尤度を用いて

$$Q = -2\{(-65.20 - 233.32) + 298.42\} = 0.2$$

となる。自由度が 1 の χ^2 検定において，相関係数が 0 であるという帰無仮説は棄却できない。

　このように，トービット 2 回帰は，正の観測値だけを用いた最小 2 乗推定，ならびにプロビット推定の改良になるが，係数推定値も常識にかなうことが多い。トービット 2 回帰が使えなければ，トービット 1 回帰よりも，最小 2 乗推定の方が直感に合う推定結果をもたらす。

6–4 パネル分析

　A社についての販売高と広告費のように，複数の特性について，多期間のデータを得たとしよう。多期間データを基に，販売高を広告費に回帰して，広告費が販売高に及ぼす影響を見るのが，時系列回帰である。

　ある時点において，A社，B社，など数多くの会社に関して，販売高と広告費のデータを得ると，回帰は，会社間の差異を検討するものとなる。これはクロスセクション・データの回帰分析である。

　A社，B社，など数多くの会社に関して，多期間にわたる時系列データを得た場合は，どうすれば良いのだろうか。

1. 各社の時系列回帰を，会社ごとに行う。
2. 各期のクロスセクション回帰を，時点ごとに行う。

というのが，普通の分析になるが，この節では，時系列とクロスセクションを，同時に分析する方法（パネル分析）を説明する。

　n社についての，T期にわたるデータ $(y_{it}, x_{it}), i=1,\cdots,n, t=1,\cdots,T$ があるとしよう。（添え字は会社番号が individual より i，時間が time より t とする。）観測個数は，全てで $n \times T$ になる。個々の会社の変動が，共通の回帰式で表現できるとすれば，回帰式は，

$$y_{it} = \alpha + \beta x_{it} + \varepsilon_{it} \tag{6.13}$$

と設定できる。係数は，時間あるいは会社にかかわらず一定である。説明変数の数はこの式では1個だが，多変数になっても良い。誤差項は，全ての i と t に関して独立に分布する確率変数であり，平均は0，分散は σ^2 とする。パネル分析では，通常，観測個数 T よりも会社数 n が圧倒的に多い状況を想定している。

　添字 i は1から n まで動くが，これは分析対象の会社が変わることを意味する。クロス・セクションの側面である。添字 t は観測時点であって，これは

分析の時系列側面である。被説明変数と説明変数は，第 i 会社の第 t 時点における観測値である。パネル分析では，データはクロスセクションと時系列の両面から構成されており，「クロスセクションと時系列の合成（pooling of time-series and cross-section data）」とよぶこともある。

推定は，$n \times T$ 個の全観測値を使って，最小 2 乗法で回帰式を推定すればよい。全ての会社の販売高が，1 個の回帰式によって説明される。

■固定効果

回帰式の係数によって，個々の会社の差を示す分析法を，固定効果（fixed effect）分析とよぶ。最も簡単な例は，定数項を会社ごとに変化させて，個別の特性を示す方法で，回帰式を

$$y_{it} = \alpha_i + \beta x_{it} + \varepsilon_{it} \tag{6.14}$$

と設定する。定数項は個別の特性を示す。定数項は各会社に固有であって，会社が変われば変化するから，個別効果と言われる。係数 β は共通とする。（n に比べて T が小さいため，個別の係数を推定できないことが多い。）推定は，$n = 2$ ならば，2 社に関する回帰式を

$$y_{11} = \alpha_1 \times 1 + \alpha_2 \times 0 + \beta x_{11} + \varepsilon_{11}$$
$$\vdots$$
$$y_{1T} = \alpha_1 \times 1 + \alpha_2 \times 0 + \beta x_{1T} + \varepsilon_{1T}$$
$$y_{21} = \alpha_1 \times 0 + \alpha_2 \times 1 + \beta x_{21} + \varepsilon_{21}$$
$$\vdots$$
$$y_{2T} = \alpha_1 \times 0 + \alpha_2 \times 1 + \beta x_{2T} + \varepsilon_{2T}$$

と並べれば明らかになる。全体として，1 個の回帰式があり，被説明変数と説明変数は，第 1 社の観測値に続けて，第 2 社の観測値を並べる。個別効果を示す定数項には，2 個のダミー変数を対応させる。観測個数は，$2T$ となる。

個別効果は対象の同質性を調べるために役立つ。同質か異質かの検定は簡単である。帰無仮説では個別効果がないとされるから，

$$H_0 : \alpha_1 = \alpha_2$$

となる。帰無仮説の下での回帰式は，(6.13) 式となる。n 社の場合，検定には，F 統計量

$$f = \frac{n \times T - (n+K)}{n-1} \frac{RSS(H_0) - RSS(H_a)}{RSS(H_a)}$$

を使う。$n \times T$ は総観測個数，n は個別効果の項数，K は x 説明変数の数である。分母は，対立仮説の下での定数項の数 n から，帰無仮説の下での定数項の数 1 を引いて求まる。RSS は両仮説の下での残差変動である。

観測時点 T が多い場合には，係数 β が対象毎に変化するか否かの検定も，同様に行うことができる。係数が会社毎に異なるという仮説の下では，回帰式は

$$y_{11} = \alpha_1 \times 1 + \alpha_2 \times 0 + \beta_1 x_{11} + \beta_2 \times 0 + \varepsilon_{11}$$
$$\vdots$$
$$y_{1T} = \alpha_1 \times 1 + \alpha_2 \times 0 + \beta_1 x_{1T} + \beta_2 \times 0 + \varepsilon_{1T}$$
$$y_{21} = \alpha_1 \times 0 + \alpha_2 \times 1 + \beta_1 \times 0 + \beta_2 x_{21} + \varepsilon_{21}$$
$$\vdots$$
$$y_{2T} = \alpha_1 \times 0 + \alpha_2 \times 1 + \beta_1 \times 0 + \beta_2 x_{2T} + \varepsilon_{2T}$$

となる。ダミー変数の設定の仕方，F 統計量の定義など，明らかであろう。

例 6.9 表 6–3 にデータ例を示すが，この例では会社数は 6, 観測時点は 3 である。つまり，6 社の各々について，3 時点での観測値を得ている。売り上げ Y と，従業員数 N の関係を推定することを念頭に置いているが，支店数 K も説明変数に使う。固定効果分析では，会社ごとに異なった定数項を入れ，その有意性を調べるが，そのために必要なダミー変数などは，表に含まれていない。

推定では，表 6–3 をデータとしてインプットすれば良い。第 1 社が終われば第 2 社，そして第 3 社といった風に，次々データを入れていく。全てのデータとダミー変数を並べて一回帰式を作り，最小 2 乗推定するだけであり，観測個数は nT になる。TSP や EViews では，ダミー変数は自動的に設定され，事前に準備する必要はない。個別効果が含まれない (6.13) 式の推定結果は，

$$\hat{Y} = -53(-2.1) + 0.40(4.9)N + 0.74(2.1)K$$

$R^2 = 0.91, RSS = 19528.8$ となった。個別効果を示す定数項ダミーを含めた回帰式の推定は，

6 発展した分析法

表 6–3 チェーンストアーに関するパネルデータ

id	no	year	売上げ	支店数	従業員数
_a	1	1990	193	125	276
_a	1	1991	171	141	266
_a	1	1992	138	142	244
_b	2	1990	324	148	624
_b	2	1991	318	180	662
_b	2	1992	431	213	754
_c	3	1990	106	110	192
_c	3	1991	155	90	184
_c	3	1992	97	100	174
_d	4	1990	104	139	196
_d	4	1991	105	112	212
_d	4	1992	102	104	216
_e	5	1990	77	80	288
_e	5	1991	52	80	246
_e	5	1992	39	100	212
_f	6	1990	36	46	98
_f	6	1991	39	45	96
_f	6	1992	33	43	82
識別番号	識別番号	year	億円, Y	K	人, N

1 列目は, Eviews 用の識別子。2 列目は, TSP 用の識別子。

$$\widehat{Y} = 0.83(4.4)N - .06(-.17)K$$

$R^2 = 0.98, RSS = 3726.9$ となった。6 個の定数項は, $-41, -195, -27, -62, -145, -38,$ であった。個別効果がないという帰無仮説に対する検定統計量は

$$f = \frac{3 \times 6 - (6+2)}{6-1} \frac{19528.8 - 3726.9}{3726.9} = 8.5$$

となり, 自由度が 5, 10 の F 分布において, P 値は 0.002 であった。各社の平均を求めてみれば, 差異が明らかで, 個別効果は有意である。ただし K の係数は負になっている。このデータについては, 各社に関する観測値は 3 であるので, 各社ごとに係数が異なるとして推定をすると, 残差変動は 0 になる。

■ 時間効果

　固定効果分析の一つとして，観測時点の影響を調べても良い．個別の定数項と同様に，ダミー変数を観測時点に等しい数だけ回帰式に入れ，推定および検定をする．特に，時間効果のみを検討する際は，個別ダミーと同じ要領で時点ダミーを利用する．

　時点ダミーの和は1であるから，定数項と時点ダミーはマルチコを起こす．実際のデータ分析では頻繁に起こるが，もし対象により観測期間が違う場合は，最大観測期間に等しいダミー変数を使う．

　個別と時間の両効果を分析する際は，個別ダミーと時間ダミーの両方を使うが，両者を全て回帰式に入れると，マルチコが起きる．このような場合は，時間ダミーを1個除いて推定する．例えば最初，あるいは最後の観測時点でダミーを除けばよい．しかし，個別効果と同時に，全ての時点にダミー変数を入れる事は，ほとんど考えられない．

例 6.10　時間ダミーだけを入れて前例を続けると，推定結果は，

$$\hat{Y} = -52(-1.7)D1 - 52(-1.7)D2 - 60(-1.8)D3 + 0.39(4.3)N + 0.77(1.9)K$$

$R^2 = 0.91, RSS = 19298.8$ となった．時点ダミーの係数はほぼ同じで，時点間の差は見られない．N と K の係数も変わらない．確かに，残差変動を使い，時点ダミー係数が同じか否かという検定をすると，

$$f = \frac{3 \times 6 - (3+2)}{3-1} \frac{19528. - 19298.8}{19298.8} = 0.008$$

となり，表を見るまでもなく，係数は同じである，という帰無仮説は棄却できない．時点ダミー係数が全て同じであれば，回帰式は先の例の式に戻る．

■ 誤差項分析

　企業数と時点数が，おおよそ同じようなパネルデータでは，企業毎に異なる定数項を推定し，定数項の差により企業の特性を理解するという作業が可能になる．したがって，固定効果分析が適している．しかし，企業数が数千あるいは数万あるが，時点数は数回しかないようなパネルデータも存在する．数千の固定された家計について，例えば5年に一度調査を繰り返すようなデー

6 発展した分析法

タである。このようなデータを，**固定点長期観測データ** (longitudinal data) とよぶ。時点数はたかだか5くらいに過ぎないが，固定された企業数が非常に大きいところに特色がある。

数千にも及ぶ企業について，異なる定数項を推定すると，推定では，企業数に等しい自由度が失われる。時点数が小であるときは，この損失は大きい。さらに，数千もの定数項を推定しても，全体の傾向を理解することは不可能である。

固定点長期観測データの分析で通常使われるのが，誤差項による分析である。**誤差項効果** (random effect) **法**とよばれる。この分析法では，企業が異なっても，回帰式は共通である。しかし，誤差項に差が生じると考える。

説明変数の個数は任意であるが，式を簡略にするために単回帰を想定する。誤差項分析での回帰式の設定は

$$y_{it} = \alpha + \beta x_{it} + u_{it} + v_{it} \tag{6.15}$$

のようになる。ただし，v_{it} は通常の誤差項の役割を果たす。企業毎，時点毎に独立な確率変数で，期待値等は，

$$E(v_{it}) = 0, V(v_{it}) = \sigma_v^2, \quad Cov(v_{it}, v_{jl}) = 0, \quad it \neq jl$$

となる。他方，u_{it} は，i 番目の企業の特性，あるいは個別効果を表す誤差項で，観測時点にかかわらず，同一企業内では共分散が消えない。

$$E(u_{it}) = 0, \quad Cov(u_{it}, u_{it'}) = \sigma_u^2$$

しかし，時点が同じでも，異なる企業間では共分散は0になる。

$$Cov(u_{it}, u_{jt}) = 0 \quad i \neq j$$

二誤差項は独立である。固定効果の分析では，企業 i が同じであれば，時点が異なっても定数項が変わらないとしたが，この節では確率変数 u_i を共通とする。

このモデルでは，企業が異なっても分散は変化しない。時間効果も含まれない。さらに，係数

$$\theta = \frac{\sigma_v}{\sqrt{T\sigma_u^2 + \sigma_v^2}}$$

の推定値が重要な意味を持つ。この係数により、(6.15) 式は、

$$y_{it} = \alpha + (1-\theta)(\overline{y}_i - \beta\overline{x}_i) + \beta x_{it} + \varepsilon_{it} \tag{6.16}$$

と表現できることが知られている。この式では、$\overline{y}_i$ と $\overline{x}_i$ は企業毎の標本平均であり、また誤差項は標準の仮定を満たす。θ は、不等式

$$0 \leqq \theta \leqq 1$$

を満たす。θ と β が推定されれば、$(1-\theta)(\overline{y}_i - \beta\overline{x}_i)$ が、個別の効果を示す項となる。そして、以下のことが分かる。

1. σ_v^2 が 0 であれば、θ は 0 となり、(6.15) 式は (6.14) 式にもどる。この場合はダミー変数を用いた、(6.14) 式の個別効果分析を行えば良い。

2. 観測時点 T が非常に大きい場合も、相対的に σ_v^2 が 0 であると理解できるから、ダミー変数による個別効果回帰を行う。

3. σ_u^2 が 0 なら、θ は 1 となる。この場合は、個別効果はないわけだから、回帰式は、共通係数だけを含む (6.13) 式に一致し、最小 2 乗推定が適用される。

したがって、誤差項分析は、最小 2 乗回帰 (6.13) 式と (6.14) 式の中間に位置すると理解できる。またソフトによっては、$(1-\theta)(\overline{y}_i - \beta\overline{x}_i)$ の値を企業毎に示し、誤差項分析における個別効果の推定値とする。

例 6.11 前の例を続けて、誤差項分析をすると、推定結果は、

$$\widehat{Y} = -34(-1.2) + 0.53(5.8)N + 0.24(0.74)K$$

$R^2 = 0.90$, $RSS = 23005.2$ となった。θ の推定値は、0.12 であり、最小 2 乗回帰に近い結果となった。これは、ダミー変数回帰で行った、F 検定を支持する結果でもある。各社に及ぼす誤差項効果は、29, -15, 31, 1.4, -57, 10, となった。

ハウスマン (Hausman) は、いわゆるウー＝ハウスマン (Wu=Hausman) 検定を応用して、誤差項と説明変数が独立であるという帰無仮説の検定を提案した。この帰無仮説は、誤差項モデルが正当なモデルであれば維持される。したがって、帰無仮説が棄却されれば、対立仮説である定数項分析 (6.14) 式を使った方が良いと理解される。この例では、検定統計量は 4.3 であった。勾配係数が 2 個あるから、自由度が 2 の χ^2 分布が帰無分布となるが、P 値は 0.12 となった。誤差項モデルは棄却されない。係数値は、先の例の値の中間になる。

6-5 SURモデル

(6.13) 式では，n グループに対して共通の回帰式を当てはめたが，グループ毎に異なる回帰係数を指定することもある．さらに，異なるグループ間に誤差項を通した結びつきがあると，パネル分析法は利用できなくなる．このように，グループ毎に式が異なり，しかも誤差項に結びつきがある場合は，SUR 分析法を使う．この節では，グループ毎の観測個数が十分にあることを前提として，説明を進める．

説明変数が K 個でも，手続きは変わらないが，2 グループの簡単な例として，次の 2 回帰式を用いよう．

$$y_{1t} = \alpha_1 + \beta_1 x_{1t} + \varepsilon_{1t}$$
$$y_{2t} = \alpha_2 + \beta_2 x_{2t} + \varepsilon_{2t}$$

ただし，$t = 1, \cdots, T$．観測個数は T だから，最小 2 乗法で各式を推定すればよい．誤差項については

$$E(\varepsilon_{1t}) = 0, V(\varepsilon_{1t}) = \sigma_{11}, E(\varepsilon_{2t}) = 0, V(\varepsilon_{2t}) = \sigma_{22}$$

とし，観測時点が異なれば，独立に分布すると仮定する．もし 2 個の誤差項が互いに相関を持たなければ，2 式を別個に最小 2 乗法で推定する．しかし，もし誤差項が相関していれば，個別の最小 2 乗推定は望ましい方法ではない．

誤差項間の共分散を

$$Cov(\varepsilon_{1t}\varepsilon_{2t}) = \sigma_{12} \neq 0,$$

と仮定する．この仮定の下では，グループ毎の回帰式は，見かけ上は無関係 (seemingly unrelated) だが，誤差項の共分散を通して，互いに影響し合う．それゆえに，回帰式を SUR (Seemingly Unrelated Regressions) とよぶ．

SUR とパネルは，モデルがよく似ている．違いは，以下のようになろう．

1. パネルでは，通常，n が大で，T は小である．SUR では，n は小，T は大．

2. パネルでは，回帰式が異なれば，時点が同じであっても，異なる回帰式の誤差項間には相関がない。

3. SUR では，式が異なっても，時点が同じであれば，回帰式の誤差項は相関を持つ。

誤差項の情報をまとめると，ある時点における誤差項の分散と共分散は，

$$\Sigma = \begin{pmatrix} V(\varepsilon_{1t}) & Cov(\varepsilon_{1t}\varepsilon_{2t}) \\ Cov(\varepsilon_{2t}\varepsilon_{1t}) & V(\varepsilon_{2t}) \end{pmatrix} = \begin{pmatrix} \sigma_{11} & \sigma_{12} \\ \sigma_{21} & \sigma_{22} \end{pmatrix}$$

と配列にまとめることができる。この配列を，**分散共分散行列**とよぶ。SUR の推定法は様々あるが，大きな違いは，この配列の推定法に見られる。通常の SURE（SUR 推定）法は，各式の最小 2 乗残差を用い，Σ を推定する。反復法は，SURE 結果から残差をさらに求め，Σ を再推定する。この手続きを，収束するまで繰り返す。

最小 2 乗法と，SURE 法の差は，σ_{12} が 0 か否かによって定まる。σ_{12} が 0 であれば，最小 2 乗法が適切である。0 でなければ，SURE が良い。

ダミー変数を用いて，2 式を一回帰式にまとめると，パネル分析と同様に，

$$y_{11} = \alpha_1 \times 1 + \alpha_2 \times 0 + \beta_1 x_{11} + \beta_2 \times 0 + \varepsilon_{11}$$
$$\vdots$$
$$y_{1T} = \alpha_1 \times 1 + \alpha_2 \times 0 + \beta_1 x_{1T} + \beta_2 \times 0 + \varepsilon_{1T}$$
$$y_{21} = \alpha_1 \times 0 + \alpha_2 \times 1 + \beta_1 \times 0 + \beta_2 x_{21} + \varepsilon_{21}$$
$$\vdots$$
$$y_{2T} = \alpha_1 \times 0 + \alpha_2 \times 1 + \beta_1 \times 0 + \beta_2 x_{2T} + \varepsilon_{2T}$$

となる。しかし，誤差項に関して，パネルと異なる仮定が置かれている。つまり，前半の分散は σ_{11}，後半の分散は σ_{22}，そして，観測時点が同じであれば，前半と後半の共分散が σ_{12} となっている。

グループ数が 2 を超えてもこのような体裁は変わらない。このような SUR の推定では，最小 2 乗法は不偏性と一致性を維持し，**バイアス**（偏り）を示さないが，最小分散の性質は持たない。(7–9 節で示される，BLUE の性質を持たない。一致性については，(7.39) 式，(7.54) 式を参照せよ。）推定法とし

表6-4 GE社とWH社の投資データ

年次	GE社				WH社			
	NO	I	F_{-I}	K_{-I}	NO	I	F_{-I}	K_{-I}
1945	1	94	2008	320	2	39	737	92
1946	1	160	2208	346	2	53	761	86
1947	1	147	1657	456	2	56	581	111
1948	1	146	1604	543	2	50	662	131
1949	1	98	1432	618	2	32	584	142
1950	1	94	1611	647	2	32	635	137
1951	1	135	1819	671	2	54	724	130
1952	1	157	2080	726	2	72	864	146
1953	1	180	2372	800	2	90	1194	175
1954	1	190	2760	889	2	67	1189	214

I は投資額，F は企業の 100 万ドル単位での市場価値，K は企業の資本ストック，F と K は説明変数である。
(出所) Theil, H., *Principles of Econometrics*, Wiley, 1971.

て，近似的な一般化最小 2 乗法が知られている．

例 6.12 GE (Genenral Electric) 社と WH (Westinghouse) 社の投資額 I に関するデータが，表 6-4 に与えられている．説明変数として用意されているのは，1 期前の純資産 F と，1 期前の資本ストックの変動分 K である．最初に，この 2 式を，各々最小 2 乗法で推定した．次に SUR 法，さらに，繰り返し法で推定した．SUR 法および繰り返し法では，2 式を同時に推定する．比較のため，会社毎に結果をまとめると，次のようになった．GE 社についての最小 2 乗推定は，

$$\widehat{I} = 8.6(0.2) + 0.06(2.5)F + 0.04(0.8)K$$

$RSS = 4542.1$，SURE は，

$$\widehat{I} = 2.7(0.08) + 0.07(4.3)F - 0.0003(-0.006)K$$

$RSS = 5039.7$，最後に，反復法は，

$$\widehat{I} = 1.9(0.05) + 0.08(4.8)F - 0.02(-0.6)K$$

$RSS = 5765.2$，となった．WH 社については

$$\widehat{I} = 6.8(0.4) + 0.076(3.0)F - 0.09(0.6)K$$

$RSS = 984.0$，SURE は，

$$\widehat{I} = 9.1(0.7) + 0.086(4.7)F - 0.17(-1.5)K$$

$RSS = 1018.1$, 最後に, 反復法は,

$$\widehat{I} = 11(0.9) + 0.094(5.5)F - 0.23(-2.3)K$$

$RSS = 1093.1$, となった. 各式の結果において, SURE は最小 2 乗法と, 繰り返し法の中間の値になっている. GE 社については, K の係数が, 正値から負値に符号を変える. $H_0 : \sigma_{12} = 0$ の検定は, 最小 2 乗法と, 反復法の比較によって行う. 対数尤度比は,

$$Q = 2 \times \frac{T}{2} \left\{ \ln \begin{vmatrix} 4542.1 & 0 \\ 0 & 984 \end{vmatrix} - \ln \begin{vmatrix} 5765.2 & 2236.6 \\ 2236.6 & 1093.1 \end{vmatrix} \right\} = 12.3$$

となる. T は観測個数 10, 行列式の対角要素は RSS で, T で割れば, Σ の推定量になる. 第 1 項は, 誤差項が独立であるという帰無仮説の下で計算されている. 第 2 項は, 対立仮説の下で計算され, 非対角要素には, 2 式の残差の積和が入っている. 検定統計量は, 帰無仮説の下で, 自由度が 1 の χ^2 分布に従うが, この例では, 帰無仮説は明らかに棄却される.(自由度が 1 であるので, 平方根を求め, 標準正規分布を基に, 検定しても良い.)

6–6 同時方程式

　SUR では, 各式は線型回帰式の形を持っている. そして, 説明変数と被説明変数は, はっきりと分割されている. しかし, 被説明変数の変動を説明するという目的のためには, 説明変数として, 他の式の被説明変数が含まれても良いのではないか. このような考えから生まれたのが, **同時方程式モデル**である. **同時方程式体系**では, ある式の被説明変数が, 他の式の説明変数になる.

　第 1 式が生産関数であれば, 生産額を説明する変数として, 投資額, 固定資産総額, 雇用者総数などが考えられる. また, 第 2 式が投資関数であれば, 投資は生産額, 政府支出, 金利などでその変動が説明されるだろう. 両式を一般的な関数で書けば,

6 発展した分析法

$$総生産額 = f(投資, 固定資産, 雇用者数)$$

$$投資 = f(総生産額, 政府支出, 金利)$$

となる。この 2 関数では，総生産額は被説明変数であり，また説明変数にもなっている。投資額についても同様である。この 2 式を一般化すると，

$$y_{1t} = \alpha + \beta y_{2t} + \gamma_1 x_{1t} + \gamma_2 x_{2t} + \gamma_3 x_{3t} + \varepsilon_{1t} \qquad (6.17)$$

$$y_{2t} = \alpha' + \beta' y_{1t} + \gamma_1' x_{1t} + \gamma_2' z_{2t} + \gamma_3' z_{3t} + \varepsilon_{2t} \qquad (6.18)$$

となる。ここでは，第 2 式の被説明変数 y_{2t} が，第 1 式では説明変数になっていることに特色がある。y_{1t} についても同様である。x 変数と z 変数は，両式の経済的な意味を定めるために選択される。

x と z 変数の値を所与として，y_{1t} と y_{2t} の予測をする場合は，2 式を満たす両変数の値を，同時に求める。このことから，このモデルを同時方程式とよぶようになった。同時方程式モデルでは，x や z などの説明変数は，体系の外から値がもたらされると考え，外生変数とよぶ。y 変数は体系内で値が決まるので，内生変数とよぶ。

モデルには，内生変数のラグ値が，説明変数として含まれることもある。このようなラグ付き内生変数は，時点 t においては既知である。そこで，ラグ付き内生変数と外生変数を併せて，先決変数とよぶ。

(6.18) 式に y_{1t} が含まれず，

$$y_{2t} = \alpha' + \gamma_1' x_{1t} + \gamma_2' z_{2t} + \gamma_3' z_{3t} + \varepsilon_{2t} \qquad (6.19)$$

となっていても，y_{1t} の値は 2 式を解いて求めるので，同時方程式であることに違いはない。SUR と同じく，誤差項の分散共分散行列は

$$\begin{pmatrix} V(\varepsilon_{1t}) & Cov(\varepsilon_{1t}\varepsilon_{2t}) \\ Cov(\varepsilon_{2t}\varepsilon_{1t}) & V(\varepsilon_{2t}) \end{pmatrix} = \begin{pmatrix} \sigma_{11} & \sigma_{12} \\ \sigma_{21} & \sigma_{22} \end{pmatrix} \qquad (6.20)$$

と仮定する。同時点において相関がある。

■ 誘導型方程式

(6.17) 式と (6.18) 式は，経済活動を表現する式として設定されたもので，経済構造を表す式だから，**構造型方程式**という．構造型方程式には複数の内生変数が含まれるが，**内生変数の総数は構造式の総数に等しい**．したがって，各内生変数について構造式を解くことができる．

例えば，(6.18) 式を，(6.17) 式の右辺 y_{2t} に代入すれば，y_{1t} を先決変数に関して解くことができる．同じく，y_{2t} を先決変数に関して解くこともできる．

このように，先決変数に関して解かれた式を，**誘導型方程式**とよぶ．構造型方程式の係数を無視し，解かれた誘導型方程式の係数を自由に定義すると，

$$y_{1t} = \pi_1 + \pi_2 x_{1t} + \pi_3 x_{2t} + \pi_4 x_{3t} + \pi_5 z_{2t} + \pi_6 z_{3t} + v_{1t} \quad (6.21)$$

$$y_{2t} = \pi_1' + \pi_2' x_{1t} + \pi_3' x_{2t} + \pi_4' x_{3t} + \pi_5' z_{2t} + \pi_6' z_{3t} + v_{2t} \quad (6.22)$$

となる．右辺に含まれる変数は，全ての先決変数である．

構造型方程式の誤差項ならびに係数を用いて，誘導式の誤差項を表現すると，

$$v_{1t} = \frac{\varepsilon_{1t} + \beta \varepsilon_{2t}}{1 - \beta \beta'} \quad (6.23)$$

$$v_{2t} = \frac{\varepsilon_{2t} + \beta' \varepsilon_{1t}}{1 - \beta \beta'} \quad (6.24)$$

となる．また係数については，両式に共通に含まれる x_{1t} についてみれば，

$$\pi_2 = \frac{\gamma_1 + \beta \gamma_1'}{1 - \beta \beta'} \quad (6.25)$$

$$\pi_2' = \frac{\gamma_1' + \beta' \gamma_1}{1 - \beta \beta'} \quad (6.26)$$

となる．他の先決変数の係数も，構造型の係数を用いて，同様に定義することができる．

一般的には，構造型係数を用いれば，全ての誘導型係数を定めることができる．しかし，逆に，**誘導型係数から，必ずしも構造型係数を定めることはできない**．誘導型係数から構造型係数が定まるか否か，を考察するのが，後で説明する**識別条件**である．

6 発展した分析法

■単一方程式推定法

同時方程式モデルでは，右辺に含まれる内生変数と誤差項が相関している。例えば第1構造式では，y_2 と ε_1 が相関する。この相関のために，最小2乗推定量は，バイアス（偏り）を示す。

誤差項と，説明変数として含まれている内生変数の相関は，次のように説明することができる。例えば第1構造方程式の誤差項 ε_1 が，大きな値を取ったとしよう。このとき，(6.24) 式により，v_2 は大きな値になる。したがって，(6.22) 式により，y_2 も値が大きく変化する。

第1構造方程式だけを眺めれば，この現象は，ε_1 の大きな変化が，y_2 の大きな変化をもたらしたこととなり，ε_1 と y_2 の相関を意味する。この結果，証明は高度なので省くが，最小2乗推定量（OLS と省略する）はバイアス（偏り）を持ち一致性を持たない。（一致性については，(7.39) 式，(7.54) 式を参照せよ。）このようなバイアスを，同時方程式バイアスという。同様に，第2式において，ε_2 が大きな値をとると，y_1 も大きな値になる。

バイアス（偏り）のない一致推定量としては，2段階最小2乗推定量（Two Stage Least Squares Estimator, 略して 2SLS）と制限情報最尤推定量（Limited Information Maximum Likelihood Estimator, 略して LIML）が知られている。この二推定法は，特定の構造方程式の推定だけを目的としたもので，単一方程式推定法とよばれる。

単一方程式推定法では，例えば，(6.17) 式の推定をするために，(6.17) 式と，先決変数の全体，

$$1, x_{1t}, x_{2t}, x_{3t}, z_{2t}, z_{3t}$$

を指定する必要がある。先決変数の全体の代わりに，誘導型方程式 (6.22) を与えることもある。誘導型を与えれば，先決変数の全体は自ずと分かる。

同様に，(6.18) 式を推定するためには，(6.18) 式と，同じ先決変数の全体が分かればよい。先決変数の全体は，二構造型方程式 (6.17) 式と (6.18) 式から導くことができるため，二構造型方程式を与えて，第1構造式を推定することもある。このような設定の詳細は，プログラムによって異なる。

2SLS は非常に簡単な推定法である．ステップを示すと，

1. 誘導式 (6.22) を，OLS で推定し，y_2 の回帰値 $\widehat{y_2}$ を求める．
2. (6.17) 式の右辺に含まれる y_2 を $\widehat{y_2}$ に置き換え，式

$$y_{1t} = \alpha + \beta \widehat{y_{2t}} + \gamma_1 x_{1t} + \gamma_2 x_{2t} + \gamma_3 x_{3t} + 誤差項 \quad (6.27)$$

を，最小2乗法で推定する．

誘導式の推定と合わせれば，2回，最小2乗法を使うから，2段階最小2乗法と言われる．(6.18) 式の推定では，同じく，y_{1t} を $\widehat{y_{1t}}$ に置き換えて，最小2乗法で推定する．

例 6.13 マクロモデルは，一国の経済変動を，簡単な式で表現することを目的にして作成される．実際のマクロモデルは数百の式が含まれるが，ここでは次のような簡単なマクロモデルを推定する．(時点を示す添え字 t は，省略する．) 変数は，$Cons$ は消費，P が利潤，W は総賃金，I は投資，$K1$ が1期前の資本蓄積額，Wp は民間賃金，X は国民所得，$trend$ は1931年基準で測ったトレンド変数で，-11 から 10 までの整数値になる．G は政府支出，tax は租税，Wg は政府賃金支払いであり，観測期間は1920から1941年までとする（**表 6–5**）．

$$Cons = \alpha_0 + \alpha_1 P + \alpha_2 P_{-1} + \alpha_3 W + \varepsilon_{1t} \text{（消費関数）}$$

$$I = \beta_0 + \beta_1 P + \beta_2 P_{-1} + \beta_3 K1 + \varepsilon_{2t} \text{（投資関数）}$$

$$Wp = \gamma_0 + \gamma_1 X + \gamma_2 X_{-1} + \gamma_3 trend + \varepsilon_{3t} \text{（民間賃金関数）}$$

$$X = Cons + I + G \text{（需給均衡式）}$$

$$P = X - W - tax \text{（民間利潤定義）}$$

$$W = Wp + Wg \text{（総賃金定義式）}$$

内生変数は，被説明変数になっている $Cons, I, Wp, X, P, W$，であり，先決変数は，$P_{-1}, K1, X_{-1}, trend, G, tax, Wg$，そして定数，である．この簡単なマクロモデルは，クライン (Klein) モデル 1 とよばれるが，第1構造式は消費関数，第2構造式は投資関数，第3構造式は賃金関数で，いずれも一国の消費，投資，賃金の変動を説明することを目的として設定されているた．**行動方程式**とも言われる．第4式は国民所得の需給均衡式であり，残りの2式は，利潤，総賃金の定義式である．消費関数に注目し

6 発展した分析法

表 6-5 マクロデータ（1920〜1941 年）

年次	消費	利潤	民間賃金	投資	1期前の資本蓄積額	国民所得	政府賃金支払い	政府支出	租税
	Cons	P	W_p	I	K1	X	W_g	G	tax
1920	39.8	12.7	28.8	2.7	180.1	44.9	2.2	2.4	3.4
21	41.9	12.4	25.5	−0.2	182.8	45.6	2.7	3.9	7.7
22	45	16.9	29.3	1.9	182.6	50.1	2.9	3.2	3.9
23	49.2	18.4	34.1	5.2	184.5	57.2	2.9	2.8	4.7
24	50.6	19.4	33.9	3	189.7	57.1	3.1	3.5	3.8
25	52.6	20.1	35.4	5.1	192.7	61	3.2	3.3	5.5
26	55.1	19.6	37.4	5.6	197.8	64	3.3	3.3	7
27	56.2	19.8	37.9	4.3	203.4	64.4	3.6	4	6.7
28	57.3	21.1	39.2	3	207.6	64.5	3.7	4.2	4.2
29	57.8	21.7	41.3	5.1	210.6	67	4	4.1	4
1930	55	15.6	37.9	1	215.7	61.2	4.2	5.2	7.7
31	50.9	11.4	34.5	−3.4	216.7	53.4	4.8	5.9	7.5
32	45.6	7	29	−6.2	213.3	44.3	5.3	4.9	8.3
33	46.5	11.2	28.5	−5.1	207.1	45.1	5.6	3.7	5.4
34	48.7	12.3	30.6	−3	202	49.7	6	4	6.8
35	51.3	14	33.2	−1.3	199	54.4	6.1	4.4	7.2
36	57.7	17.6	36.8	2.1	197.7	62.7	7.4	2.9	8.3
37	58.7	17.3	41	2	199.8	65	6.7	4.3	6.7
38	57.5	15.3	38.2	−1.9	201.8	60.9	7.7	5.3	7.4
39	61.6	19	41.6	1.3	199.9	69.5	7.8	6.6	8.9
1940	65	21.1	45	3.3	201.2	75.7	8	7.4	9.6
41	69.7	23.5	53.3	4.9	204.5	88.4	8.5	13.8	11.6

て，推定結果を見ると，OLS では，

$$Cons = 16.2(12.4) + .19(2.1)P + .09(0.99)P_{-1} + .80(20)W$$

となった。2SLS では，

$$Cons = 16.6(11.3) + .017(.13)P + .22(1.8)P_{-1} + .81(18)W$$

LIML では，

$$Cons = 17.1(8.4) - .22(-.99)P + .40(2.1)P_{-1} + .82(13)W$$

であった。各式の決定係数，残差平方和などの統計値は，ここでは示さない。各係数の推定値を見れば，OLS，2SLS，LIML の順番に順序付けることができる。利潤 P の係数値は，OLS はバイアス（偏り）を持つ。LIML では，係数値は負値をとり，解釈が難しい。ラグ付き利潤 P_{-1} と P の間にマルチコがあると考えられる。

■ 全システム推定法

モデルは，複数の構造方程式から成立しているが，モデルの中の 1 式を取り上げて推定するのが，単一方程式推定法である。全システム法は，全ての構造方程式を，一括して同時に推定する方法である。3 段階最小 2 乗法 (Three stage least squares method, 3SLS) と，完全情報最尤法 (Full information maximum likelihood method, FIML) が良く知られている。3SLS は，2SLS の拡張になり，FIML は LIML の拡張法になっている。複数の式を同時に推定するのであるから，計算は容易ではない。しかし，構造方程式の数が 1 桁であれば，今日のパーソナルコンピュータでは，簡単に計算できる。

例 6.14 クラインモデル 1 を，3SLS で推定すると，

$$Cons = 16.4(13) + .12(1.1)P + .16(1.6)P_{-1} + .79(21)W$$

$$I = 28.1(4.1) - .01(-.08)P + .76(4.9)P_{-1} - .19(-6.0))K1$$

$$Wp = 1.8(1.6) + .40(16)X + .18(5.3)X_{-1} + .15(5.4)trend$$

となった。推定結果を詳細に検討するスペースはないが，投資関数における利潤の係数が負値をとることは，常識に反している。誤差分散行列の行列式は 0.283 となった。したがって，近似的な対数尤度は，

$$\log L = -\frac{21}{2}\{3\ln(2\pi) + 3 + \ln(0.283)\} = -76.1$$

と計算できる。式中，3 は，式の数であることに注意。FIML では，

$$Cons = 15.8(4.0) + .30(.76)P + .04(.246)P_{-1} + .78(10)W$$

$$I = 15.3(1.1) + .39(1.1)P + .41(1.7)P_{-1} - .14(-2.0)K1$$

$$Wp = 2.1(.42) + .37(2.9)X + .21(2.3)X_{-1} + .18(1.9)trend$$

となった。対数尤度は，

6　発展した分析法

$$\log L = -\frac{21}{2}\{3\ln(2\pi) + 3 + \ln(0.147)\} = -69.3$$

となった。(FIML は，対数尤度を最大にする推定法である。) 投資関数における利潤は，正の係数を示す。利潤とラグ付き利潤がマルチコを起こしており，係数値ならびに t 値が推定法により大きく変化する。

■構造方程式モデルの妥当性

識別条件の項で説明するが，構造型方程式は，誘導型方程式から，係数制約の下で導かれる。誘導型方程式の特殊な場合が，構造型モデルと理解できる。したがって，構造型を帰無仮説下のモデル，誘導型を対立仮説下のモデルとして，どちらのモデルが良いか，検定することが可能である。

仮説は，H_0: 構造モデル，H_a: 誘導型モデル，となる。制約は非線形であるので，尤度比検定が適切である。自由度は，推定する係数の個数の差によって決まる。

例 6.15　誘導型モデルの推定は，最小 2 乗法で良いが，尤度比を求めるには，各式の残差系列を用いて，残差の共分散行列を求めなくてはならない。この残差共分散行列の行列式は 0.087 になった。したがって，対数尤度は

$$\log L = -\frac{21}{2}\{3\ln(2\pi) + 3 + \ln(0.087)\} = -63.8$$

となる。(3 は式の数。) クラインモデル 1 の誘導型対数尤度は -63.8，構造型対数尤度は -69.3，だから，尤度比検定統計量は

$$Q = -2(-69.3 + 63.8) = 11$$

となる。誘導型では，各式に，全ての先決変数が含まれているから，係数の総数は 24 である。検定の自由度は $(24 - 12) = 12$，だが，自由度 12 の χ^2 分布における 5%点は 21 であるから，帰無仮説は棄却できない。したがって，統計的にも構造モデルの方が望ましい。

■シミュレーション

マクロモデルが推定できれば，次に内挿 (interpolation) を求める。これは，線形回帰式を推定した後に求めた，回帰値 $\widehat{y}$ の計算と似ている。しかし，内

生変数の回帰値は，各内生変数が複数の構造式に入っているために，推定されたモデル全体を解くことによって，初めて計算することができる。先のクラインモデル1について説明すれば，係数は既知として，

1. 第1期の先決変数の観測値を，構造式および定義式の右辺に代入し，第1期の内生変数の値を消費関数以下の6式を解いて求める。
2. 第2期以下も，この手続きを続ける。

このように，先決変数の観測値を所与として，内生変数の値を求める方法を，スタティック (static) シミュレーションという。

他方，ダイナミック (dynamic) シミュレーションでは，先決内生変数には，計算により求まった，内生変数値を使う。

1. 第1期については，スタティックな場合と同じ計算で，内生変数の値を求める。
2. 第2期については，外生変数は観測値を使うが，先決内生変数には，1.の結果を代入する。その上で消費関数以下の6式を解いて，第2期の内生変数値を求める。
3. 第3期以下も，同じ手続きを続ける。

内生変数の計算値を以上の方法で求め，観測値との差を検討することにより，モデルの欠点を検討する。スタティックよりも，ダイナミック・シミュレーションの方が，厳しい判定結果をもたらすことが予想される。

観測期間の一部を用いて，モデルの推定を行い，残りの期間の先決変数，あるいは外生変数だけを使って，スタティックあるいはダイナミック・シミュレーションを行うこともある。これは，外挿 (extrapolation) とよばれる。モデルのフィットを調べる，非常に厳しい判定基準となる。

■ 識別問題

モデルの中のある式は，他の式と異なる変数の組合せを含まなければ，モデルの推定ができない。極端な場合，同じ式が重複してモデルに含まれているなら，モデルの推定は不可能である。

6　発展した分析法

　一般的には，全式の和，あるいは各式に異なる定数をかけた上で求めた和（一次結合）と，モデルの中の一式が一致すると，モデルの推定はできない。

　全式の一次結合は，式の合成といっても良い。したがって，ある式が，全式の合成によって再現できないことが，モデルの推定に必要である。このような広い意味での式の重複を避け，モデルの推定を可能にする条件を，識別条件という。

　識別性には，異なるアプローチもある。これは，誘導型係数から，構造型係数を導くための条件である。導出を可能にするための条件は，先の識別条件と一致する。

■構造方程式モデルから見た識別条件

　以下，合成式との重複の観点から，識別性を検討しよう。この例では，y_1 を価格，y_2 を数量と見なし，(6.17) 式と (6.18) 式は，需要と供給の 2 式であるとする。需要関数と供給関数は共に左変数が価格であるから，第 2 式は，左辺と右辺の内生変数を入れ替え，係数を調整しよう。両式は

$$y_1 = \alpha + \beta y_2 + \gamma_1 x_1 + \gamma_2 x_2 + \gamma_3 x_3 + \varepsilon_1 \tag{6.28}$$

$$y_1 = \alpha' + \beta' y_2 + \gamma_1' x_1 + \gamma_2' z_2 + \gamma_3' z_3 + \varepsilon_2 \tag{6.29}$$

となる。(以下，添え字 t は省略する。) もし両式に，x 変数や z 変数が含まれなければ，2 式は全く同じである。(ミクロ経済学で学ぶ，需要曲線と供給曲線を思い浮かべよう。) したがって，y_1 と y_2 の観測値を用いて，両式を推定すると，結果は同じになり，両式は判別できず，識別は不可能になる。(両式の合成式と，両式は完全に一致してしまう。)

　両関数に含まれる変数 x_1 は経済成長率，x_2 は所得，x_3 は家族数，z_2 は輸入品物価指数，z_3 は卸売物価指数であるとしよう。これらの変数は，需要あるいは供給に影響を与えると考えられて，選択されている。x_1 は需要および供給に正の効果，x_2 と x_3 は需要に正の効果，z_2 と z_3 は供給価格に正の効果を与えるであろう。

　第 1 式からは，第 2 式に含まれる z_2 と z_3 が排除されている。第 2 式から

は，第 1 式に含まれる x_2 と x_3 が排除されている。したがって，両式は識別可能である。

一般的に，識別問題は，次のように説明できる。両式の任意の一次結合を求め合成式とする。一次結合とは，非負のウエイト a と b を用い，各式を各々 a 倍 b 倍し，足し合わせることである。ただし，ウエイトの和は 1 であるとする。合成式は，

$$y_1 = \alpha^* + \beta^* y_2 + \gamma_1^* x_1 + \gamma_2^* x_2 + \gamma_3^* x_3 + \gamma_2^* z_2 + \gamma_3^* z_3 + e \quad (6.30)$$

となる。この式と第 1 式が区別できれば，第 1 式は識別が可能である。実際，第 1 式からは z_2 と z_3 が排除されるから，識別が可能である。同様に，第 2 式からは x_2 と x_3 が排除されるから，第 2 式も識別が可能である。

2 式のシステムが

$$y_1 = \alpha + \beta y_2 + \gamma_1 x_1 + \gamma_2 x_2 + \gamma_3 x_3 + \varepsilon_1 \quad (6.31)$$

$$y_1 = \alpha' + \beta' y_2 + \gamma_1' x_1 + \varepsilon_2 \quad (6.32)$$

となっていると，合成式は，

$$y_1 = \alpha^* + \beta^* y_2 + \gamma_1^* x_1 + \gamma_2^* x_2 + \gamma_3^* x_3 + e \quad (6.33)$$

となる。この場合では，合成式と比べて，第 2 式は区別でき，したがって識別可能である。しかし，第 1 式は合成式と同じで，区別できない。識別不可能と判断される。

内生変数が 3 個あるシステムを考察してみよう。例えば，第 1 式は

$$y_1 = \alpha + \beta_2 y_2 + \beta_3 y_3 + \gamma_1 x_1 + \gamma_2 x_2 + \gamma_3 x_3 + \varepsilon_1 \quad (6.34)$$

であるとする。他の式は示さないが，1 式と 2 式の合成と 1 式を比較して，1 式から z_2 が排除されていれば，1 式は，この 2 式の中で識別できる。また，1 式と 3 式を合成して，1 式から z_3 が排除されていれば，この 2 式の中で，1 式は識別できる。3 式全体を考えると，3 式の合成から，z_2 と z_3 が排除されるから，1 式は識別できることとなる。逆に，第 2 式に z_2 と z_3 が含まれるが，第 3 式に新たな変数がなければ，システムとしては識別できない。(後で述べる，識別性の**次数条件**は満たすが，**階数条件**は満たさない。)

6　発展した分析法

このように，第 1 式が識別できるためには，第 1 式から排除される先決変数の数は，右辺に含まれる内生変数の数と等しいか，それ以上でないといけない。

構造方程式の係数を検討することにより，各構造式の識別性が判定できる。そして，各式が識別可能であれば，誘導型係数から，構造型係数を，導くことができる。また，構造型モデルの，全システム法による推定も，可能となる。

■識別性の必要十分条件*

このような，直感的な判定基準を，一般化しよう。第 1 式の識別のためには，第 1 式から排除される変数（内生変数および先決変数）に関する，他の構造式における係数行列が正則であることが，識別性の必要十分条件である。

他の構造式が m 個あるとしよう。第 1 式から排除された先決変数の，他の構造式における係数行列が正則であるには，この行列の階数が，m でないといけない。

階数が m であるとは，m 個の線形独立なベクトルが存在することをいう。このことを確かめるには，次の操作を行う。

1. 行列に含まれるある列 A から，他の列の倍数を足したり引いたりして，A 列の要素をできるだけ消す。

2. この操作を全ての列について行う。

3. この操作の結果，最後に 0 でないベクトルが m 個残るなら，階数は m である。

この結果，第 1 式と残りの m 構造式の，どのような混合を考えても，第 1 式を識別することができる。なぜなら，任意の混合は，排除された変数を，少なくとも 1 個を含むからである。

(6.17) 式と (6.18) 式の場合，(6.17) 式から排除される変数は z_2, z_3，(6.17) 式以外の構造式は (6.18) 式だけだから，排除された変数の係数行列は，

排除された変数	z_2	z_3
(6.18) 式での係数	γ_2'	γ_3'

となる。当然だが，この係数ベクトル (γ_2', γ_3') の階数は 1 であるので，第 1 式は識別できる。(例えば，z_2 列の $(-\gamma_3'/\gamma_2')$ 倍を，z_3 列に足せば，z_3 列は 0 になる。しかし，それ以上の消去はできない。)

この様な，行列の階数による判定を，**識別性の階数条件**とよぶ。階数条件は，識別性のための必要十分条件である。

(6.17) 式と (6.18) 式のシステムでは，(6.18) 式の階数条件は，容易に満たされる。(6.17) 式と (6.19) 式のシステムにおいて，排除された変数の係数行列は

排除された変数	x_2	x_3	y_1
(6.17) 式での係数	γ_2	γ_3	1

となる。その階数は 1 だから，(6.19) 式は識別できる。(第 3 列を基準として，第 1 列と第 2 列を 0 にする。しかし，それ以上の消去はできない。) (6.31) 式と (6.32) 式のシステムでは，(6.32) 式が識別性の条件を満たさない。

■ **識別性の必要条件**

必要十分条件を導くには，このように，システムの係数行列を調べる。より簡便なのは必要条件である。

行列の行数は，他の式の数で，これは m である。行列の列数は，排除された変数の数に等しい。したがって，行列の階数が m であるためには，列数は m 以上必要になる。つまり，排除される変数の数は，m に等しいか，それ以上でないといけない。これが，**識別性の必要条件**，あるいは**次数条件**である。

行数は，内生変数の総数マイナス 1 であり，列数は排除された変数の数によって決まるから，不等式，行数 ≦ 列数は，

$$\text{内生変数の総数} - 1 \leqq \text{第 1 式から排除される変数の総数} \quad (6.35)$$

となる。

モデルが 2 式しか含まない場合は，内生変数の総数は 2 であり，また，第 1 構造式には 2 個の内生変数が共に含まれるが，大きなモデルでは，第 1 構造

6 発展した分析法

式に全ての内生変数が含まれるとは限らない．したがって，上の不等式の両辺から，排除される内生変数を除くと，**次数条件**は

第1式中の内生変数の数 − 1 ≦ 第1式から排除される先決変数の数 (6.36)

となる．

第1構造式には，内生変数以外にも，先決変数が4個含まれる．この含まれる先決変数を，不等式の両辺に加えると，不等号は

第1式の右辺に含まれる全変数の数 ≦ 先決変数の総数 (6.37)

となる．

次数条件は，各構造式について，容易に検討することができる．実際には，次数条件だけが，個別の構造方程式の推定の際に適用される．

識別性の条件が満たされるには，等号が成立すれば良い．このとき，構造方程式は**丁度識別**されると言う．不等号が成立すれば，構造方程式は，**過剰識別**されると言う．識別できれば，右辺 − 左辺を，**過剰識別度**とよぶ．不等式が逆になる場合は，識別できない．これを，**識別不能**と言う．

例 6.16 クラインモデル1の消費関数について，識別性を検討しよう．先決変数は，全部で8個ある．右辺の変数の数は4だから，次数条件は満たされ，過剰識別になっている．過剰識別度は4である．階数条件を調べるために，次の表を検討する．表の第1行は，排除される変数のリストである．第1列は，消費以外の内生変数のリストである．

	$K1$	$trend$	tax	W_g	G	X_{-1}	I	W_p	X
P	0	0	-1	0	0	0	0	0	1
W	0	0	0	1	0	0	0	1	0
I	β_3	0	0	0	0	0	-1	0	0
W_p	0	γ_3	0	0	0	γ_2	0	-1	γ_1
X	0	0	0	0	1	1	1	0	-1

行数は5だから，この行列の階数が5になれば必要十分条件が満たされる．確かに，最初の5列を見れば，正則になっているので，この係数行列の階数は，5である．（列の倍数を加えたり引いたりして，最後の4列を消すこともできる．列は適当に入

れ替えて良い。入れ替えの結果，最初の 5 列が正則であることが，自明となる。)

■ サブシステムの識別性

識別条件をこのように検討してきたが，以上の説明では，1 構造方程式に関する識別性だけが問題にされてきた。単一方程式の推定においては，推定する式の識別性だけが問題であるが，システム推定法では，システム全体が識別されないといけない。

このためには，システムに含まれる，任意の部分システムが識別される必要がある。例えば，

1. 個々の式は全て識別されなければいけない。
2. 任意の 2 個の構造式は，残りのシステムから識別されないといけない。
3. 任意の 3 個の式は，残りのシステムから，識別されないといけない。

このような検討を重ねていく必要があるが，実際の推定では，各構造方程式の経済的な意味が検討され，論理的に設定されていれば，システムの識別性は満たされている。

■ 誘導型方程式から見た識別性

最後に，誘導型方程式の係数から，識別性を検討する。既に，構造型方程式から，誘導型方程式が導かれたことを想起しよう。2 式に含まれる先決変数の全体が分かれば，この導出ができる。これは一般化できて，ある構造方程式システムから，その誘導型方程式群を導くためには，システムに含まれる先決変数の全体が分かれば良い。また，構造型係数が既知であれば，このような変換により，誘導型係数を全て知ることができる。

誘導型方程式は，線形回帰式になっているから，係数は最小 2 乗法によって推定することができる。それでは，誘導型係数が推定できたとして，誘導型係数から構造型係数を推定することはできるだろうか。以下，この可能性を検討する。

(6.21) 式から (6.22) 式の β 倍を引くと，

$$y_{1t} - \beta y_{2t} = (\pi_1 - \beta\pi'_1) + (\pi_2 - \beta\pi'_2)x_{1t} + (\pi_3 - \beta\pi'_3)x_{2t} + (\pi_4 - \beta\pi'_4)x_{3t}$$
$$+ (\pi_5 - \beta\pi'_5)z_{2t} + (\pi_6 - \beta\pi'_6)z_{3t} + (v_{1t} - \beta v_{2t})$$

となる.この式が,(6.17)式と一致すれば,誘導型係数から,構造型係数を導くことができる.したがって,(6.17)式と比べて,まず,2式の0制約

$$\pi_5 - \beta\pi'_5 = 0$$
$$\pi_6 - \beta\pi'_6 = 0$$

から,βの値を決める.

誘導型係数が既知であれば,βを決めるには,0制約は1個で十分である.これが,丁度識別である.今の場合は,βを決める式が過剰にあり,過剰識別になっている.2SLS推定量や,LIML推定量は,過剰識別の際に,βを決める方法である,と理解すれば良い.

βの値が分かれば,他の構造型係数は,次式

$$\alpha = \pi_1 - \beta\pi'_1$$
$$\gamma_1 = \pi_2 - \beta\pi'_2$$
$$\gamma_2 = \pi_3 - \beta\pi'_3$$
$$\gamma_3 = \pi_4 - \beta\pi'_4$$

により,誘導型係数を用いて決めることができる.

誘導形式から識別性を考える場合,今の例では,βと,排除されている先決変数の数が識別性の基準となる.排除されている先決変数が1個有れば,βが推定できる.一般的には,右辺に含まれる内生変数の数と,排除される先決変数の数の比較となり,

$$\text{右辺に入る内生変数の数} \leqq \text{排除される先決変数の数} \quad (6.38)$$

という不等式が満たされれば,右辺に入る内生変数の係数値を決めることができる.不等式の両辺に,現在の構造式に含まれる先決変数を加えれば,識別の必要条件

$$\text{右辺に入る変数の数} \leqq \text{先決変数の総数の数}$$

が導かれる.これは,先に導いた,次数条件である.

● 練習問題

1. (6.6) 式は，$P=2, q=1$ であれば $\beta_i = \gamma_0 + \gamma_1 i$，したがって，$\beta_0 = \gamma_0, \beta_1 = \gamma_0 + \gamma_1, \beta_2 = \gamma_0 + 2\gamma_1$，となる。この式より，$(*)(\beta_2 - \beta_1) - (\beta_1 - \beta_0) = 0$，という制約が導かれる。このことより，アーモン分布ラグを含む回帰式 $y_t = \alpha + \beta_0 x_t + \beta_1 x_{t-1} + \beta_2 x_{t-2} + \varepsilon_t$ の推定は，回帰係数間に，制約 $(*)$ が課せられる場合の，最小2乗推定に等しいことが分かる。$P=3, q=2$ の場合について，係数間にいかなる制約が成立するか，示しなさい。

2. （問1の続き）$P=2, q=1$ で，端点制約（最近点制約）をさらに課す場合，回帰式はどのように簡略化できるか示しなさい。

3. 例6.3において，P に他の値を与えて，推定，および検定を繰り返しなさい。ただし，TSP のコマンドは

    freq a;   ?観測値は年次データである
    smpl 1956 2001;   ?観測期間の指定
    load(file='a.xls',format=excel)Year   x;   ?データの読み込みを指定
    OLSQ Y C X(q+1, p+1, 制約指定);

となる。(?より後は，コメント文である。) q は多項式の次数，p はラグの長さ，端点制約は none（制約無し），near（最近点），far（最遠点），both（両方），の四種類である。推定に先立ち，SMPL の始点を p だけ遅らすこと。

　　EViews では，データの読み込み法が異なる。File/New/Workfile と指示を行い，新しい Workfile を作ることを宣言する。次に，File/Import/Read/Text-Lotus-Excel で，Excel ファイルを指定し，データの読み込みを行う。(詳細は，HELP を参照すること。) 推定は，Quick/Estimate Equation と指定すればよいが，線形回帰式は，「Y C PDL(X,q, p, 制約指定)」という形式になる。制約指定は，1, 2, 3 の整数で行う。

4. 表6-1のデータを使い，ロジットあるいはプロビット推定をしなさい。TSP では，コマンドは通常の回帰のように

    freq n;   ?観測値はクロスデータである
    smpl 1   30;   ?観測個数の指定
    load(file='a.xls',format=excel)y x0 x1 income costdif;   ?データの読み込み
    logit y   c   income   costdif ;

とする。(?より後は，コメント文である。) y は二項変数 (0,1)，x0 と x1 は各通勤モードの費用，income は所得，costdif は費用差 (x0−x1) である。あるいは，選択ごとに値が異なる条件変数を使い

6 発展した分析法

　　　logit(cond, nchoice=2) y x|c　income;
とする。費用変数を x として，TSP は自動的に，モードごとの条件変数 x0 と x1 を，この順番で探し，推定に用いる。したがって，x0 と x1 はあらかじめ与えておく必要がある。

　EViews では，データの読み込みは，問 3 と同様に行う。Quick/Estimate Equation とし，式の設定も，「y　c　income　costdif」とするが，推定法 (Method) として，Binary を指定する。

5. 表 6–1 を，三項選択のデータに変更し，推定しなさい。(一部の人は，自転車で通勤するとしよう。自転車を 0，バスを 1，車を 2 とする。自転車利用の費用 z_0 を，全ての人に，追加する。)

　選択対象が 3 個ある，三項選択データの分析では，TSP では，y が整数値 (0,1,2) を取る離散変数であるとすれば，「logit (cond, nchoice=3) y z| c x;」と設定する。この設定により，z は選択に伴われる条件変数であり，プログラムは，z_0，z_1，z_2 を自動的に組み込む。したがって，3 変数 z_0，z_1，z_2 のデータが，この順番で，用意されていることが前提となる。添え字は，y が取る値 (0,1,2) によって自動的に決まる。

　EViews では，多項選択が使えない。しかし，「順序付けがあるプロビット法」は利用できる。これは，選択が，説明変数の値によって順序付けられると考えられる場合に使う。データを読み込み，Quick/Estimate Equation, 次の式の設定は回帰式と同じで良い。推定法 (Method) で，「Ordered」を選ぶ。

6. 表 6–2 のデータを用い，TSP により，トービット 1 回帰ならびにトービット 2 回帰で推定しなさい。後者は SAMPSEL コマンドを使う。

　　　tobit 賃金　c　教育歴　職歴　年齢；
　　　sampsel　就業　c　子供　年齢 | 賃金　c　教育歴　職歴　年齢；
というコマンドで両推定は実行できる。就業変数は二項 (0, 1) で，賃金が 0 なら 0，賃金が正値なら 1 として，作成する。SAMPSEL の縦線より前は，プロビット推定式，後は，トービット回帰式を示す。

　EViews では，トービット 2 回帰が推定できない。トービット 1 回帰は，推定法 (Method) で「censored」を選択する。同じく，切断回帰は，「censored」で，「truncated sample」に，チェックを入れる。

7. 表 6–3 のデータを，会社番号 no，売り上げ y，支店数 k，従業員数 n を使い，パネル法で推定しなさい。データの読み込みは標準だが，企業認識コードは ID = no で行う。この例では，観測個数は 18 になる。year, no, y, k, n, についてデータを読み込む。TSP コマンドは

　　　PANEL (ID = no, mean, byid) y c k n;

などとなる。byid は，様々な F 検定の指示である。

EViews では，パネル回帰は，データの読み込み，式の設定など，標準の回帰とかなり異なる。表 6–3 から「no」の列を除いて，

1. Excel 表を基に，File/New/Workfile/Annual，そして，1990, 1992 を入れる。
2. Object/New Object/Pool を選択する。
3. Cross Section Identifiers: は 「_a _b _c _d _e _f」を入力。
4. 同じダイアログボックスの中で，Procs/Import Pooled Data で，ファイルを指定する。
5. a2, を指定する。さらに，「id? id2? Year? Y? K? N?」と変数名を入れる。「?」が，ここでの特徴。
6. Cross Section Identifiers を指定した，ダイアログボックスの「Estimate」をクリックして，式を指定する。例えば「y? k? n?」，ただし，Weighting は，指定しない。定数項については，いろいろ試みてみる。

8. 表 6–4 のデータを使い，SUR 推定をしなさい。変数は式毎に変え，I1,F1,K1 と I2,F2,K2 を観測個数 10 ずつ読み込む。プログラムは以下のようになる。(? より後は，コメント文である。)

   param a1 a2 b1 b2 c1 c2; ?係数の設定
   frml eq1 I1=a1+b1*f1+c1*k1; ?GE 式の設定
   frml eq2 I2=a2+b2*f2+c2*k2; ?WH 式の設定
   lsq eq1; ?最小 2 乗推定
   lsq eq2; ?最小 2 乗推定
   sur eq1 eq2; ?SUR 推定
   lsq eq1 eq2; ?SUR の反復推定

EViews では，データの読み込み方法は変わらない。推定法は，Objects/New Objects/system で，式の体系を設定する。この例では，

   ig=c(1)+c(2)*fg+c(3)*kg,
   iw=c(4)+c(5)*fw+c(6)*kw

などとなる。推定法は SUR。

9. 表 6–5 のデータを用い，クラインモデル 1 の各式を，単一方程式法で推定しなさい。TSP であれば，消費関数の推定は

   liml(inst = (wg, c, trend, p(−1), tax, g, k1, $x(−1)$))cons c p p(−1) w;

とすれば良い。2SLS では，liml を 2sls に変える。先決変数を括弧内の inst の後に指定し，消費関数に含まれる変数を，最後に指定する。投資関数ならびに賃金関数を，推定しなさい。（先決変数のセットは共通である。）

EViews では，2SLS は，通常の線形回帰式のように推定することができる。

6 発展した分析法

Quick/Estimate Equation, 推定法 (Method) で「TSLS」を選ぶ。次に，式を設定し，先決変数のセットを定義する。問 10 の，3SLS 推定法の設定を行い，次に全ての式の 2SLS 推定をすることもできる。

10. クラインモデル 1 を，3SLS ならびに FIML 法で推定しなさい。TSP のコマンドは次のようになる。

  param a0 a1 a2 a3 b0 b1 b2 b3 c0 c1 c2 c3; ?係数の宣言
  frml eq1 cons=a0+a1*p+a2*p(-1)+a3*w; ?消費関数 eq1
  frml eq2 I=b0+b1*p+b2*p(-1)+b3*k1; ?投資関数 eq2
  frml eq3 wp=c0+c1*x+c2*x(-1)+c3*trend; ?賃金関数 eq3
  ident det1 x=cons+I+g; ?国民所得定義式
  ident det3 w=wp+wg; ?総賃金定義式
  ident det2 p=x-wp-t; ?利潤定義式
  3sls(inst=(wg, c, trend, p(-1), tax, g, k1, x(-1))) eq1 eq2 eq3;
  ?3 構造方程式と先決変数の指定
  fiml(endog=(cons i wp x p w),maxit=80) eq1 eq2 eq3 det1 det2 det3;
  ?3 構造方程式と定義式の指定

eq1 と eq2 から P を除いて，再推定しなさい。どちらのモデルが望ましいか。また，solve を用いて，シミュレーションも計算してみなさい。シミュレーションでは，資本蓄積額についての定義式，k=k1+I, が必要。

EViews では，SUR と同様な設定を行う。TSP と違い，定義式が使えないことに注意。x,w,p などは，定義式を使わず，Excel であらかじめ計算して，値を読み込めば良い。3SLS 法では，三推定式を定義した後に，「inst」と記して，先決変数のセットを定める。この先決変数以外の変数は，内生変数と理解され，内生変数の数は，式の数に等しくないといけない。シミュレーションは，Objects/New Object/Model, から始める。ダイナミック・シミュレーションでは，x,w,p,k などの，定義式が必要である。Quick/Generate Series, で変数を $x = \mathrm{cons} + I + g$ などのように定義する。詳細は，User's guide を参照すること。

11. クラインモデル 1 において，識別性の次数条件並びに階数条件を，投資関数について確かめなさい。

第 6 章の数学補論

6.1 コイック変換式の誤差項

(6.2) 式の誤差項については，
$$E(\varepsilon_t) = 0, V(\varepsilon_t) = \sigma^2$$
かつ互いに独立に分布する，という標準の仮定を置いて良い。この標準仮定の下で，$\varepsilon_t - \lambda \varepsilon_{t-1}$ の性質を導いてみるが，まず，
$$E(\varepsilon_t - \lambda \varepsilon_{t-1}) = 0$$
と求まる。分散は，同じ変数の 2 乗の項だけを考慮して，
$$V(\varepsilon_t - \lambda \varepsilon_{t-1}) = E(\varepsilon_t^2 - 2\lambda \varepsilon_t \varepsilon_{t-1} + \lambda^2 \varepsilon_{t-1}^2) = (1 + \lambda^2)\sigma^2$$
と求まる。次に，1 期ずれた誤差項間の共分散を求めると，ε_{t-1} が共通であるので
$$E\{(\varepsilon_t - \lambda \varepsilon_{t-1})(\varepsilon_{t-1} - \lambda \varepsilon_{t-2})\} = E(-\lambda \varepsilon_{t-1}^2) = -\lambda \sigma^2$$
となる。2 期ずれた誤差項間の共分散は，共通の項がないので，0 である。3 期以上のずれに関しても 0 になる。このような結果になるが，1 期ずれた誤差項間の共分散が 0 にならないから，$\varepsilon_t - \lambda \varepsilon_{t-1}$ は独立に分布しない。

誤差項は標準的な仮定を満たさないが，一応の推定結果を得るためには，(6.5) 式を，最小 2 乗法で推定すれば良い。

コイック分布ラグの平均ラグを求めてみよう。係数の総和は，幾何級数により
$$Q = \beta_0 + \beta_0 \lambda + \beta_0 \lambda^2 + \cdots = \beta_0 \sum_{i=0}^{\infty} \lambda^i = \beta_0 \frac{1}{1-\lambda}$$
となる。したがって，各係数の重みは，各係数を Q で割って，
$$(1-\lambda), (1-\lambda)\lambda, (1-\lambda)\lambda^2, \cdots$$
と求まる。この重みを用いてラグ時点の加重平均を計算すると，平均ラグは
$$\sum_{i=0}^{\infty} i(1-\lambda)\lambda^i = \sum_{i=0}^{\infty} i\lambda^i - \sum_{i=0}^{\infty} i\lambda^{i+1} = \sum_{i=0}^{\infty} \lambda^{i+1} = \frac{\lambda}{1-\lambda}$$
となる。λ の値が 0 に近い正値なら，幾何級数の収束は早いから，平均ラグの値は小になる。1 に近いときは，逆の現象を示す。

6.2 二項選択式の性質

被説明変数 y_i は，2 値しかとらないから，二項確率変数である。二項確率変数が 1 を取る確率を p_i とすれば，確率関数は，

$$P(y_i = 1) = p_i, P(y_i = 0) = 1 - p_i (= q_i)$$

となる。したがって，期待値は

$$E(y_i) = 1 \times p_i + 0 \times q_i = p_i$$

と計算できる。y_i の回帰式を

$$y_i = p_i + \varepsilon_i$$

と定義する。この式では，新しい記号である誤差項 ε_i が定義されたと理解すれば良い。$\varepsilon_i = y_i - p_i$ だから，誤差項も二項確率変数で，その確率関数は

$$P(\varepsilon_i = q_i) = P(y_i = 1) = p_i, P(\varepsilon_i = -p_i) = P(y_i = 0) = q_i$$

と求まる。この確率関数により，期待値は

$$E(\varepsilon_i) = q_i p_i - p_i q_i = 0$$

となる。さらに，分散は

$$V(\varepsilon_i) = (q_i)^2 p_i + (-p_i)^2 q_i = q_i p_i$$

となる。分散は添え字と共に変化するから，分散は均一ではない。

第 7 章

統計分析の基礎

　統計分析では，標本平均，標本分散などの統計量と共に，理論的な平均や分散といったツールが必要である。後者は，期待値と総称されるが，母集団に結びついた理論的な概念で，標本統計量よりも理解が難しい。本書では，可能な限り理論的分析を避けて，諸手法の説明を進めてきた。しかし，理論的な内容を全て排除するのでは，諸結果のより深い理解につながらない。

　本章では，既に述べられてきた諸定理などの理解に必要な，理論的な説明を行う。最初に二項確率変数とその分布，ならびに期待値を説明する。次に，二項確率変数から導かれた，標本平均などの統計量の性質を解説する。次に，連続な確率変数の性質，複数の確率変数の性質，標本平均や分散の一般的な特性を説明し，最後に，最小2乗推定量の理論的な性質，つまり，不偏性，最小分散性 (BLUE) などを証明する。

7 統計分析の基礎

□ 7-1 二項確率変数 □

■二項確率変数の平均

確率変数とは何らかの現象を観測している際に変動する量のことを言う。**平均** (mean) は，確率変数の分布の中心を示す代表値の一つである。物理用語では，平均は**重心**とよばれる（図7-1）。一方，**期待値** (expectation, expected value) は確率変数の2乗，3乗，あるいは任意の関数の平均であり，一般的な概念である。

有限個の離散値，すなわち整数の値などしか取らない確率変数を**離散確率変数**という。離散確率変数の平均とは，確率変数が取る全ての値の，加重平均 ((1.3) 式) である。加重平均の重みとして，その値が生じる確率を使う。確率は負の値を取らず，また和が1になるから，重みの条件を満たしている。

例えば2値 $(-1, 1)$ が各々確率 $\frac{1}{3}$ と $\frac{2}{3}$ で生じる場合を考え，このように確率変数が2値しかとらない二項確率変数 X の平均を求めよう。このとき**確率関数**は，

$$P\{X = -1\} = \frac{1}{3} \qquad (7.1)$$

$$P\{X = 1\} = \frac{2}{3} \qquad (7.2)$$

となる。確率関数は，このように離散確率変数が取る全ての値に対して，その値が生じる確率を示す。確率関数を基にして，確率変数の平均は

$$E(X) = (-1) \times \frac{1}{3} + 1 \times \frac{2}{3} = \frac{1}{3}$$

と求まる。$E(\cdot)$ は期待値計算の記号である。期待値は，確率変数 X が取る値に，その値が生じる確率を掛け，足し合わせて求める。

無作為標本 $\{X_1, X_2, \cdots, X_n\}$ について，その**母分布**は，二値 $(-1, 1)$ が各々確率 $\frac{1}{3}$ と $\frac{2}{3}$ で生じる二項分布であるとしよう。この母分布の**母平均**は，先の計算により $\frac{1}{3}$ となる。したがって，$E(X)$ を**母平均**とよんでもよい。

図 7–1　平　均

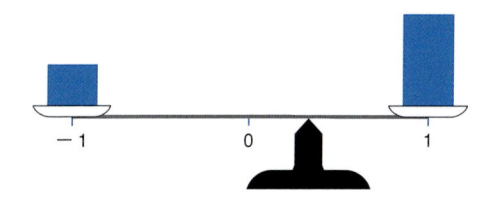

■ 分　散

　平均は分布の中心位置を示す代表値だが，中心位置の周辺での，確率変数の広がり具合を示す代表値として分散（variance）がある。これは散らばり具合を示す尺度であり，平均と確率変数の差を求め，その 2 乗の加重平均を計算して求める。加重平均に用いる重みには，各座標値が生じる確率が使われる。

　離散型では，分散の意味も説明しやすい。平均から離れた値では，差の 2 乗は値が大きいが，もしその値をとる確率が非常に小さいならば，影響が小さい。確率関数の形状が，平均のまわりで「厚く」，平均から遠くはずれた値では非常に「薄い」ならば，確率関数が幅広く広がっていても，分散は小さくなる。逆の場合も容易に考えられよう。

　平均を

$$\mu = E(X)$$

と表記しよう。μ はギリシャ文字のミュウであり，しばしば，確率変数の平均を表現する際に用いられる。分散の定義は

$$V(X) = E\{(X-\mu)^2\} \tag{7.3}$$

となる。

　分散は $var(X)$，あるいはギリシャ文字 σ^2（シグマ 2 乗）で示されることもある。分散の正の平方根は，**標準偏差**とよばれるが，これも良く利用される代表値である。特に，標準偏差は，観測単位が観測値と同じになることに注意しよう。例えば，体重のデータであれば，原データは kg 単位，平均は同じく

7 統計分析の基礎

kg 単位，分散は kg の 2 乗の単位，そして標準偏差はもとの kg 単位になる。標準偏差は sd, s.d., あるいは D と記される。σ で表されることも多い。

■二項確率変数の分散

分散の定義式から期待値を計算すると，

$$V(X) = (-1-\mu)^2 \times \frac{1}{3} + (1-\mu)^2 \times \frac{2}{3} \tag{7.4}$$

となる。この式の計算を進めれば，結果は $\frac{8}{9}$ となる。

別の計算法を示そう。分散は一般に

$$V(X) = E(X^2) - \mu^2 \tag{7.5}$$

と分解される。この分解は，一般の離散確率変数ならびに連続確率変数（後述）において成立する。

用語の使い方として，第 1 項の $E(X^2)$ は，X^2 の平均であるが，これを X^2 の**期待値**と言うことが多い。逆に，$E(X)$ は X の期待値であるが，平均とよぶことが多い。後者の場合，標本平均との混乱が生じやすい。

証明 (7.4) 式の 2 乗を展開すると，

$$\begin{aligned} V(X) &= \{(-1)^2 - 2(-1)\mu + (\mu)^2\} \times \frac{1}{3} + \{(1)^2 - 2\mu + (\mu)^2\} \times \frac{2}{3} \\ &= \left\{(-1)^2 \times \frac{1}{3} + (1)^2 \times \frac{2}{3}\right\} - \left\{2(-1)\mu \times \frac{1}{3} + 2\mu \times \frac{2}{3}\right\} \\ &\quad + \left\{(\mu)^2 \times \frac{1}{3} + (\mu)^2 \times \frac{2}{3}\right\} \\ &= E(X^2) - E(2X\mu) + E(\mu^2) \end{aligned}$$

となる。2 乗の展開

$$(X-\mu)^2 = (X^2 - 2X\mu + \mu^2)$$

は明らかであるから，この計算は，全体の期待値が，**項別期待値**に分解できることを示している。第 2 項については，$2X\mu$ が取る値に確率を掛け，足せば良い。整理すると，

$$E(2X\mu) = \{2 \times (-1) \times \mu\} \times \frac{1}{3} + \{2 \times 1 \times \mu\} \times \frac{2}{3}$$
$$= 2\mu \left\{ (-1) \times \frac{1}{3} + 1 \times \frac{2}{3} \right\}$$
$$= 2\mu E(X)$$

となる。第3項については，μ^2 が定数であることに注意しよう。定数の期待値は，定数が一点を確率1で取る確率変数であると考えて良いから，

$$E(\mu^2) = \mu^2$$

となる。(終わり)

計算を進めよう。X の2乗の性質を考えると，X が (-1) でも2乗は1だから，X^2 は必ず1になる。したがって，X^2 の平均は1になる。期待値の計算方法に沿った計算を示すと，

$$E(X^2) = (-1)^2 \times \frac{1}{3} + 1^2 \times \frac{2}{3} = 1$$

となる。X^2 が取る値に，その値が生じる確率を掛け，足しあわせて求める。これは，X^2 の期待値である。

二項確率変数の分散は，

$$V(X) = 1 - \left(\frac{1}{3}\right)^2 = \frac{8}{9}$$

と求まる。

□ 7–2　二項確率変数の標本平均 □

■推　定　量

　標本平均とは，観測値の平均値である。したがって確率変数の平均（母平均）とは全く異なる概念であるが，データから求められた標本平均は，母平均の推定量になっている。推定量とは，推定公式と考えれば良い。統計量も計算

7　統計分析の基礎

公式を意味するから，**標本** $\{X_1, X_2, \cdots, X_n\}$ を用いて，計算可能でないといけない。したがって，**未知係数を含むことはできない**。推定のための統計量を推定量，また検定のための統計量を**検定統計量**とよぶ。

　二項母集団から得た，観測個数が 2 の標本についての例を考えよう。観測値が $\{1, -1\}$ であったとする。このデータに関しては，標本平均は

$$\frac{1}{2}(1-1) = 0$$

となる。これは，母平均と異なる。このように，標本平均によって母平均を推定しても，推定量の値が母平均と一致する保証はない。

■ **標本平均の分布**

　標本平均は推定量であり，当然ながら確率変数であるから，様々な値を取る。そこで，標本平均の分布を求め，性質を詳しく検討しよう。

　観測個数が 2 の無作為標本を $\{X_1, X_2\}$ とすれば，X_1 と X_2 は各々先に定義された二項確率変数であり，また独立に分布する。したがって，特定の観測値の組合せが生じる確率を，容易に計算することができる。例えば $\{1, -1\}$ が生じる確率は，

$$P\{X_1 = 1, X_2 = -1\} = P\{X_1 = 1\} \times P\{X_2 = -1\} = \frac{2}{3} \times \frac{1}{3} = \frac{2}{9}$$

となる。標本平均は

$$\overline{X} = \frac{1}{2}(X_1 + X_2) \tag{7.6}$$

だから，この場合，$\overline{X}$ は 0 である。

　観測値の全ての組合せは，$\{-1, -1\}, \{1, -1\}, \{-1, 1\}, \{1, 1\}$ であるから，各組が生じる確率と，標本平均の値は次のようになる。

　$\{-1, -1\}$ なら，

$$P\{X_1 = -1, X_2 = -1\} = \frac{1}{9} \tag{7.7}$$

そして，このとき $\overline{X} = -1$ となる。また，$\{1, -1\}$ なら，

$$P\{X_1 = -1, X_2 = 1\} = \frac{2}{9} \tag{7.8}$$

そして，$\overline{X} = 0$ となる．また，$\{-1, 1\}$ なら，

$$P\{X_1 = 1, X_2 = -1\} = \frac{2}{9} \tag{7.9}$$

そして，$\overline{X} = 0$ となる．また，$\{1, 1\}$ なら，

$$P\{X_1 = 1, X_2 = 1\} = \frac{4}{9} \tag{7.10}$$

そして，$\overline{X} = 1$ となる．

以上の結果を $\overline{X}$ の性質でまとめれば，$\overline{X}$ の確率関数が次のように求まる．

$$P\{\overline{X} = -1\} = \frac{1}{9} \tag{7.11}$$

$$P\{\overline{X} = 0\} = \frac{4}{9} \tag{7.12}$$

$$P\{\overline{X} = 1\} = \frac{4}{9} \tag{7.13}$$

このように標本平均 $\overline{X}$ がいずれの値を取ろうとも，母平均 $\frac{1}{3}$ には一致しない．

■ 標本平均の期待値

元々の母分布は二項分布であったが，$\overline{X}$ は 3 個の値を取る三項確率変数になることがわかる．$\overline{X}$ は，確率変数の関数であり，それ自体確率変数になっている．だから，分布を持つのである．このように，無作為標本によって構成される新しい確率変数の分布を，**標本分布**とよぶ．

$\overline{X}$ は確率変数であるから，その期待値も存在する．計算すれば，

$$E(\overline{X}) = (-1) \times \frac{1}{9} + 0 \times \frac{4}{9} + 1 \times \frac{4}{9} = \frac{1}{3}$$

となる．これが標本平均の平均である．無作為標本から得た標本平均の期待値は，母平均に一致する．ここに，標本平均の推定量としての意味がある．標本平均は，母平均の不偏推定量になっている，と言う．(7.29) 式を参照せよ．

標本平均の平均といった，混乱を招く表現が出てくるが，標本平均は確率変数であり，様々な値を取るということが重要である．

7 統計分析の基礎

標本平均は 3 個の値を取り，またどの値も母平均と異なるが，期待値は母平均に一致する。

標本平均の分布を用いなくとも，(7.7) から (7.10) 式により，期待値を計算しても良い。観測値の全ての組合せ，伴われる $\overline{X}$ の値，ならびに組合せが生じる確率より，

$$E(\overline{X}) = (-1) \times \frac{1}{9} + 0 \times \frac{2}{9} + 0 \times \frac{2}{9} + 1 \times \frac{4}{9}$$

となる。

■ 標本平均の分散

標本平均は確率変数であるから，その分散を求めよう。分散の分解式 (7.5) により，分散は

$$V(\overline{X}) = E\{(\overline{X} - E(\overline{X}))^2\} \qquad (7.14)$$
$$= E(\overline{X}^2) - \{E(\overline{X})\}^2$$

と分解できるが，第 2 項は $\frac{1}{3}$ の 2 乗である。第 1 項は，期待値の公式に基づき，(7.11) から (7.13) 式を用いて

$$E(\overline{X}^2) = (-1)^2 \times \frac{1}{9} + 0^2 \times \frac{4}{9} + 1^2 \times \frac{4}{9} = \frac{5}{9}$$

となるから，分散は

$$V(\overline{X}) = \frac{5}{9} - \left(\frac{1}{3}\right)^2 = \frac{4}{9}$$

と求まる。

標本平均の分布を用いなくとも，(7.7) から (7.10) 式により，観測値の全ての組合せ，組合せが生じる確率，ならびに伴われる $\overline{X}$ の値から，分散を求めても良い。

■ 計 算 法 2

観測個数が 2 の無作為標本では，標本平均の分散は

$$V(\overline{X}) = \frac{1}{2}V(X_1) \tag{7.15}$$

となる．標本平均の期待値が母平均に一致し，他方で，分散が半分になることに，標本平均の推定量としての役割が現れる．

この性質は(7.30)式で一般化され，観測個数がnの無作為標本については，標本平均の分散は，母分散のn分の1になることが示される．

証明 $E(\overline{X}) = E(X) = \mu$ となるから，各Xから期待値を引くという方針により，

$$\begin{aligned} E\{(\overline{X} - \mu)^2\} &= E\left\{\left[\frac{1}{2}(X_1 + X_2) - \mu\right]^2\right\} \\ &= \frac{1}{4}E\{[(X_1 - \mu) + (X_2 - \mu)]^2\} \\ &= \frac{1}{4}E\{(X_1 - \mu)^2 + (X_2 - \mu)^2 + 2(X_1 - \mu)(X_2 - \mu)\} \end{aligned} \tag{7.16}$$

と展開できる．ここで，項別に期待値を計算する．第1項では，分散の定義により

$$E\{(X_1 - \mu)^2\} = V(X_1)$$

となる．したがって，定数$\frac{1}{4}$を除けば，この項は母分散に一致する．第2項についても同じである．

第3項は，X_1とX_2は独立な確率変数であるから

$$E\{(X_1 - \mu)(X_2 - \mu)\} = E(X_1 - \mu)E(X_2 - \mu)$$

と，「積の期待値は期待値の積」に分割できる．また，項別に期待値を計算できるから，

$$E(X_1 - \mu) = E(X_1) - E(\mu)$$

となり，0となる．以上により標本平均の分散は，

$$V(\overline{X}) = \frac{1}{4}V(X_1) + \frac{1}{4}V(X_2)$$

となる．(終わり)

■積の期待値

独立な確率変数の積の期待値は，期待値の積に等しい．この点を確認するために，積の期待値を直接計算してみよう．(7.7) 式から (7.10) 式を用いると，

$$E\{(X_1-\mu)(X_2-\mu)\} = (-1-\mu)(-1-\mu)\times\frac{1}{9} + (-1-\mu)(1-\mu)\times\frac{2}{9}$$
$$+ (1-\mu)(-1-\mu)\times\frac{2}{9} + (1-\mu)(1-\mu)\times\frac{4}{9}$$

となる．右辺の 4 項を，最初の 2 項と，残りの 2 項に分けて計算を進めると，

$$E\{(X_1-\mu)(X_2-\mu)\} = (-1-\mu)\times\frac{1}{3}\times E(X_2-\mu)$$
$$+ (1-\mu)\times\frac{2}{3}\times E(X_2-\mu)$$
$$= E(X_1-\mu)\times E(X_2-\mu)$$

と，期待値の積にまとめることができる．

□ 7–3　二項確率変数の標本分散 □

■標本分散の分布

(1.4) 式で定義された標本分散も，確率変数の関数であり，<u>推定量</u>であるから，分布を持つ．標本平均に続いて，標本分散の分布を導いてみよう．

現在の例では，観測個数 n が 2 であるから，標本分散は

$$s_x^2 = (X_1-\overline{X})^2 + (X_2-\overline{X})^2$$

となる．また，(1.4) 式と異なり X_1 と X_2 を大文字で表現するが，これは確率変数を表す．標本分散の取る値と確率を求めるが，標本平均と同様に $\{-1,-1\}$ なら，

$$P\{X_1=-1, X_2=-1\} = \frac{1}{9} \tag{7.17}$$

そして $s_x^2 = 0$ となる．$\{-1,1\}$ なら，

$$P\{X_1 = -1, X_2 = 1\} = \frac{2}{9} \tag{7.18}$$

そして $s_x^2 = 2$ となる。$\{1, -1\}$ なら，

$$P\{X_1 = 1, X_2 = -1\} = \frac{2}{9} \tag{7.19}$$

そして $s_x^2 = 2$ となる。$\{1, 1\}$ なら，

$$P\{X_1 = 1, X_2 = 1\} = \frac{4}{9} \tag{7.20}$$

そして $s_x^2 = 0$ となる。s_x^2 の値によって整理すると，s_x^2 の確率関数は

$$P\{s_x^2 = 0\} = \frac{5}{9}$$

$$P\{s_x^2 = 2\} = \frac{4}{9}$$

となる。これは，s_x^2 の標本分布である。母分散は $\frac{8}{9}$ であるから，標本分散の値は，決して母分散に一致しない。しかし，標本分散の期待値は

$$E(s_x^2) = 0 \times \frac{5}{9} + 2 \times \frac{4}{9} = \frac{8}{9}$$

となり，母分散と同じになる。標本分散は，母分散の<u>不偏推定量</u>である。この性質も一般化される。(7.35) 式を参照。

別の導出も可能で，(7.17) 式から (7.20) 式により，4 事象における s_x^2 値と，各事象が生じる確率が分かるから，期待値は

$$E(s_x^2) = 0 \times \frac{1}{9} + 2 \times \frac{2}{9} + 2 \times \frac{2}{9} + 0 \times \frac{4}{9} = \frac{8}{9}$$

と計算でき，同じ結果を得る。ここでは，s_x^2 の分布ではなく，元の確率変数の組合せが生じる確率を用いて，期待値を計算している。

■ 標本分散の分散

標本平均の平均を求めたように，標本分散にも分散がある。標本平均や標本分散は確率変数であるから，分布を持ち，平均や分散が存在するのである。

7 統計分析の基礎

標本分散については，その分布が求まっているから，分散の計算は容易である。(7.14)式のように分散を分解して期待値を求めれば，

$$V\{(s_x^2)\} = E\{(s_x^2)^2\} - \{E(s_x^2)\}^2$$
$$= \left(0 \times \frac{5}{9} + 4 \times \frac{4}{9}\right) - \frac{64}{81} = \frac{80}{81}$$

となる。

標本分散の分散という表現自体が混乱を招くかもしれないが，標本分散は確率変数であり，分布を持ち，当然ながら平均や分散が存在することを強調するために，この例を示す。

7–4 離散確率変数

■離散確率変数の分布関数

二項確率関数を一般化して，一般的な離散確率変数 X の確率関数を示しておこう。X が，m 個の離散値 $\{c_1, c_2, \cdots, c_m\}$ を，各々確率 $\{p_1, p_2, \cdots, p_m\}$ で取るとする。確率関数は

$$P(X = c_i) = p_i \quad i = 1, 2, \cdots, m$$

と表現される。他の実数値が生じる確率は 0 である。また，確率変数がとる値は全て異なり，$c_1 < c_2 < \cdots < c_m$ であるとしよう。

分布関数は，確率変数が変数 x 以下の値をとる確率，

$$F(x) = P(X \leqq x)$$

である。

確率関数が与えられていれば，分布関数を導くことができる。任意の x が，不等式 $c_k \leqq x < c_{k+1}$ を満たすとすれば，

$$P(X \leqq x) = P(\{X = c_1\} or \{X = c_2\} or \cdots or \{X = c_k\})$$
$$= P(\{X = c_1\}) + P(\{X = c_2\}) + \cdots + P(\{X = c_k\})$$
$$= \sum_{i=1}^{k} p_i$$

となる。分布関数は，x が c_k に一致したときに，p_k だけ増加する階段関数になっている。また

$$F(x) = 0 \qquad x < c_1$$

となり，分布関数の左裾は 0 である。また

$$F(x) = 1 \qquad c_m \leqq x$$

となり，右裾は上限の 1 に等しい。

■ 離散確率変数の期待値

確率変数の平均は，X が取る値の加重平均（(1.3) 式）で，個々の値を取る確率を重みとするから，

$$E(X) = \sum_{i=1}^{m} c_i p_i \qquad (7.21)$$

と定義される。平均は μ と表記されることが多い。確率関数の性質により，加重の総和は 1 である。

期待値の定義により，基本的な性質をいくつか示そう。

【性質 1】 定数 g について，$E(g) = g$
【性質 2】 $E(X - \mu) = 0$
【性質 3】 定数 g について，$E(gX) = g\mu$

確率変数の累乗についても，

$$E(X^a) = \sum_{i=1}^{m} (c_i)^a p_i$$

と計算する。a が負の場合でも，c_i が 0 でなければこの計算は可能である。例えば a が -1 なら，

7　統計分析の基礎

$$E(X^{-1}) = \sum_{i=1}^{m} \frac{1}{c_i} p_i$$

と計算する。逆数の期待値と言われるが，**逆数の期待値は期待値の逆数にはならない**。式で示しておくと

$$\frac{1}{E(X)} \neq E\left(\frac{1}{X}\right)$$

である。**分散の分解式**

$$V(X) = E(X^2) - \{E(X)\}^2$$

も容易に示すことができる。

証明

1. 確率の総和は 1 だから，

$$E(g) = \sum_{i=1}^{m} g p_i = g p_1 + g p_2 + \cdots + g p_m$$
$$= g \sum_{i=1}^{m} p_i = g$$

2. $$E(X - \mu) = \sum_{i=1}^{m} (c_i - \mu) p_i = \sum_{i=1}^{m} c_i p_i - \mu \sum_{i=1}^{m} p_i = 0$$

2番目の等号は，項別の期待値

$$E(X - \mu) = E(X) - E(\mu)$$

が成立することを示している。3番目の等号では，確率の総和が1になることを使う。

3. 平均 μ の定義により，

$$E(gX) = \sum_{i=1}^{m} g c_i p_i = g \sum_{i=1}^{m} c_i p_i = g \mu$$

（終わり）

7–5 連続確率変数

■ 連続確率変数と密度関数

ある実数区間のすべての値を取りうる確率変数を**連続確率変数**と言う。連続確率変数については，確率変数 X が特定の値 x を取る確率は常に 0 になる。したがって，確率関数は定義できないが，分布関数

$$F(x) = P\{X \leqq x\}$$

は定義される。また，分布関数の変化の状況を示す**密度関数**が定義される（図7–2）。密度関数は分布関数の一次導関数

図 7–2 分布関数と密度関数

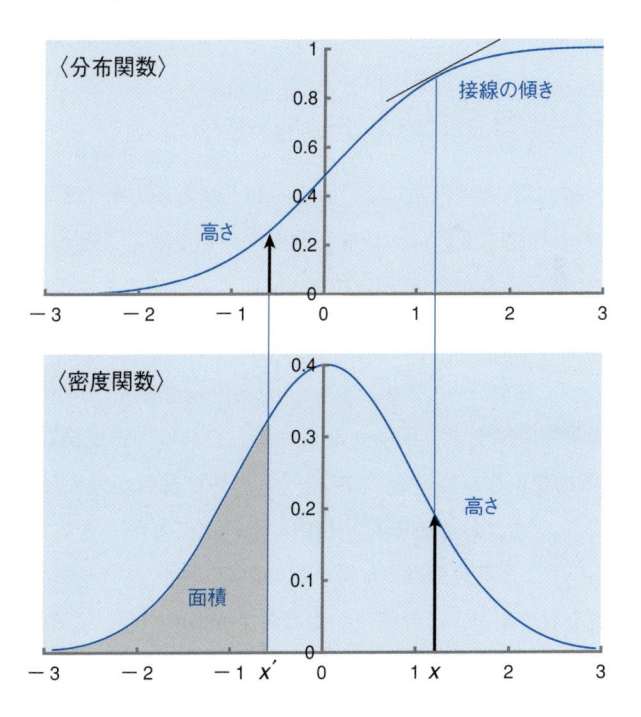

7 統計分析の基礎

$$f(x) = \frac{dF(x)}{dx}$$

である。分布関数の x における接線の傾きが，x における密度関数の値となる。また，積分の性質により，密度関数の x' 点より左の面積は，分布関数の x' における値になる。

連続確率変数の例として，区間 $(0,1)$ 上の**一様分布**を導入しよう。$(0,1)$ 上の**一様確率変数**は，この区間内の値を均等にとるという性質を持つ。この確率変数の分布関数は，

$$F(x) = P\{X \leqq x\} = \begin{cases} 0 & x \leqq 0 \\ x & 0 < x \leqq 1 \\ 1 & 1 < x \end{cases}$$

と与えられる。この分布関数は，$(0,1)$ 区間で $45°$ 線となる。密度関数は分布関数の一次導関数であり，

$$f(x) = \begin{cases} 1 & 0 \leqq x \leqq 1 \\ 0 & \text{他の場合} \end{cases}$$

となる。図を描けば，密度関数は $(0,1)$ を一辺とする正方形である。この図から，$(0,1)$ 上の一様確率変数は，均等に区間内の値を取ることが予想できる。

密度関数により，確率変数 X が，任意の区間に入る確率を表現できる。一様分布に関しては，0 と 1 に挟まれる実数 a と b について，(a,b) 区間の確率は

$$P(a \leqq X \leqq b) = b - a, \quad 0 \leqq a \leqq b \leqq 1$$

となる。密度関数の図形より明らかなように，これは，密度関数下で，区間 (a,b) が占める面積になっている。このように，密度関数が与えられていれば，特定の区間に X が含まれる確率を，自由に求めることができる。

区間 $(a, a+h)$ に入る確率は，h になる。またこの区間の確率は，a が 0 から $1-h$ の値を取る限り，a の値にかかわらず変わらない。この性質からも，一様分布の意味は明らかであろう。

■連続確率変数の平均

連続確率変数については，確率変数 X の平均 μ は，

$$\mu = E(X) = \int_{-\infty}^{\infty} zf(z)dz \tag{7.22}$$

と定義される。座標値 z と，密度関数 $f(z)$ の積和であると理解すれば良い。離散確率関数では，特定の実数が生じる確率を重みとして加重平均を求め，平均とした。連続型では，密度関数を重みとして加重平均を求め，平均とする。密度関数下の面積は 1 であるから，加重の総和は 1 である。(この積分は，関数 $zf(z)$ の面積を意味する。)

連続確率変数が取る座標値は際限なくあるから，座標値と確率の積和は計算できない。そこで，座標値と密度の積の積分値として，平均が定義される。

期待値の性質として，確率変数の定数倍の期待値は，期待値の定数倍になる。これは

$$\begin{aligned} E(gX) &= \int_{-\infty}^{\infty} (gz)f(z)dz \\ &= g\int_{-\infty}^{\infty} zf(z)dz \\ &= gE(X) \end{aligned}$$

と，定数 g を積分の前に移すことにより，示すことができる。

■連続確率変数の分散

分散は

$$\sigma^2 = E\{(X-\mu)^2\} = \int_{-\infty}^{\infty} (z-\mu)^2 f(z)dz \tag{7.23}$$

と定義される。平均からの距離の 2 乗，$(z-\mu)^2$ に関して求めた加重平均である。密度関数 $f(z)$ が，重みの役割を果たしている。(この積分は，関数 $(z-\mu)^2 f(z)$ の面積を意味する。) さらに，積分の性質により，分散の計算は (7.5) 式と同じく分解でき

7 統計分析の基礎

$$\sigma^2 = E(X^2) - \mu^2 \tag{7.24}$$

となる。

証明 二乗の期待値は

$$E\{(X-\mu)^2\} = E(X^2 - 2X\mu + \mu^2)$$

となる。この右辺において，項別に期待値計算ができることを示す。これは，右辺を積分で表現すれば明らかで，

$$\sigma^2 = \int_{-\infty}^{\infty}(z^2 - 2\mu z + \mu^2)f(z)dz$$
$$= \int_{-\infty}^{\infty}z^2 f(z)dz - 2\mu\int_{-\infty}^{\infty}zf(z)dz + \mu^2\int_{-\infty}^{\infty}f(z)dz$$

となる。右辺は3個の積分に分割されているが，第2項は，定数を積分の前に出すと，平均になる。第3項では，密度関数の面積が1になる。したがって

$$\sigma^2 = \int_{-\infty}^{\infty}z^2 f(z)dz - 2\mu E(X) + \mu^2$$
$$= E(X^2) - 2\mu^2 + \mu^2$$

となる。最後の式では，積分を期待値記号に戻している。（終わり）

例 7.1 $(0,1)$ 上の一様確率変数について，平均を計算すると，密度関数が $(0,1)$ 上でのみ 1，他では 0 であるから，積分は簡略化され

$$E(X) = \int_0^1 zdz = \frac{1}{2}$$

となる。（この積分は，関数 z の，0 から 1 までにおける面積である。）この結果を使うと，分散は

$$E\{(X-\frac{1}{2})^2\} = E\{X^2\} - \frac{1}{4}$$
$$= \int_0^1 z^2 dz - \frac{1}{4}$$
$$= \frac{1}{3} - \frac{1}{4} = \frac{1}{12}$$

と求まる。（第1項の積分は，関数 z^2 の，0 から 1 までにおける面積である。）

■ パレート分布

パレート確率変数の密度関数は

$$f(x) = \begin{cases} 0 & x \leqq m \\ \alpha m^\alpha x^{-\alpha-1} & m \leqq x \end{cases}$$

と定義されるが，その性質を検討してみよう。パレート分布は，しばしば所得分布を表現するために利用される。m は最低所得を意味する。α は正の実数で，分布の特性を示し，パレート係数と呼ばれる。パレート分布の密度関数の形状は右下がりになり，x の値が大きくなるほど小さな値を取る。この形状は，所得が高くなるほど，人口比が下がることを示すと理解される。パレート分布の分布関数を求めると，

$$F(x) = P\{X \leqq x\} = \begin{cases} 0 & x \leqq m \\ 1 - \left(\dfrac{m}{x}\right)^\alpha & m \leqq x \end{cases}$$

となる。後半は密度関数の面積で，z を積分変数として，積分

$$\int_m^x \alpha m^\alpha z^{-\alpha-1} dz$$

図 7-3 パレート密度関数 $m=1, \alpha=1$（実線）と分布関数（破線）

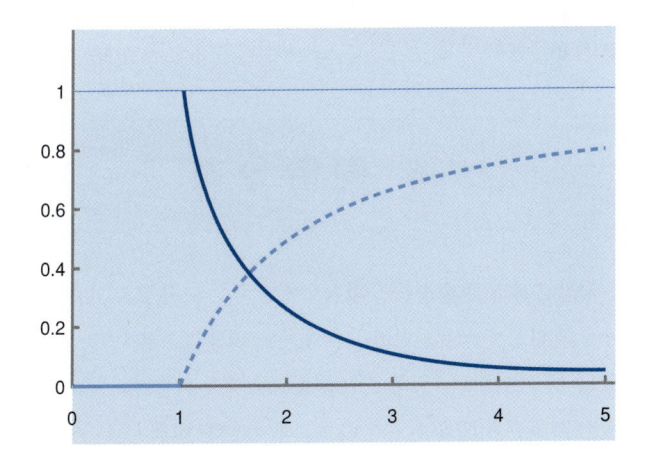

から求まる．第2項は1より小で，所得が増加すれば分布関数は1に近づく．

パレート係数 α の特色を理解するために，特定の所得 x を越える人の割合を求める．計算は，

$$P\{x \leqq X\} = 1 - F(x) = \left(\frac{m}{x}\right)^\alpha \qquad m \leqq x$$

となるが，α 値が大きくなれば，この割合は減少し，不平等度が低くなる．逆に値が小さくなれば，この割合は増加し，不平等度が高くなる．

パレート確率変数の期待値計算には注意が必要で，α が1以下であるならば，平均は存在しないことが知られている．

■ 正 規 分 布

正規確率変数の密度関数は

$$f(x) = \frac{1}{\sigma\sqrt{2\pi}} e^{-\frac{(x-\mu)^2}{2\sigma^2}} \qquad -\infty < x < \infty \qquad (7.25)$$

と与えられる．形状は，巻末**付表2**で示されるように，滑らかなベル型で，統計分析で最も頻繁に利用される分布である．分布関数は

$$F(x) = P\{X \leqq x\} = \int_{-\infty}^{x} \frac{1}{\sigma\sqrt{2\pi}} e^{-\frac{(z-\mu)^2}{2\sigma^2}} dz \qquad -\infty < x < \infty$$

となる．$-\infty$ では0，∞ では1であり，単調な増加関数である．期待値の計算は困難であるが，$E(X) = \mu, V(X) = \sigma^2$, となることが知られている．

□ 7–6　同 時 分 布 □

以上では，複数の確率変数を扱う場合でも，互いに独立に，かつ同じ分布をする場合だけを説明してきた．しかし，多くの現象は，複数の，互いに依存し合う確率変数によって構成されることが多い．互いに依存し合っている場合，複数の確率変数には，相関があるという．次の例を検討しよう．

7-6 同時分布

表 7-1 同時確率関数

		青 (Y)			
		0	1	2	行和
	0	1/15	4/15	1/15	2/5
赤 (X)	1	4/15	4/15	0	8/15
	2	1/15	0	0	1/15
	列和	2/5	8/15	1/15	1

2つの離散確率変数があり，各々0,1,2の3個の整数値を取るとする．事象の数は，3×3で，全部で9になるが，個々の事象が生じる確率を**表7-1**のように与える．この表は，複数の離散確率変数が取る，全ての組合せが生じる確率を定めているから，確率関数になっている．特に複数の確率変数について，全ての組合せが起きる確率を示したものを，同時確率関数という．個々の事象について，表は，例えば

$$P\{X=0, \quad Y=0\} = \frac{1}{15}$$

となることを示すことは，明らかであろう．

同時確率関数から，任意の事象の確率を計算することができる．たとえば，不等式 $\{X \leqq 1\}$ と不等式 $\{1 \leqq Y\}$ を満たす事象の確率は，不等式を満たす事象が $\{0,1\}$，$\{0,2\}$，$\{1,1\}$，$\{1,2\}$ の4組であることから，

$$P\{X \leqq 1, \quad 1 \leqq Y\} = \frac{3}{5}$$

と求まる．

■ 周辺確率関数

同時確率関数の特色は，表中の行和ならびに列和にある．行和は X の確率関数であり，また列和は Y の確率関数である．

X の確率関数を導くには，例えば事象 $\{X=0\}$ の確率を求めれば良い．ここで，1行目より，事象 $\{X=0\}$ が生じることは，事象 $\{X=0, \quad Y=0\}$，

7 統計分析の基礎

あるいは事象 $\{X=0, \quad Y=1\}$, あるいは事象 $\{X=0, \quad Y=2\}$ のいずれかの事象が生じることに等しい. 式では

$$\{X=0\} = \{X=0, \quad Y=0\} \cup \{X=0, \quad Y=1\} \cup \{X=0, \quad Y=2\}$$

となる. 右辺の 3 事象は互いに排反だから, 確率としては

$$P\{X=0\} = P\{X=0, Y=0\} + P\{X=0, Y=1\} + P\{X=0, Y=2\}$$

と計算できる. したがって, $\{X=0\}$ の確率は行和によって求まる. 他の行和についても同様な計算をすれば, X の確率関数が求まる. さらに, 列和から, Y の確率関数が求まる.

行和の 3 確率を使えば, X の平均と X^2 の期待値は

$$E(X) = 0 \times P(X=0) + 1 \times P(X=1) + 2 \times P(X=2)$$
$$= 0 \times \frac{2}{5} + 1 \times \frac{8}{15} + 2 \times \frac{1}{15} = \frac{2}{3}$$

$$E(X^2) = 0^2 \times P(X=0) + 1^2 \times P(X=1) + 2^2 \times P(X=2)$$
$$= 1 \times \frac{8}{15} + 4 \times \frac{1}{15} = \frac{4}{5}$$

と計算できる. 分散は,

$$V(X) = \frac{4}{5} - \left(\frac{2}{3}\right)^2 = \frac{16}{45}$$

となる. Y についても同様に計算すれば良いが, この例では行和と列和は同じだから, Y の平均や分散も X と一致する.

行和および列和を, 周辺確率関数とよぶ. これは 1 変数の確率関数である. この表においては, 周辺確率の積は同時確率に一致しない. 例えば,

$$P\{X=0, \quad Y=0\} \neq P\{X=0\}P\{Y=0\} = \frac{4}{25}$$

である. 2 個の確率変数が独立に分布する場合には, 等号が成立する.

7–6 同時分布

■積の期待値

　同時確率が分かっているから，XY という積の期待値を計算することができる。期待値の計算法は同じで，XY が取る全ての値に，その組合せが生じる確率を掛けて足し合わせる。式では

$$\begin{aligned}E(XY) &= 0\times 0\times \frac{1}{15}+0\times 1\times \frac{4}{15}+0\times 2\times \frac{1}{15}\\ &\quad +1\times 0\times \frac{4}{15}+1\times 1\times \frac{4}{15}+1\times 2\times 0\\ &\quad +2\times 0\times \frac{1}{15}+2\times 1\times 0+2\times 2\times 0=\frac{4}{15}\end{aligned}$$

となる。実際，正の確率をもって生じる 6 個の組合せの中で，XY の積が 0 にならないのは $\{X=1, Y=1\}$ だけである。さらに，独立な確率変数の場合と異なり，積の期待値は，期待値の積に一致しないことに注意しよう。

■共　分　散

　2 変数の同時確率関数が分かれば，二変数間の共分散が計算できる。X と Y の平均を各々 μ_X と μ_Y と書けば，共分散は

$$\sigma_{XY}=Cov(X,Y)=E\{(X-\mu_X)(Y-\mu_Y)\} \qquad (7.26)$$

と定義される。標本共分散との違いに注意しよう。もし X と Y が同じ確率変数なら，分散の定義になることが理解できよう。

　分散と同様に，共分散も分解することができる。分解を示すためには，積を展開して，項別に期待値を求めるが，計算は

$$\begin{aligned}\sigma_{XY} &= E(XY)-\mu_Y E(X)-\mu_X E(Y)+\mu_X\mu_Y \qquad (7.27)\\ &= E(XY)-\mu_X\mu_Y\end{aligned}$$

となる。先の表については，この分解式により，共分散が

$$\sigma_{XY}=\frac{4}{15}-\frac{2}{3}\frac{2}{3}=-\frac{8}{45}$$

と計算できる。共分散が負になるのは，片方の確率変数が取る値が増えれば，他方の値が減るからである。

7 統計分析の基礎

2変数が独立に分布する場合は，積の期待値は期待値の積に分解できるから，

$$Cov(X,Y) = E(X - \mu_X) \cdot E(Y - \mu_Y)$$
$$= \{E(X) - \mu_X\}\{E(Y) - \mu_Y\}$$

となり，明らかに0になる．

■ 相 関 係 数

共分散により，母相関係数が

$$\rho = \frac{\sigma_{XY}}{\sigma_X \sigma_Y} \tag{7.28}$$

と定義できる．σ_X と σ_Y は，各々 X と Y の標準偏差である．表の例では，$\frac{-8}{16} = -0.5$ となる．2変数が独立に分布する場合は，相関係数は0になる．

■ 三項確率関数*

表7–1は仮想の数値ではなく，次のような実験から求められている．詳細を説明しよう．壺の中に赤，青，緑の3種の玉が2個ずつ計6個入っており，そのうちの2個を取り出す．ここでは赤と青の玉が何個取り出されるかだけを問題とし，取り出された赤玉の数を X，青玉の数を Y とする．X と Y は共に離散確率関数で，各々 $0, 1, 2$ の整数値を取り，X と Y の和は2より小さい．2との差は，緑玉の数になる．取り出された赤玉の数を i，取り出された青玉の数を j とすると，i と j は0，または正の整数で，和は2より小になる．

i と j の特定の組合せが起きる確率は，組合せの数の計算より，次のようになる．

$$P\{X=i, Y=j\} = \frac{{}_2C_i \cdot {}_2C_j \cdot {}_2C_{2-i-j}}{{}_6C_2} \qquad i+j \leqq 2$$

式中，分子は，最初の項が，2個の赤玉から i 個抜き出す組合せ，第2の項は，2個の青玉から j 個抜き出す組合せ，最後の項は，2個の緑玉から $(2-i-j)$ 個抜き出す組合せ，そして分母は6個の玉から任意の2個を取り出す組合せである．この式から，表7–1の数値が計算されている．

7-7 標本平均，分散，共分散

この節では，連続，離散にかかわらない，任意の確率変数に関する，基礎的な性質を示す。重要な性質であるので，証明を与える。

■ 標本平均の期待値

母平均は μ，母分散は σ^2 であるとしよう。多数の確率変数によって構成される新たな確率変数，例えば無作為標本 $\{X_1, X_2, \cdots, X_n\}$ から求まる標本平均 $\overline{X}$，に関する様々な期待値を求めるには，基本的に2つの方法がある。

第1は，二項確率変数の標本平均に関する期待値と分散を求めた際のように，標本平均の分布を先に導出する方法である。しかしこの方法は，連続確率変数の場合には困難なことが多い。母集団が一様確率変数の場合でさえ，無作為標本から求まる標本平均の分布は容易に導くことができない。さらに，母分布が与えられていないときは，標本平均の分布は導きようがない。

第2は，関数を構成する個々の確率変数の性質を使う方法である。関数が確率変数の和であるなら，項別に期待値を求めることができる。（この性質の一般的な証明は行わない。）無作為標本からの標本平均の場合であれば

$$E(\overline{X}) = E\left\{\frac{1}{n}(X_1 + X_2 + \cdots + X_n)\right\} \tag{7.29}$$
$$= \frac{1}{n}\{E(X_1) + E(X_2) + \cdots + E(X_n)\}$$
$$= \mu$$

となる。無作為標本から得た標本平均であるから，個々の確率変数の分布は同じであるという性質を使っている。

したがって，$\overline{X}$ は，未知母数 μ の推定量として，不偏である。あるいは，$\overline{X}$ は μ の不偏推定量である，と言う。不偏推定量とは，推定量の中で不偏であるものを言う。不偏でない推定量は，バイアスを持つと言う。

7 統計分析の基礎

■標本平均の分散

同じ性質を使って，標本平均の分散を計算し，

$$V(\overline{X}) = \frac{\sigma^2}{n} \tag{7.30}$$

となることを証明する。母平均を標本平均により推定する場合には，**標本平均の分布の中心は母平均に一致する**。これが第1の結果である。またその**分散は，母分散の n 分の1になり，観測個数が多くなればなるほど小さくなる**。これが第2の結果である。推定の信頼度は，観測個数が多くなるほど高くなる。

証明*　計算を簡単にするために，(7.16)式と同様に，各確率変数から平均を引くと，

$$V(\overline{X}) = E\left\{\left[\frac{1}{n}(X_1 + X_2 + \cdots + X_n) - \mu\right]^2\right\} \tag{7.31}$$

$$= \frac{1}{n^2}E\left\{[(X_1 + X_2 + \cdots + X_n) - n\mu]^2\right\}$$

$$= \frac{1}{n^2}E\left\{[(X_1 - \mu) + (X_2 - \mu) + \cdots + (X_n - \mu)]^2\right\}$$

となるが，2乗は，

$$V(\overline{X}) = \frac{1}{n^2}E\{(X_1 - \mu)^2 + (X_2 - \mu)^2 + \cdots + (X_n - \mu)^2$$
$$+ 2(X_1 - \mu)(X_2 - \mu) + \cdots\} \tag{7.32}$$

と展開される。全部で n^2 個の項があるが，ここで項別に期待値を求めると，

$$V(\overline{X}) = \frac{1}{n^2}\{E[(X_1 - \mu)^2] + E[(X_2 - \mu)^2] + \cdots + E[(X_n - \mu)^2]$$
$$+ 2E[(X_1 - \mu)(X_2 - \mu)] + \cdots\} \tag{7.33}$$

となる。ところが最終項のように異なる確率変数の積の項は，異なる確率変数は独立に分布するから

$$E\{(X_1 - \mu)(X_2 - \mu)\} = E(X_1 - \mu)E(X_2 - \mu) = 0 \tag{7.34}$$

と分割できる。(独立に分布する確率変数について，先に述べた「**積の期待値は期待値の積**」になるという性質を使っている。) また，2乗の期待値の項は n 項あるが，これらは全て分散であるから，求める結果を得る。$E[(X_1 - \mu)^2]$ 等の項は分散であり，$E(X_1 - \mu)E(X_1 - \mu)$ と分解できないことに注意しよう。(終わり)

■標本分散の期待値

観測個数が n の無作為標本から得た標本分散,9 頁の (1.4) 式,について,

$$E(s_x^2) = \sigma^2 \tag{7.35}$$

となる。したがって,s_x^2 は σ^2 の**不偏推定量**である。

証明* 分子の期待値を求める。(7.16) 式と同様に,各項から母平均を引き,2 乗の展開を求めると,

$$E\left\{\sum_{i=1}^{n}(X_i - \overline{X})^2\right\} = E\left\{\sum_{i=1}^{n}[(X_i - \mu) - (\overline{X} - \mu)]^2\right\}$$
$$= E\left\{\sum_{i=1}^{n}[(X_i - \mu)^2 - 2(X_i - \mu)(\overline{X} - \mu) + (\overline{X} - \mu)^2]\right\}$$

となる。各項から母平均を引くのは,期待値計算を簡略にするためである。各項の和を計算すると,第 2 項については標本平均の定義により

$$\sum_{i=1}^{n}\{(X_i - \mu)(\overline{X} - \mu)\} = (\overline{X} - \mu)\sum_{i=1}^{n}(X_i - \mu) = n(\overline{X} - \mu)^2$$

となる。第 3 項は同じ項を n 回足すだけだから,

$$\sum_{i=1}^{n}(\overline{X} - \mu)^2 = n(\overline{X} - \mu)^2$$

となる。したがって

$$E(s_x^2) = \frac{1}{n-1}E\left\{\sum_{i=1}^{n}(X_i - \mu)^2 - n(\overline{X} - \mu)^2\right\}$$
$$= \frac{1}{n-1}\left\{E\sum_{i=1}^{n}(X_i - \mu)^2 - nE[(\overline{X} - \mu)^2]\right\}$$
$$= \frac{1}{n-1}\left\{\sum_{i=1}^{n}E[(X_i - \mu)^2] - nV(\overline{X})\right\}$$

と整理される。ただし,定義により

$$V(\overline{X}) = E[(\overline{X} - E(\overline{X}))^2] = E[(\overline{X} - \mu)^2]$$

である。最後の等号において，第1項は個々の確率変数の分散の和であり，第2項は標本平均の分散だから，

$$E(s_x^2) = \frac{1}{n-1}(n\sigma^2 - \sigma^2) = \sigma^2$$

となる。$n-1$でなく，nで割った推定量は，バイアスを持つ。(終わり)

標本平均の項では，標本平均の分散を求めたが，s_x^2に関しては分散が求まらない。なぜなら，s_x^2の分散を求める際には，4次の期待値$E(X_i)^4$が必要だからである。ところが現在の無作為標本に関する前提条件では，母分散はσ^2と与えられているが，4次の期待値は与えられておらず，計算を進めることができない。

■標本共分散の期待値*

一確率変数に関して，大きさnの無作為標本から得た標本平均や標本分散の性質を導出した。導出された性質は，標本平均の期待値は母平均，標本平均の分散は母分散のn分の1になるなどと，いずれも母集団に関して定められた母数に結びつけられている。

同時分布を持つ確率変数については，次のような基本的な性質がある。観測個数がnの，2変数に関する無作為標本を，

$$\{(X_1, Y_1), (X_2, Y_2), \cdots, (X_n, Y_n)\}$$

とする。この場合，個々の確率変数に関する平均と分散だけでなく，両変数に関する母共分散が必要となる。そこで，XとYの母平均と母分散は各々μ_X, μ_Y, σ_X^2, σ_Y^2, 共分散はσ_{XY}とする。

このような無作為標本から，例えばXに関する無作為標本$\{X_1, X_2, \cdots, X_n\}$を選ぶことは容易で，またこの無作為標本から，$X$に関する標本平均や標本分散を求めれば，その統計的な性質は既に述べたとおりになる。

したがって，二項確率変数に関する無作為標本から導かれる標本統計量で，新たな分析が必要なのは，標本平均の共分散である。これは標本平均の分散によく似た，次の性質を持つ。また(7.38)式の証明にも有用である。

7–7 標本平均，分散，共分散

$$Cov(\overline{X}, \overline{Y}) = \frac{1}{n}\sigma_{XY} \quad (7.36)$$

証明 (7.16) 式や標本平均の分散を計算した際と同様に，各確率変数から期待値を引くと，

$$\begin{aligned}
Cov(\overline{X}, \overline{Y}) &= E\{(\overline{X} - \mu_X)(\overline{Y} - \mu_Y)\} \\
&= E\left\{\frac{1}{n^2}\sum_{i=1}^{n}(X_i - \mu_X)\sum_{j=1}^{n}(Y_j - \mu_Y)\right\} \\
&= \frac{1}{n^2}\sum_{i=1}^{n}\sum_{j=1}^{n}E\{(X_i - \mu_X)(Y_j - \mu_Y)\}
\end{aligned}$$

となる。この式には，n^2 個の項の期待値が含まれる。この n^2 個の項の期待値を計算すればよいが，添え字 i と j の異なる項は独立に分布するから，(7.34) 式と同じで，積の期待値は

$$E\{(X_i - \mu_X)(Y_j - \mu_Y)\} = E(X_i - \mu_X) \cdot E(Y_j - \mu_Y) \quad (7.37)$$

と，期待値の積に分解できる。これは 0 となる。したがって，添え字の等しい項だけが残り，

$$Cov(\overline{X}, \overline{Y}) = \frac{1}{n^2}\sum_{i=1}^{n}E\{(X_i - \mu_X)(Y_i - \mu_Y)\} = \frac{1}{n^2}(n\sigma_{XY})$$

となる。(終わり)

18 頁の (1.11) 式で定義された標本共分散 s_{XY} については

$$E(s_{XY}) = \sigma_{XY} \quad (7.38)$$

となる。したがって，s_{XY} は σ_{XY} の**不偏推定量**である。

証明 (7.16) 式や標本分散の期待値の計算と同様に，各確率変数から，期待値を引くという方針の下で整理すると，

7 統計分析の基礎

$$\sum_{i=1}^{n}(X_i-\overline{X})(Y_i-\overline{Y})$$
$$=\sum_{i=1}^{n}[(X_i-\mu_X)-(\overline{X}-\mu_X)][(Y_i-\mu_Y)-(\overline{Y}-\mu_Y)]$$
$$=\sum_{i=1}^{n}(X_i-\mu_X)(Y_i-\mu_Y)-n(\overline{X}-\mu_X)(\overline{Y}-\mu_Y)$$

となる。第 1 項の期待値は $n\sigma_{XY}$ であり，第 2 項は σ_{XY} となる。繰り返すが，$n-1$ でなく n で割った推定量は，バイアスを持つことが分かる。(終わり)

□ 7-8 標本平均の分布 □

この節では，統計学の二大定理を紹介する。いずれも，観測個数が大である場合の近似に関する定理であるので，**大標本理論**とか**漸近理論**と呼ばれることもある。

■ 大数の法則

第 1 は，**大数の法則**であり，これは標本平均の収束先を示す定理である。

> **大数の法則**
>
> 無作為標本 $\{X_1, X_2, \cdots, X_n\}$ があり，その母平均を μ とする。標本平均 $\overline{X}$ が，任意の正の定数 c 以上，母平均からはずれる確率の極限は 0，つまり
> $$\lim_{n\to\infty} P\{|\overline{X}-\mu|\geqq c\}=0 \tag{7.39}$$
> となる。

証明は高度であるので，与えない。大数の法則によれば，**標本平均が母平均から「はずれる確率」は，極限で 0 になる**。したがって，標本平均は母平均の推定量として，都合の良い性質を持っている。観測個数 n が大ならば，標本平均が母平均からはずれる確率は，非常に小さいと想像できるのである。

7–8 標本平均の分布

■ 中心極限定理

第2は中心極限定理である。この定理によれば，基準化された標本平均の分布は，n が大のときには，母分布にかかわらず，標準正規分布で近似できる。

> **中心極限定理**
>
> 無作為標本 $\{X_1, X_2, \cdots, X_n\}$ があり，その母平均は μ，母分散は σ^2 とする。標本平均 $\overline{X}$ を標準化した統計量
>
> $$Z = \frac{\overline{X} - \mu}{\sigma/\sqrt{n}}$$
>
> の分布は，標準正規分布に収束する。つまり，
>
> $$\lim_{n \to \infty} P(Z \leqq x) = \int_{-\infty}^{x} \frac{1}{\sqrt{2\pi}} \exp\left(-\frac{t^2}{2}\right) dt \quad (7.40)$$
>
> となる。

標本平均の平均と分散は，既に求まっているから，Z の平均は 0，分散は 1 である。この定理により，n が大きければ，Z の分布を正規分布で近似して良い。定理が利用できるための条件は，母分布が平均と分散を持つことで，分布型に依存しない。

この定理により，n が大きければ，標本平均が任意の区間 (a, b) に入る確率を，標準正規分布に基づいて，近似的に求めることができる。たとえば，Y を $n(0, 1)$ 確率変数とすれば，

$$P(a \leqq \overline{X} \leqq b) = P\left(\frac{a - \mu}{\sigma/\sqrt{n}} \leqq Z \leqq \frac{b - \mu}{\sigma/\sqrt{n}}\right)$$
$$\simeq P\left(\frac{a - \mu}{\sigma/\sqrt{n}} \leqq Y \leqq \frac{b - \mu}{\sigma/\sqrt{n}}\right)$$

となる。Y に関する不等式の確率は，標準正規分布表により，容易に評価することができる。標本平均 $\overline{X}$ を使わなければ，次の表現も可能である。

$$Z = \frac{\overline{X} - \mu}{\sigma/\sqrt{n}} = \frac{1}{\sigma\sqrt{n}} \sum_{i=1}^{n} (X_i - \mu)$$

7–9　最小2乗推定量の分布

平均や分散は，標本によって定義される様々な推定量の基礎的な性質である。最小2乗推定量も，やはり標本によって定義される推定量であり，この節ではその平均と分散を導く。さらに，最小2乗推定量の望ましい性質として知られている，最小分散線形不偏（BLUE）という性質を示す。

■被説明変数の平均と分散

本書で扱われる線形回帰式において，説明変数は確率変数ではなく，その値は所与であると仮定される。ところが，回帰式の誤差項は，平均0，分散がσ^2の独立に分布する確率変数である，という前提で分析が進められているから，回帰式における被説明変数も確率変数になる。ここでは，まず被説明変数の平均と分散を導こう。

回帰式を(4.1)式と同じく

$$y_i = \beta_1 x_{1i} + \beta_2 x_{2i} + \cdots + \beta_K x_{Ki} + u_i \tag{7.41}$$

として，被説明変数の平均と分散を求める。平均は，項別に期待値を求めることにより，

$$\begin{aligned} E(y_i) &= E(\beta_1 x_{1i} + \beta_2 x_{2i} + \cdots + \beta_K x_{Ki} + u_i) \\ &= E(\beta_1 x_{1i}) + E(\beta_2 x_{2i}) + \cdots + E(\beta_K x_{Ki}) + E(u_i) \\ &= \beta_1 x_{1i} + \beta_2 x_{2i} + \cdots + \beta_K x_{Ki} \end{aligned} \tag{7.42}$$

となる。右辺において，$\beta_1 x_{1i}$などは未知ではあるが所与であり，誤差項だけが確率変数であることに注意しよう。このように，被説明変数の平均は，誤差項を除いた回帰式になる。回帰式の中で，誤差項を除いた部分を，システマティック・パートとよぶ。誤差項はランダム・パートと言われる。

分散は，

$$V(y_i) = E\{(y_i - E(y_i))^2\}$$

7-9 最小2乗推定量の分布

と定義されるから,既に求められた平均を代入すれば,$E(u_i) = 0$ だから

$$V(y_i) = E\{(u_i - E(u_i))^2\} = V(u_i) \tag{7.43}$$

となる。誤差項の分散は σ^2 である。

誤差項は互いに独立に分布するとされるから,被説明変数も互いに独立に分布する。

■ **最小2乗推定量の線形表現**

最小2乗推定量の統計的性質を導く。最小2乗推定量は,(4.9)–(4.11) 式で示したが,分母を $D = \sum_{i=1}^{n}(\widehat{u}_{Ki})^2$ と定義し,全ての項を示すと

$$\widehat{\beta}_K = \frac{\sum_{i=1}^{n}\widehat{u}_{Ki}y_i}{D} \tag{7.44}$$

$$= \frac{\widehat{u}_{K1}}{D}y_1 + \frac{\widehat{u}_{K2}}{D}y_2 + \cdots + \frac{\widehat{u}_{Kn}}{D}y_n \tag{7.45}$$

$$= w_1 y_1 + w_2 y_2 + \cdots + w_n y_n \tag{7.46}$$

を得る。ここで,$\widehat{u}_{Ki}$ は x_{Ki} を他の説明変数に回帰して求めた残差であり,(4.7) 式により

$$\widehat{u}_{Ki} = x_{Ki} - \widehat{c}_1 x_{1i} - \widehat{c}_2 x_{2i} - \cdots - \widehat{c}_{K-1} x_{K-1\,i} \tag{7.47}$$

と定義されている。係数 $\widehat{c}_1$ などは,K 個の説明変数によって推定されているから,確率変数でない。係数 w の定義は式の対比により明らかだが,確率変数ではないことに注意しよう。$\widehat{\beta}_K$ において,確率変数は,n 個の被説明変数 y_i だけである。

このように,$\widehat{\beta}_K$ は,n 個の被説明変数 y_i の一次関数として表現できる。係数は,すべて既知の実数になっている。このような性質を持つ推定量を,線形推定量という。

■ **最小2乗推定量の期待値**

(7.46) 式と (7.42) 式により,

7 統計分析の基礎

$$
\begin{aligned}
E(\widehat{\beta}_K) &= E\left(\sum_{i=1}^{n} w_i y_i\right) \quad (7.48)\\
&= \sum_{i=1}^{n} w_i E(y_i)\\
&= \sum_{i=1}^{n} w_i(\beta_1 x_{1i} + \beta_2 x_{2i} + \cdots + \beta_K x_{Ki})\\
&= \beta_1 \sum_{i=1}^{n} w_i x_{1i} + \beta_2 \sum_{i=1}^{n} w_i x_{2i} + \cdots + \beta_K \sum_{i=1}^{n} w_i x_{Ki}\\
&= \beta_K
\end{aligned}
$$

となる。ここでは, (4.8) 式により, 直交性

$$\sum_{i=1}^{n} \widehat{u}_{Ki} x_{ji} = 0 \qquad j = 1, 2, \cdots, K-1$$

また (4.9) 式により,

$$\sum_{i=1}^{n} \widehat{u}_{Ki} x_{Ki} = \sum_{i=1}^{n} (\widehat{u}_{Ki})^2 = D$$

となることを使っている。

　最小2乗推定量の期待値は, 推定しようとしている母数に一致する。したがって, $\widehat{\beta}_K$ は β_K の不偏推定量である。$\widehat{\beta}_K$ は確率変数であるから, 分布を持つ。$\widehat{\beta}_K$ の分布の中心位置は, 母数 β_K に他ならない, というのが不偏性の意味である。

■最小2乗推定量の分散

　推定量の展開 (7.46) 式により, 分散を計算し

$$V(\widehat{\beta}_K) = \frac{\sigma^2}{D} \quad (7.49)$$

となることを証明する。D は回帰の残差変動であるから, 残差変動と標本偏分散の関係により,

$$s_{x_K x_K | I_{K-1}} = \frac{D}{n - K + 1}$$

と定義できる。(これは (4.9) 式の繰り返し。) したがって,

7–9 最小2乗推定量の分布

$$V(\widehat{\beta}_K) = \frac{\sigma^2}{(n-K+1)s_{x_K x_K | I_{K-1}}} \quad (7.50)$$

と表現できる。この分散が，t 統計量などで，係数推定量を標準化するために用いられる。最小2乗推定量の展開が求まれば，共分散なども求めることができる。

証明 (7.46) 式の展開を使うと，

$$\widehat{\beta}_K - E(\widehat{\beta}_K) = w_1(y_1 - E(y_1)) + w_2(y_2 - E(y_2)) + \cdots + w_n(y_n - E(y_n))$$
$$= w_1 u_1 + w_2 u_2 + \cdots + w_n u_n \quad (7.51)$$

と，誤差項の線形和による表現が導かれる。分散は

$$V(\widehat{\beta}_K) = E\{(w_1 u_1 + w_2 u_2 + \cdots + w_n u_n)^2\} \quad (7.52)$$

となるが，線形和には n 項含まれるから，2乗は n^2 項になる。この n^2 項を，項別に期待値を求めて分散を導く。以下の計算は (7.32) 式の要領で進められる。

n^2 項の内，添え字の異なる項については，確率変数でない w_1 と w_2 を期待値の外に出して，

$$E\{(w_1 u_1)(w_2 u_2)\} = w_1 w_2 E(u_1 u_2)$$

となる。ところが，誤差項の期待値は 0 だから，この積も 0 となる。したがって，n^2 項の内，添え字が異なる項の期待値は全て 0 となる。

添え字が同じになる n 項については，また w_1 を期待値計算の外に出すと，

$$E\{(w_1 u_1)^2\} = (w_1)^2 E\{(u_1)^2\}$$

となる。誤差項の2乗の期待値は，誤差項の分散 σ^2 に他ならない。だから，推定量の分散は，

$$V(\widehat{\beta}_K) = (w_1)^2 \sigma^2 + (w_2)^2 \sigma^2 + \cdots + (w_n)^2 \sigma^2 \quad (7.53)$$
$$= \sigma^2 \{(w_1)^2 + (w_2)^2 + \cdots + (w_n)^2\}$$

となる。

結果を簡略にするために，w を定義に戻すと，波括弧の中は

7 統計分析の基礎

$$\left(\frac{\widehat{u}_{K1}}{D}\right)^2 + \left(\frac{\widehat{u}_{K2}}{D}\right)^2 + \cdots + \left(\frac{\widehat{u}_{Kn}}{D}\right)^2$$

となるが,各項の分母は共通である.分母の 2 乗でまとめると,波括弧は

$$\left(\frac{1}{D}\right)^2 \{(\widehat{u}_{K1})^2 + (\widehat{u}_{K2})^2 + \cdots + (\widehat{u}_{Kn})^2\}$$

となる.分子の 2 乗和は D に等しいから,分散が求まる.(終わり)

■最小 2 乗推定量の漸近的性質

以上の結果より,最小 2 乗推定量の,大標本における漸近的な性質を導くことができる.あるいは,観測個数が大きいときの,近似的な性質と言っても良い.性質の第 1 は,一致性で,これは

$$\lim_{n \to \infty} P\left\{\left|\widehat{\beta}_K - \beta_K\right| \geqq c\right\} = 0 \tag{7.54}$$

と,表現できる.$\widehat{\beta}_K$ が母数 β_K から,任意の正の実数 c 以上はずれる確率は,極限で 0 になる.この性質は,大数の法則,(7.39) 式と深い関連がある.

証明はしないが,$\widehat{\beta}_K$ の分散は,観測個数 n が増加すれば,減少していく.n の極限では,分散は 0 になる.分散は,分布の広がりを示す指標であるから,分散が 0 になるということは,分布が 0 に集中することを意味する.

第 2 の性質は,漸近分布である.最小 2 乗推定量を,(7.50) 式を使って

$$Z = \frac{\widehat{\beta}_K - \beta_K}{\sqrt{V(\widehat{\beta}_K)}} \tag{7.55}$$

と基準化すれば,Z の分布は,標準正規分布で近似できる.これは,中心極限定理,(7.40) 式と密接に関連した性質である.

■単回帰における推定量の分散,共分散

単回帰 $y_t = \alpha + \beta x_t + u_t$ における,最小 2 乗推定量 $\widehat{\alpha}$ と $\widehat{\beta}$ の分散と共分散を導いてみよう.これは,多くの教科書で導かれる結果であるが,導出法はいくつもある.ここでは,$\widehat{\beta}$ に関しては (7.51) 式を使い,$\widehat{\alpha}$ に関しては別個の導出法を用いる.

7–9 最小2乗推定量の分布

$\widehat{\beta}$ の分散は,一般的な表現である (7.47) 式から,単回帰の場合の表現を導けば良い。単回帰では,右辺に x_t と定数 1 が含まれているから,x_t を 1 に回帰した残差を求めると,

$$\widehat{u}_{xt} = x_t - \overline{x}$$

となる。したがって,D は

$$D = (\widehat{u}_{x1})^2 + (\widehat{u}_{x2})^2 + \cdots + (\widehat{u}_{xn})^2 = \sum_{t=1}^{n}(x_t - \overline{x})^2$$

となり,標本分散の $n-1$ 倍,$(n-1)s_{xx}$,になる。係数 w_i は,

$$w_i = \frac{x_i - \overline{x}}{D}$$

となる。最終的に,分散は,

$$V(\widehat{\beta}) = \frac{\sigma^2}{\sum_{t=1}^{n}(x_t - \overline{x})^2} \qquad (7.56)$$

と求まる。

次に,定数項推定量 $\widehat{\alpha}$ の平均と分散を求める。$\widehat{\alpha}$ は,平均の関係 $\overline{y} = \widehat{\alpha} + \widehat{\beta}\overline{x}$ より,

$$\widehat{\alpha} = \overline{y} - \widehat{\beta}\overline{x}$$

となるから,$E(y_t) = \alpha + \beta x_t$,かつ $\widehat{\beta}$ の不偏性により,

$$E(\widehat{\alpha}) = \alpha + \beta\overline{x} - \beta\overline{x} = \alpha$$

となる。$\widehat{\alpha}$ も不偏推定量である。

$\widehat{\alpha}$ の分散を求める。$\widehat{\alpha}$ の平均周りの展開は,(7.51) 式などにより

$$\begin{aligned}\widehat{\alpha} - \alpha &= \frac{1}{n}\sum_{t=1}^{n}(y_t - E(y_t)) - (\widehat{\beta} - \beta)\overline{x} \\ &= \frac{1}{n}\sum_{t=1}^{n}u_t - \overline{x}\frac{1}{D}\sum_{t=1}^{n}(x_t - \overline{x})u_t\end{aligned} \qquad (7.57)$$

となる。第 1 項は誤差項の平均だから,その分散は $\frac{\sigma^2}{n}$,となる。第 2 項の分散は,$\widehat{\beta}$ の分散を用いて,$V(\widehat{\beta})\overline{x}^2$,となる。つぎに,第 1 項と第 2 項の共分散を求める。u_t は互いに独立に分布していることに注意すると,

7 統計分析の基礎

$$E\left\{\frac{1}{n}\sum_{t'=1}^{n}u_{t'}\cdot\sum_{t=1}^{n}\frac{1}{D}(x_t-\overline{x})u_t\right\}$$
$$=\frac{1}{n}\frac{1}{D}\sum_{t=1}^{n}(x_t-\overline{x})E(u_t^2)$$
$$=\frac{\sigma^2}{nD}\sum_{t=1}^{n}(x_t-\overline{x})$$
$$=0$$

となり，共分散は0である。（添え字が異なると，共分散は0。）結局

$$V(\widehat{\alpha}) = \sigma^2\left\{\frac{1}{n} + \frac{\overline{x}^2}{\sum_{t=1}^{n}(x_t-\overline{x})^2}\right\} \tag{7.58}$$

と求まる。

最後に，$\widehat{\alpha}$ と $\widehat{\beta}$ の共分散を求める。(7.57) 式を使うが，この式の第1項と $\widehat{\beta}$ は共分散が0であるから，

$$Cov(\widehat{\alpha},\widehat{\beta}) = E\{(\widehat{\alpha}-\alpha)(\widehat{\beta}-\beta)\} \tag{7.59}$$
$$= -E\{(\widehat{\beta}-\beta)\overline{x}\cdot(\widehat{\beta}-\beta)\}$$
$$= -\overline{x}V(\widehat{\beta})$$

となる。

■ 予測誤差の分散

67頁の (2.57) 式で与えられた，予測誤差の分散を導く。

予測時点における回帰式は，(2.55) 式

$$y_{n+1} = \alpha + \beta x_{n+1} + u_{n+1} \tag{7.60}$$

である。予測時点でも，回帰係数は変化せず，誤差項 u_{n+1} は過去の n 個の式に含まれる誤差項と独立，かつ同じ平均と分散を持つと仮定される。$n+1$ 時点の予測値を与える (2.56) 式

$$\widehat{y}_{n+1} = \widehat{\alpha} + \widehat{\beta}x_{n+1} \tag{7.61}$$

の2係数は，過去のデータによって最小2乗推定法で推定されている。以下，予測誤差の分散を導く。

7–9 最小 2 乗推定量の分布

証明 予測誤差は

$$\widehat{y}_{n+1} - y_{n+1} = (\widehat{\alpha} - \alpha) + (\widehat{\beta} - \beta)x_{n+1} - u_{n+1} \tag{7.62}$$

と，係数推定量の誤差などの関数になる．期待値は明らかに 0 である．誤差の分散を求めるが，u_{n+1} は他の項と独立に分布することに注意しよう．したがって，各項の分散などを使って，

$$V(\widehat{y}_{n+1} - y_{n+1}) = V(\widehat{\alpha}) + V(\widehat{\beta})x_{n+1}^2 + 2x_{n+1}Cov(\widehat{\alpha}, \widehat{\beta}) + V(u_{n+1}) \tag{7.63}$$

$$= \sigma^2 \left\{ \frac{1}{n} + \frac{\overline{x}^2}{D} + \frac{1}{D}x_{n+1}^2 - 2x_{n+1}\frac{\overline{x}}{D} + 1 \right\}$$

$$= \sigma^2 \left\{ \frac{1}{n} + \frac{(\overline{x} - x_{n+1})^2}{D} + 1 \right\}$$

となり，(2.57) 式が求まる．

■最小分散線形不偏推定量 (BLUE)

これは，最小 2 乗推定量の最も良く知られた性質である．以上の分析で導かれた最小 2 乗推定量の性質をまとめると，最小 2 乗推定量は線形であり，不偏性を持ち，かつ分散は (7.49) 式となる．繰り返すと，

【性質 1】 (7.46) 式のように，y_i の線形関数として表現できる．（線形性）

【性質 2】 期待値が，(7.48) 式で示したように，母数に一致する．（不偏性）

BLUE とは，線形性と不偏性をともに有する推定量の中で，分散が最小になるという性質である．

例 7.2 単回帰式の推定において，x_{max} と x_{min} を，説明変数 x の最大値と最小値とする．本書では，説明変数は非確率であるという前提を置いているので，x_{max} などは確率変数でないことに注意しよう．これらの説明変数値のペアーとなる被説明変数値を，y_{max} と y_{min} とすれば，

$$b = \frac{y_{max} - y_{min}}{x_{max} - x_{min}} \tag{7.64}$$

$$= \frac{1}{x_{max} - x_{min}}y_{max} - \frac{1}{x_{max} - x_{min}}y_{min}$$

は，線形推定量である．(y_{max} は x_{max} とペアーである観測値を意味し，y の最大値を意味しない．y_{min} についても同様．) さらに，期待値は

$$E(b) = E\left\{\frac{\beta(x_{max} - x_{min}) + u_{max} - u_{min}}{x_{max} - x_{min}}\right\}$$
$$= \beta + E\left(\frac{u_{max} - u_{min}}{x_{max} - x_{min}}\right)$$

と計算でき，第2項は0であるから，不偏推定量になる．

定理 β_K の任意の線形推定量 b とは，c_i を既知の係数として

$$b = \sum_{i=1}^{n} c_i y_i \tag{7.65}$$

と表現されることを言う．さらに，b は不偏でないといけないから，期待値は

$$E(b) = \beta_K, \tag{7.66}$$

を満たす．このような，任意の線形かつ不偏な推定量 b の分散を求めると，その最小値は (7.49) 式で与えられる．最小値をもたらす係数 c_i は一意で，w_i 以外にない．

証明 b 中の y_i について期待値を計算すると，(7.48) 式と同じく，

$$E(b) = \beta_1 \sum_{i=1}^{n} c_i x_{1i} + \beta_2 \sum_{i=1}^{n} c_i x_{2i} + \cdots + \beta_K \sum_{i=1}^{n} c_i x_{Ki} \tag{7.67}$$

となる．任意の説明変数について，この期待値が β_K に一致するためには，

$$\sum_{i=1}^{n} c_i x_{1i} = 0, \sum_{i=1}^{n} c_i x_{2i} = 0, \cdots, \sum_{i=1}^{n} c_i x_{K-1 i} = 0, \tag{7.68}$$

さらに，

$$\sum_{i=1}^{n} c_i x_{Ki} = 1 \tag{7.69}$$

が成立しないといけない．以上により，b は (7.51) 式の要領で

$$b - \beta_K = \sum_{i=1}^{n} c_i u_i \tag{7.70}$$

と簡略に表現される．分散を計算すると，

7-9 最小2乗推定量の分布

$$V(b) = E\left(\left(\sum_{i=1}^{n} c_i u_i\right)^2\right) \tag{7.71}$$

という期待値計算になる。シグマは n 項含み，その2乗は n^2 項になる。各項の期待値を計算してまとめればよいが，(7.52) 式と同じで，添え字の異なる項の期待値は 0 になる。添え字が等しい項について計算すると，分散は

$$V(b) = \sigma^2 \sum_{i=1}^{n} c_i^2 \tag{7.72}$$

となる。

$V(b)$ と，最小2乗推定量以外の $V(\widehat{\beta}_K)$ を比べる。(7.68) 式と (7.69) 式により，

$$\sum_{i=1}^{n} c_i \widehat{u}_{Ki} = \sum_{i=1}^{n} c_i(x_{Ki} - \widehat{c}_1 x_{1i} - \widehat{c}_2 x_{2i} - \cdots - \widehat{c}_{K-1} x_{K-1i}) = 1$$

となることが証明できる。また，数学補論 1.2 で与えられたコーシー=シュワルツの不等式により，

$$\sum_{i=1}^{n} c_i \widehat{u}_{Ki} \leqq \sqrt{\sum_{i=1}^{n} c_i^2 \sum_{i=1}^{n} \widehat{u}_{Ki}^2} \tag{7.73}$$

となる。左辺は 1 であるので，

$$\frac{1}{D} \leqq \sum_{i=1}^{n} c_i^2$$

となり，分散間の不等号が証明される。

一意であることの証明は，コーシー=シュワルツの不等式の，等式が成立する条件による。この条件は，定数 e と f に関して

$$c_i = e + f w_i$$

となることである。多少の分析により，$e = 0$，$f = 1$，が導かれる。(終わり)

□ 7–10 系列相関 □

■自己回帰（AR）誤差項

この節では，誤差項の自己回帰 (5.8) 式がもたらす性質を導出する。定義式を再述すると

$$u_t = \phi u_{t-1} + \varepsilon_t \tag{7.74}$$

である。(7.74) 式を時点 1 にもどすと

$$u_1 = \phi u_0 + \varepsilon_1$$

となる。u_0 は観測期間以前の誤差項であり初期値と言われるが，その性質を決めることは難しい。時点 2 では

$$u_2 = \phi u_1 + \varepsilon_2 = \phi^2 u_0 + \phi \varepsilon_1 + \varepsilon_2$$

となり，二期離れた誤差項の関係が表現できる。u_2 は初期値 u_0 の一部に，今期のショック ε_2 および前期のショック ε_1 の一部が加わって定まると理解できる。ϕ の絶対値は 1 より小であることに注意しよう。以下，任意の t 時点までこの操作を繰り返していくと，

$$u_t = \phi^t u_0 + \phi^{t-1} \varepsilon_1 + \phi^{t-2} \varepsilon_2 + \cdots + \varepsilon_t \tag{7.75}$$

となる。（累乗の次数と，添え字を足せば t になることに注意しよう。）u_t は，今期のショック ε_t と過去のショックの線形式で表現され，u_t の期待値は 0 となる。さらに，u_t は，初期値を除けば，今期及び今期以前のショックによって定められていることが重要である。ϕ の絶対値は 1 より小であると仮定するから，過去の影響は時間がたつにつれ減少していく。

(7.74) 式と (7.75) 式は同値である。つまり，(7.75) 式から (7.74) 式を導出することができる。((7.75) 式の t を $t-1$ に代えて，u_{t-1} の表現を求める。そして u_{t-1} の ϕ 倍を (7.75) 式から引く。)

■ AR 誤差項の自己共分散

誤差項の列 $\{u_1, u_2, \cdots, u_n\}$ において，u_t と u_{t-k} 間の共分散を k 次自己共分散という。k は時点の差を示す。

誤差項の，分散と自己共分散を計算しよう。自己回帰 (7.74) 式では，ε_t の平均は 0，分散 σ_ε^2，独立性が仮定として与えられるから，この仮定を用いて u_t の性質を導くのである。

平均：(7.74) 式の両辺の期待値は

$$E(u_t) = \phi E(u_{t-1}) + E(\varepsilon_t)$$

だが，右辺第 2 項は，仮定により 0 である。期待値が t に依存しないという**定常性の条件**によれば

$$E(u_t) = E(u_{t-1})$$

となるから，u_t の期待値も 0 となる。

分散：(7.74) 式の両辺の平方を取り，期待値を計算すれば

$$E\{(u_t)^2\} = \phi^2 E\{(u_{t-1})^2\} + E\{(\varepsilon_t)^2\}$$

となる。交差項もあるが，交差項では，u_{t-1} は (7.75) 式で示したように，$t-1$ 期以前のショックの線形関数であるから，ε_t と独立である。したがって，

$$E(\varepsilon_t u_{t-1}) = E(\varepsilon_t) E(u_{t-1}) = 0 \tag{7.76}$$

となる。全ての t について $E(\varepsilon_t) = 0$ だから，

$$V(\varepsilon_t) = E\{(\varepsilon_t)^2\} = \sigma_\varepsilon^2$$

となる。ここで，誤差項の分散は観測時点に依存しないという**定常性の条件**

$$V(u_t) = V(u_{t-1})$$

を入れると，

$$V(u_t) = \frac{1}{1-\phi^2} \sigma_\varepsilon^2 \tag{7.77}$$

と求まる。

一次自己共分散：(7.74) 式の両辺に u_{t-1} をかけて，期待値を取ると，

$$E(u_t u_{t-1}) = \phi E\{(u_{t-1})^2\} + E(\varepsilon_t u_{t-1})$$

となるが，右辺第2項は0となる。したがって，一次の自己共分散は

$$E(u_t u_{t-1}) = \phi V(u_t) \tag{7.78}$$

となる。隣合わせの誤差項の自己共分散は，分散の ϕ 倍になる。

u_t と u_{t-1} の間の相関係数を一次の<u>自己相関係数</u>とよぶが，自己相関係数は定常性により，

$$\phi_1 = \frac{E(u_t u_{t-1})}{\sqrt{V(u_t)V(u_{t-1})}} = \frac{E(u_t u_{t-1})}{V(u_t)} \tag{7.79}$$

となる。計算すると

$$\phi_1 = \frac{E(u_t u_{t-1})}{V(u_t)} = \phi \tag{7.80}$$

を得る。

高次の自己共分散：一次の自己共分散の計算を繰り返すと，k 時点離れている誤差項間の k 次自己共分散は

$$\phi_k = \frac{E(u_t u_{t-k})}{V(u_t)} = \phi^k \tag{7.81}$$

となる。観測時点の差によって，相関の強弱が変化する。このように，AR 誤差項では，時点の異なる誤差項間に0でない自己共分散が残る。ただし，ϕ の絶対値は1より小と仮定されているから，この相関係数は時間幅が大きくなれば減少していく。

最小2乗推定量の性質は不偏であるが BLUE にならない。一致性は保つ。((7.54) 式を参照せよ。) 通常のプログラム・パッケージを使った場合は，t 検定や F 検定が役に立たないことは既に述べた。

■最小2乗推定量の分散

最小2乗推定量は (7.46) 式により

$$\widehat{\beta}_K = \sum_{i=1}^n w_i y_i \tag{7.82}$$

と展開されるが，誤差項が前項で示したような分散や共分散を持つと，$\widehat{\beta}_K$ の平均や分散はどうなるのだろうか。以下，導出する。

最初に，被説明変数が，誤差項と同じ分散，自己共分散を示すことを確認しよう。これは，分散や共分散の計算では，$y_i - E(y_i)$ が計算の基準になるが，

$$y_i - E(y_i) = u_i$$

となるからである。したがって，(7.67) 式により，

$$E(\widehat{\beta}_K) = \beta_K \tag{7.83}$$

となる。自己相関は，期待値には影響を与えない。不偏性は維持される。

分散は，(7.52) 式により

$$V(\widehat{\beta}_K) = E\left(\left(\sum_{i=1}^{n} w_i u_i\right)^2\right) \tag{7.84}$$

という期待値計算になる。シグマは n 項含み，その 2 乗は n^2 項になる。各項の期待値を計算するが，添え字の異なる項の期待値は

$$E(w_i u_i w_j u_j) = w_i w_j E(u_i u_j) = w_i w_j \phi^{|i-j|} V(u_i)$$

となる。共分散は添え字間の時間幅 $|i-j|$ によって決まる。間隔が大であれば共分散は小，近ければ共分散は大になる。結局，

$$V(\widehat{\beta}_K) = \frac{\sigma_\varepsilon^2}{1-\phi^2} \sum_{i=1}^{n} \sum_{j=1}^{n} w_i w_j \phi^{|i-j|} \tag{7.85}$$

となり，標準的な条件の下で求まる (7.53) 式とは異なる。

■ t 検定

系列相関がある場合は，係数推定量の分散がこのような表現になる。係数に関する t 統計量は，最小 2 乗推定量 $\widehat{\beta}_K$ の標準化が，

$$\frac{\widehat{\beta}_K \sqrt{1-\phi^2}}{\sqrt{\sigma_\varepsilon^2 \sum_{i=1}^{n} \sum_{j=1}^{n} w_i w_j \phi^{|i-j|}}} \tag{7.86}$$

となるから，この式に含まれるとを推定量で置き換えて求まる。帰無仮説の下での分布は，標準正規分布を利用する。未知母数の推定においては，σ_ε^2 は，コクラン=オーカット変換された回帰式などの誤差分散の推定量を求めれば良い。少なくとも，標準の t 統計量とは異なる形式になることが理解できよう。

7 統計分析の基礎

● 練 習 問 題

1. 2個の二項確率変数から得た標本平均の分布が，(7.11) から (7.13) 式に与えられている。このような標本平均を 2 個作り，さらに平均 Z を求めるとする。この平均 Z の確率関数を導きなさい。$E(Z), V(Z)$ を計算しなさい。
2. 二項確率関数が (7.1) と (7.2) 式に与えられているが，観測個数が n の無作為標本 $\{X_1, X_2, \cdots, X_n\}$ から，積
$$Z = X_1 \times X_2 \times \cdots \times X_n$$
を作ったとする。Z の確率分布を求め，その平均と分散を計算しなさい。
3. 連続確率変数 X の密度関数が，$f(x) = x, 0 < x < \sqrt{2}$, 他の値では 0，と定められているとする。この確率変数の平均と分散を求めなさい。
4. 二項確率関数 (7.1) と (7.2) 式から，観測個数が 3 の無作為標本を求め，標本分散を計算するとしよう。この標本分散の確率関数を求め，平均を求めなさい。
5. 二項確率関数 (7.1) と (7.2) 式から，観測個数が 2 の無作為標本を求め，標本平均と標本分散を計算する。各々の確率関数は本文中に与えられている。さらに，この標本平均と標本分散の同時確率関数を導き，共分散，相関係数を計算しなさい。
6. 同時確率関数より周辺確率関数を導くことができる。しかし，逆は不可能である。例えば，A 君は大学で昼食を取るが，その際，生協で食べる確率が 0.5, 生協以外で食べる確率が 0.5 であるとする。B さんも同じ確率で昼食の場所を選んでいるとする。以上により，周辺確率関数が与えられる。この情報を基に，2 人の昼食場所について，同時確率関数（2×2 の表）を求めなさい。

  a) 2 人は，完全に同じ行動をとる。　　　b) 2 人は全く反対の行動をとる。
  c) 2 人は，良く似た行動をとる。　　　　d) 2 人は，かなり反対の行動をとる。
  e) 2 人の行動は，まったく関係がない。
7. 表 7–1 で与えられた同時確率関数を母分布とする。大きさ 3 の無作為標本を元にした統計量
$$V = \sum_{i=1}^{3} X_i Y_i$$
の分布を求めなさい。($X_i Y_i$ の取る値を考える。)
8. 7–2 節と 7–3 節で分析した，$\overline{X}$ と S^2 の同時確率関数を，観測個数を 3 として導きなさい。同時確率関数より，$\overline{X}$ と S^2 の共分散を求めなさい。

本書の使い方・文献案内

　本書は，大学で教えられる統計学基礎論などの授業を学んだ学生を対象に，書かれています。したがって，統計学における最も基礎的な諸概念，ツールなどは簡単に触れているだけです。詳しい説明もなく，推定とか検定が飛び出してきますが，戸惑うときは，統計学基礎論の教科書を復習して下さい。一冊の本では，統計学の基礎知識を網羅することは不可能なのです。統計量とは標本から求まるものであり，推定量は推定に使う統計量，検定統計量は検定に使う統計量，などといったことは，他の本で見て欲しいのです。

　本書が教科書として利用される場合は，授業が半年，2単位なら，定理などの証明を追いかける余裕は生まれないでしょう。定理や数学的性質などは証明なしで受け入れ，使い方と内容の理解に集中して学んでください。内容的には，第5章のダービン=ワトソン検定までカバーできれば十分でしょう。

　4単位の授業なら，かなり詳細を学ぶことができます。しかし，第6章の全トピックを説明し，かつTSPやEViewsで推定していくと，ほぼ半年かかります。したがって，第6章はトピックの選択が必要です。筆者の好みは，6-2，6-3などです。さらに，第7章を正確に読みこなせば，理解度は飛躍的に高まります。

　近年は計量経済学の教科書は非常に数が多くなっていますが，この本が教科書に選ばれているなら，まず，この本を徹底的にマスターして下さい。筆者の説明力のなさで苦しむこともあるかも知れませんが，その分，読者の灰色の脳細胞を働かせるのが，利口な勉強の仕方です。

　計量経済学では，基本的な内容は，大体どの本でも同じです。いろいろ参考書を漁ることは，逆にまずい勉強法になります。

　より高度な内容の勉強が必要ならば，山本拓著『計量経済学』（新世社），森棟

公夫著『計量経済学』(東洋経済新報社)，蓑谷千凰彦著『計量経済学 (第3版)』(東洋経済新報社) などがあります。森棟著は，時系列分析を含み，新しい内容を証明なしで解説してあります。数多くある他の本も，大体レベルは同じですが，理論的な性質の証明を含む具合や，トピックの選択に違いがあります。

計量経済学の中級を学ぶには，改めて統計学の知識が必要になっていきます。計量経済が難しいのは，統計の知識なしで学ぶ学生が多いからですが，基礎知識が高ければ，計量経済学は容易です。広い意味でのデータ解析が要求される時代ですから，大学で学ぶ統計学は，社会人として必須の知識です。

最近の統計学の教科書は淘汰されてきており，内容も洗練されています。本の違いはカバーする数理統計の数学レベル，トピックの選択くらいだと言えるようです。

中級の計量経済学の教科書として，国際的に定評があるのは，William H. Greene *Econometric Analysis*, Prentice Hall です。この教科書は，基礎的な理論およびモデルを網羅しています。上級の計量経済学は，幅が広くなってきており，特定の本を紹介することはできません。離散選択分析，金融計量分析，非定常時系列分析，ノン・パラメトリック法，などありますが，一部は統計理論的に非常に高度です。この辺の様子を理解して貰うために，最後に，計量経済学に関係したノーベル経済学賞受賞者の研究分野を紹介しておきましょう。

    1969年 (第1回)：フリッシュ (R. Frisch ノルウェー) とティンバーゲン (J. Tinbergen オランダ)，経済変動モデルと，その実証。

    1980年：クライン (L.R. Klein アメリカ)，マクロモデル

    1989年：ホーベルモ (T. Haavelmo ノルウェー)，同時方程式モデルの理論的な性質

    2000年：マクファデンとヘックマン (D.L. McFadden & J.J. Heckman ともにアメリカ)，離散選択モデル，Tobit モデル。

    2003年：グレンジャーとエングル (G.W. Granger & R.F. Engle ともにアメリカ)，時系列モデル，ARCH モデル。

練習問題略解

●第 1 章
1. シグマ記号を使わないで書く。
2. 公式に従い計算する。
3. 先の問題 2 の (c) は，原点に関して対称な例である。
4. 平均に関する検定の例である。
5. 相関係数が 0 である，という帰無仮説の検定。

●第 2 章
2. 定数項の推定値は 0 になる。
3. β の最小 2 乗推定量の公式を使う。
4. 正規方程式で，被説明変数と説明変数が入れ替わっただけ。$\hat{\delta}$ と $\hat{\gamma}$ も，$\hat{\alpha}$ と $\hat{\beta}$ の x と y を入れ替えれば良い。
5. 元の式の両辺を 10 倍し，x を 100 倍し，勾配を 100 で割る。
6. β が 0 である。したがって，回帰式は
$$y_i = \mu + u_i$$
となる。目的関数の，最小化のための一次条件を求める。シグマ記号は使わずに計算すれば良い。RSS と TSS が一致している。回帰値はどうなるか。正規方程式を検討すれば，残差和が 0 になることが分かる。
7. 目的関数を作り，最小化のための一次条件を求める。正規方程式を検討して，残差と，x が直交する事を示す。
8. 8.1 3 列と 4 列は，株価の系列である。
   8.2 日経をマーケットポートフォリオと見なす。
   8.4 定数項が 0.5% か否かの，t 統計量を計算して，検定をしても良い。あるいは，回帰式
$$y_i = \alpha + \beta x_i + u_i$$
$$= 0.005 + \gamma + \beta x_i + u_i$$
と書くと，帰無仮説は $\gamma = 0$。だから，
$$y_i - 0.005 = \gamma + \beta x_i + u_i$$
として，被説明変数値から 0.005 を引き，係数 γ と β を最小 2 乗法で推定する。γ の t 値により，検定を行う。

●第 3 章
1. 1.1 定数，x，z が，直交していることを使う。
   1.2 RSS は 3 になる。
   1.3 x 値は 2 倍，z 値は 3 分の 2 倍。
   1.4 定数項に関して微分して求めた，正規方程式を考える。

練習問題略解

2. 2.1 x と y を，入れ替えれば良い．
   2.2 単回帰の場合と，同様の性質がある．
   2.3 x の係数推定値，y の係数推定値に注目する．
3. 正規方程式を使う．
4. 残差 2 乗を，残差 $\times y_i$, 残差 $\times x_i$, 残差 $\times z_i$, などに分解して求める．

●第 4 章

1. 公式通りに，計算していく．RSS の計算も容易．x 係数の t 値は，5.2 になる．
2. 正規方程式に数値を代入し，係数の推定値を求める．$s_{xy}, s_{zy}, s_{xx}, s_{xz}, s_{zz}$, など，先に求めておけば良い．
3. 3.1 $(2 - DW)/2$, で一次の自己相関係数が推定できる．
   3.2 F 統計量の定義に従って，計算する．RSS，あるいは決定係数のいずれかを使う．
4. $\beta + \gamma = 1 + \delta$, として，$\delta$ が 0 か否かの t 検定を行う．
5. データは $(x_1, y_1), (x_2, y_2)$, として求める．残差，決定係数はデータに依存しない．
6. 定数項に関する正規方程式の性質．
7. これも，正規方程式の性質．
8. y_i と $\widehat{y}_i$ の共分散は，ESS に一致することを示す．$y_i - \overline{y} = (y_i - \widehat{y}_i) + (\widehat{y}_i - \overline{y})$, また，残差 $(y_i - \widehat{y}_i)$ と $(\widehat{y}_i - \overline{y})$ は，直交する．ただし，y_i と $\widehat{y}_i$ の平均が一致することに注意．
9. ダミー変数を 2 個入れて，正規方程式を作る．1 個の場合と同じ処理になる．
10. 帰無仮説の下での，回帰式を設定し，F 検定法を使う．
11. $(b - c)/\sqrt{V(b - c)}$ の推定量, $V(b - c) = V(b) + V(c) - 2Cov(b, c)$

●第 5 章

1. t 検定，DW 検定，DW 統計量から一次の自己相関係数を推定する方法を検討する．1.5 は，決定係数を用いた F 検定．1.6 は，定義に従って計算する．
2. 自己回帰係数が 0.5 と分かっているときの，コクラン＝オーカット法の応用．2.2 は，観測値 1 については，各変数に $\sqrt{1 - \phi^2}$ を掛ける．
3. y の分散は，誤差項の分散と一致する．3.2 は，まず，誤差分散の平方根で，各観測値を割る．次に，最小 2 乗法を応用する．3.3 は，制約を含め，不均一分散の調整をする．3.4 は，残差平方和を求めて，F 検定あるいは，χ^2 検定．

●第 6 章

1. $\beta_i = \gamma_0 + \gamma_1 i + \gamma_2 i^2$, だから，$\beta_0, \beta_1, \beta_2, \beta_3,$ の間に成立する関係を明示する．制約は 1 個．
2. $\beta_{-1} = \gamma_0 - \gamma_1 = 0$, が成立するから，未知係数は，1 個だけとなる．回帰式を，未知係数 1 個に整理すること．
3.〜10. TSP では，データの読み込みに注意．（シートが 1 枚しかないことが肝心．）ワークシートの 1 行目で，変数名を指定しても良い．この場合は，Load 文では，変数名を指定しない．Excel からの，データの読み込みがうまくいかない場合は，プログラムの中に，データを入れてしまう．
11. 例 6.16 にならって，計数の行列を作る．階数を計算してみよう．

●第 7 章

1. $Z = (\overline{X}_1 + \overline{X}_2)/2.$ $\overline{X}_1$ と $\overline{X}_2$ の全ての組合せ，およびその組合せが生じる確率を考える。
2. 例えば，$n = 3$ のときなら，全ての組合せを書くことは容易。全ての組合せを書き，その組合せが生じる確率を計算する。Z は，2 値しか取らない。
3. これは積分の問題。分散は，8/9。
4. $s^2 = (X_1^2 + X_2^2 + X_3^2 - 3\overline{X}^2)/2.$ $\{X_1, X_2, X_3\}$ の全ての組合せと，その組合せが生じる確率を計算する。各組合せに対して，s^2 の値も計算する。
5. 観測個数が 2 の標本 $\{X_1, X_2\}$ において，全ての組合せと，その組合せが生じる確率を求める。平均は，3 個の値，分散は 2 個の値を取るので，同時確率関数は，3×2 の表となる。
6. 2×2 の表を考える。完全に同じ行動を取る場合は，対角な事象だけが生じる。よく似た行動は，非対角な事象も生じるが，対角な事象の方が，大きな確率で起きるということ。したがって，答えは一意ではない。2 人の行動が独立であれば，同時確率は，周辺確率の積になる。
7. 例えば，$X_1 Y_1$ の値は，1 と -1 だけ。つぎに，$\{X_1 Y_1, X_2 Y_2, X_3 Y_3\}$ の値の組合せと，組合せが生じる確率を考え，最後に V の値を求める。

付 表

❖付表1　t分布表

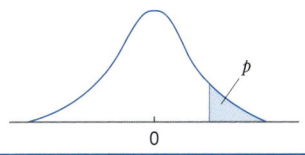

自由度	1	2	3	4	5	6	7	8	9	10
$p=0.1$	3.08	1.89	1.64	1.53	1.48	1.44	1.42	1.40	1.38	1.37
0.050	6.31	2.92	2.35	2.13	2.02	1.94	1.90	1.86	1.83	1.81
0.025	12.71	4.30	3.18	2.78	2.57	2.45	2.37	2.31	2.26	2.23
0.010	32.82	6.97	4.54	3.75	3.37	3.14	3.00	2.90	2.82	2.76
0.005	63.66	9.93	5.84	4.60	4.03	3.70	3.50	3.36	3.25	3.17

自由度	12	14	16	18	20	22	24	26	30	正規
$p=0.1$	1.36	1.35	1.34	1.33	1.33	1.32	1.32	1.32	1.31	1.28
0.050	1.78	1.76	1.75	1.73	1.73	1.72	1.71	1.71	1.70	1.65
0.025	2.18	2.15	2.12	2.10	2.09	2.07	2.06	2.06	2.04	1.96
0.010	2.68	2.62	2.58	2.55	2.53	2.51	2.49	2.48	2.46	2.33
0.005	3.06	3.00	2.92	2.88	2.85	2.82	2.80	2.78	2.75	2.58

図の右裾の確率が p になる座標値を与える。自由度がない分布は，補間法により，座標値を求める。

❖付表2　標準正規分布

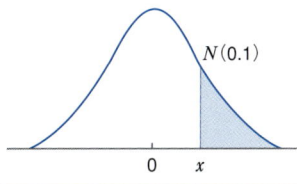

右裾確率	p	.10	.05	.025	.01	.005	.001	.0005	.00005
座標値	x	1.282	1.645	1.960	2.326	2.576	3.090	3.291	3.891

図の右裾の確率が p になる。

❖付表 3 χ^2（カイ 2 乗）分布表

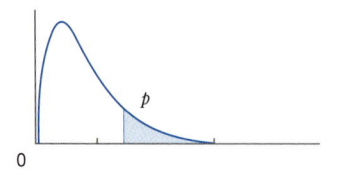

自由度	1	2	3	4	5	6	7	8	9	10
p = 0.100	2.7	4.6	6.3	7.8	9.2	10.6	12.0	13.4	14.7	16.0
0.050	3.8	6.0	7.8	9.5	11.1	12.6	14.1	15.5	16.9	18.3
0.025	5.0	7.4	9.3	11.1	12.8	14.5	16.0	17.5	19.0	20.5
0.010	6.6	9.2	11.3	13.3	15.1	16.8	18.5	20.1	21.7	23.2

自由度	11	12	13	14	15	16	17	18	19	20
p = 0.100	17.3	18.6	19.8	21.1	22.3	23.5	24.8	26.0	27.2	28.4
0.050	19.7	21.0	22.4	23.7	25.0	26.3	27.6	28.9	30.1	31.4
0.025	21.9	23.3	24.7	26.1	27.5	28.9	30.2	31.5	32.9	34.2
0.010	24.7	26.2	27.7	29.1	30.6	32.0	33.4	34.8	36.2	37.6

自由度	22	24	26	28	30	35	40	45	50	100
p = 0.100	30.8	33.2	35.6	37.9	40.3	46.1	51.8	57.5	63.2	118.5
0.050	33.9	36.4	38.9	41.3	43.8	49.8	55.8	61.7	67.5	124.3
0.025	36.8	39.4	41.9	44.5	47.0	53.2	59.3	65.4	71.4	129.6
0.010	40.3	43.0	45.6	48.3	50.9	57.3	63.7	70.0	76.2	135.8

図の右裾の確率が p になる。自由度がない分布は，補間法により，座標値を求める。

❖付表4　F分布表

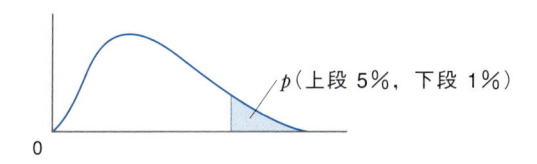

p（上段 5％，下段 1％）

自由度	分子	1	2	3	4	5	6	8	10
分母	4	7.71 21.20	6.94 18.00	6.59 16.69	6.39 15.98	6.26 15.52	6.16 15.21	6.04 14.80	5.96 14.55
	5	6.61 16.26	5.79 13.27	5.41 12.06	5.19 11.39	5.05 10.97	4.95 10.67	4.82 10.29	4.74 10.05
	6	5.99 13.75	5.14 10.93	4.76 9.78	4.53 9.15	4.39 8.75	4.28 8.47	4.15 8.10	4.06 7.87
	7	5.59 12.25	4.74 9.55	4.35 8.45	4.12 7.85	3.97 7.46	3.87 7.19	3.73 6.84	3.64 6.62
	8	5.32 11.26	4.46 8.65	4.07 7.59	3.84 7.01	3.69 6.63	3.58 6.37	3.44 6.03	3.35 5.81
	9	5.12 10.56	4.26 8.02	3.86 6.99	3.63 6.42	3.48 6.06	3.37 5.80	3.23 5.47	3.14 5.26
	10	4.96 10.04	4.10 7.56	3.71 6.55	3.48 5.99	3.33 5.64	3.22 5.39	3.07 5.06	2.98 4.85
	12	4.75 9.33	3.89 6.93	3.49 5.95	3.26 5.41	3.11 5.06	3.00 4.82	2.85 4.50	2.75 4.30
	14	4.60 8.86	3.74 6.52	3.34 5.56	3.11 5.04	2.96 4.70	2.85 4.46	2.70 4.14	2.60 3.94
	16	4.49 8.53	3.63 6.23	3.24 5.29	3.01 4.77	2.85 4.44	2.74 4.20	2.59 3.89	2.49 3.69
	18	4.41 8.29	3.56 6.01	3.16 5.09	2.93 4.58	2.77 4.25	2.66 4.02	2.51 3.71	2.41 3.51
	20	4.35 8.10	3.49 5.85	3.10 4.94	2.87 4.43	2.71 4.10	2.60 3.87	2.45 3.56	2.35 3.37
	25	4.24 7.77	3.39 5.57	2.99 4.68	2.76 4.18	2.60 3.86	2.49 3.63	2.34 3.32	2.24 3.13
	30	4.17 7.56	3.32 5.39	2.92 4.51	2.69 4.02	2.53 3.70	2.42 3.47	2.27 3.17	2.17 2.98
	50	4.03 7.17	3.18 5.06	2.79 4.20	2.56 3.72	2.40 3.41	2.29 3.19	2.13 2.89	2.03 2.70
	100	3.94 6.90	3.09 4.82	2.70 3.98	2.46 3.51	2.30 3.20	2.19 2.99	2.03 2.69	1.92 2.51

中間の自由度については，補間法により境界値を求める。

❖付表5　ダービン=ワトソン検定の1%境界区間 (L, U)

n	k = 1 L	k = 1 U	k = 2 L	k = 2 U	k = 3 L	k = 3 U	k = 4 L	k = 4 U	k = 5 L	k = 5 U	k = 6 L	k = 6 U	k = 7 L	k = 7 U
15	0.81	1.07	0.70	1.25	0.59	1.46	0.49	1.70	0.39	1.96	0.30	2.24	0.23	2.53
16	0.84	1.09	0.74	1.25	0.63	1.44	0.53	1.66	0.44	1.90	0.35	2.15	0.27	2.42
17	0.87	1.10	0.77	1.25	0.67	1.43	0.57	1.63	0.48	1.85	0.39	2.08	0.31	2.32
18	0.90	1.12	0.80	1.26	0.71	1.42	0.61	1.60	0.52	1.80	0.44	2.02	0.36	2.24
19	0.93	1.13	0.83	1.26	0.74	1.41	0.65	1.58	0.56	1.77	0.48	1.96	0.40	2.17
20	0.95	1.15	0.86	1.27	0.77	1.41	0.68	1.57	0.60	1.74	0.52	1.92	0.44	2.11
22	1.00	1.17	0.91	1.28	0.83	1.40	0.75	1.54	0.66	1.69	0.59	1.85	0.51	2.02
24	1.04	1.20	0.96	1.30	0.88	1.41	0.80	1.53	0.72	1.66	0.65	1.80	0.58	1.94
26	1.07	1.22	1.00	1.31	0.93	1.41	0.85	1.52	0.78	1.64	0.71	1.76	0.64	1.89
28	1.10	1.24	1.04	1.32	0.97	1.41	0.90	1.51	0.83	1.62	0.76	1.73	0.70	1.85
30	1.13	1.26	1.07	1.34	1.01	1.42	0.94	1.51	0.88	1.61	0.81	1.71	0.75	1.81
35	1.19	1.31	1.14	1.37	1.08	1.44	1.03	1.51	0.97	1.59	0.91	1.67	0.86	1.76
40	1.25	1.34	1.20	1.40	1.15	1.46	1.10	1.52	1.05	1.58	1.00	1.65	0.95	1.72
45	1.29	1.38	1.24	1.42	1.20	1.48	1.16	1.53	1.11	1.58	1.07	1.64	1.02	1.70
60	1.38	1.45	1.35	1.48	1.32	1.52	1.28	1.56	1.25	1.60	1.21	1.64	1.18	1.68
80	1.47	1.52	1.44	1.54	1.42	1.57	1.39	1.60	1.36	1.62	1.34	1.65	1.31	1.68
100	1.52	1.56	1.50	1.58	1.48	1.60	1.46	1.63	1.44	1.65	1.42	1.67	1.40	1.69

n は観測個数である。k は定数項以外の説明変数の数とする。

(出所)　N.E. Savin and Kenneth J. White "The Durbin-Watson Test for Serial Correlation with Extreme Sizes or Many Regressors," *Econometrica*, Nov. 1977.

❖付表 6　ダービン=ワトソン検定の 5%境界区間 (L, U)

n	k = 1 L	k = 1 U	k = 2 L	k = 2 U	k = 3 L	k = 3 U	k = 4 L	k = 4 U	k = 5 L	k = 5 U	k = 6 L	k = 6 U	k = 7 L	k = 7 U
15	1.08	1.36	0.95	1.54	0.81	1.75	0.69	1.97	0.56	2.21	0.45	2.47	0.34	2.73
16	1.11	1.37	0.98	1.54	0.86	1.73	0.73	1.93	0.62	2.15	0.50	2.39	0.40	2.62
17	1.13	1.38	1.02	1.54	0.90	1.71	0.78	1.90	0.66	2.10	0.55	2.32	0.45	2.54
18	1.16	1.39	1.05	1.53	0.93	1.69	0.82	1.87	0.71	2.06	0.60	2.26	0.50	2.46
19	1.18	1.40	1.07	1.53	0.97	1.68	0.86	1.85	0.75	2.02	0.65	2.21	0.55	2.40
20	1.20	1.41	1.10	1.54	1.00	1.68	0.89	1.83	0.79	1.99	0.69	2.16	0.60	2.34
22	1.24	1.43	1.15	1.54	1.05	1.66	0.96	1.80	0.86	1.94	0.77	2.09	0.68	2.25
24	1.27	1.45	1.19	1.55	1.10	1.66	1.01	1.78	0.93	1.90	0.84	2.04	0.75	2.17
26	1.30	1.46	1.22	1.55	1.14	1.65	1.06	1.76	0.98	1.88	0.90	1.99	0.82	2.12
28	1.33	1.48	1.26	1.56	1.18	1.65	1.10	1.75	1.03	1.85	0.95	1.96	0.87	2.07
30	1.35	1.49	1.28	1.57	1.21	1.65	1.14	1.74	1.07	1.83	1.00	1.93	0.93	2.03
35	1.40	1.52	1.34	1.58	1.28	1.65	1.22	1.73	1.16	1.80	1.10	1.88	1.03	1.97
40	1.44	1.54	1.39	1.60	1.34	1.66	1.29	1.72	1.23	1.79	1.18	1.85	1.12	1.93
45	1.48	1.57	1.43	1.62	1.38	1.67	1.34	1.72	1.29	1.78	1.24	1.84	1.19	1.90
60	1.55	1.62	1.51	1.65	1.48	1.69	1.44	1.73	1.41	1.77	1.37	1.81	1.34	1.85
80	1.61	1.66	1.59	1.69	1.56	1.72	1.53	1.74	1.51	1.77	1.48	1.80	1.45	1.83
100	1.65	1.69	1.63	1.72	1.61	1.74	1.59	1.76	1.57	1.78	1.55	1.80	1.53	1.83

n は観測個数である。k は定数項以外の説明変数の数とする。
(出所)　付表 5 と同じ。

索　引

あ 行

アーチ　179
アーモン分布ラグ　190
赤池情報量基準　184
当てはまり　46

異常値　115, 146, 147
1シグマ区間　11
一次条件　62, 86, 152
一様確率変数　255
一様分布　255
一致推定量　222
一致性　222, 276
一点ダミー変数　145
移動平均過程　189

ウエイト　9
ウェルチ検定　29
ウー=ハウスマン検定　215

エングル　179

重み　9

か 行

回帰残差　113
回帰診断　147
回帰値　39, 113
回帰分散　93
回帰分析　37
　　3変数での——　71
回帰変数　38
回帰変動　47, 91, 114
階数　230
　　——条件　229

外生変数　220
外挿　227
確率関数　242
確率変数　242
加重平均　9
過剰識別　232, 234
　　——度　232
片側検定　23
片側5％検定　27
頑健性　9
完全情報最尤法　225

棄却域　26, 95
基準化　16, 129
　　——された説明変数　109
季節ダミー　134
期待値　26, 242, 244, 263
帰無仮説　23, 25
帰無分布　33, 94
逆回帰　68
95％信頼区間　92
境界区間　162
境界値　26
共分散　156, 263
金融時系列データ　178

区間推定　53
クラインモデル1　223
クロスセクション・データの回帰分析　209
クロスセクションと時系列の合成　210

系列相関　155, 157, 282
　　——係数　157
結果変数　37
決定係数　46, 90, 114, 122
原因と結果の関係　37

299

索　引

原因変数　37
検定　23
　　——統計量　246
　　——の大きさ　27

コイック分布ラグ　188
構造型方程式　221
行動方程式　223
項別期待値　244
コーシー＝シュワルツの不等式　21, 35, 281
コクラン＝オーカット変換　168
誤差項　38, 43, 83
　　——効果法　214
　　——の一次の自己回帰　160
固定効果　210
固定点長期観測データ　214
個票データ　196
コブ＝ダグラス型の生産関数　96
個別効果　210
ゴールドフェルト＝クォント検定　175

さ　行

最小 2 乗法　37, 41
　　一般化——　168
　　3 段階——　225
　　制約付き——　193
　　非線形——170, 173, 189
最小 AIC 基準　184
最小分散性　241
最小分散線形不偏　272
最小分散不偏性　157
最尤推定法　197
最尤推定量　171
最尤法　203
3 SLS　225
三項確率関数　264
残差　43, 75
　　——2 乗和　43, 90, 113
　　——分散　93
　　——分布　44
　　——変動　43, 45, 90, 109, 113
3 シグマ区間　12

散布図　40
識別条件　221, 228
識別性の階数条件　231
識別性の必要条件　231
識別不能　232
時系列回帰　209
時系列データ　98
時系列分析　3
自己回帰係数　160
自己共分散　156
自己相関　157
　　——係数　157, 284
資産価格決定モデル　59
市場ポートフォリオ　59
次数条件　229, 231, 232, 234
システマティック・パート　272
ジップの法則　57
四半期データ　133
収穫逓減　100
収穫逓増　100
収穫不変　100
重相関係数　64, 115
従属変数　38
自由度　26, 114
　　——修正済み決定係数　85, 116
周辺確率関数　262
シュワルツ基準　184
衝撃乗数　187
条件変数　198
ショック　160, 171
将来値　67
シングル・ファクターモデル　127
人工的な回帰式　75, 111, 151, 153, 164,
　　　　　　　166, 167, 176, 177, 179, 180
診断検定　178
人的資本　117
信頼区間　54

推定　7, 23, 39
　　——量　7, 245, 247, 250, 265, 272
スタティックシミュレーション　227

索　引

スチューデント化誤差　146

正解率　199
正規方程式　87, 111
正規母集団　94
制限情報最尤推定量　222
静止回帰　166
正則　230
正の相関　21
絶対参照　15, 19
切断回帰　202
切断正規分布　202
説明変数　38
　——の基準化　126
　——の標準化　126
セテリス・パリブス　2
漸近分布　276
漸近理論　270
線形回帰式　38, 83
線形確率モデル　196
線形推定量　273
線形制約　193
線形独立なベクトル　230
先決変数　220
センサー回帰　203
センサス　10
尖度　24

相関係数　37, 264
　——行列　71, 72
総変動　46, 90, 114
　——の分解　47, 114

た 行

タービンの h 統計量　166
ダービン＝ワトソン検定　161
第一次産業　97
第三次産業　97
大数の法則　270
対数尤度　138
　——値　172
　——比　172

ダイナミックシミュレーション　227
第二次産業　97
大標本理論　169, 270
大分類　97
対立仮説　23, 25
多項変数　198
多重共線性　131
ダミー変数　109, 133
単回帰式　38
単純予測　199
　——値　201
単相関係数　21, 73
端点制約　192
弾力性　97

チェビシェフの不等式　12, 35
中央値　8
中心極限定理　271
長期乗数　186

丁度識別　232, 234
直交　115
　——性　87, 112, 151
定常性の条件　283
テコ比　146
点推定　53

統計量　245
同時確率関数　261
同時方程式体系　219
同時方程式バイアス　222
同時方程式モデル　219
動的回帰　166
トービット1回帰　203
トービット2回帰　207
独立　39
　——性　93
　——に分布　110
　——分布　25
　——変数　38
トレンド回帰　49
トレンド線　49

索 引

トレンド値　51
トレンド変数　49

な 行

内生変数　220
内挿　226
　――値　39

2SLS　222
二項確率変数　196, 240, 241
2 シグマ区間　12
二次条件　62
2 段階最小 2 乗推定量　222
ニューウェイ=ウェスト　178

ノンパラメトリック　3

は 行

パーキャピタ　101
バイアス　202, 217, 222, 265
排除される変数　230
排反　262
ハウスマン　215
パネル分析　209
パラメーター　23
ハルケ=ベラ　179, 180, 182
パレート分布　259
範囲　24
反復 CO 法　169

被回帰変数　38
ヒストグラム　16
被説明変数　38
微分演算子　97
ヒューマン・キャピタル　117
標準化　92
　――残差　115, 147
標準誤差　24, 53, 92, 120
標準正規分布　28
標準偏差　243
標本　7, 246
　――共分散　18

　――自己相関係数　158
　――相関係数　20
　――標準偏差　11
　――分散　9
　――分布　247
　――平均　8, 241
　――偏共分散　76
　――偏相関係数　76, 112
　――偏分散　44, 76

ファクター・リターン　129
フィット　46
フィルハンドル　14
不均一分散　173
　――モデル　176
複合参照　15
不決定　162
　――区間　163
負の相関　22
不偏　265
　――推定量　247, 251, 265, 267, 269, 274
　――性　241
ブルーシュ=ゴッドフレー　164, 166
プレイス=ウィンストン法　170
プロビット　197
分散　243
　――共分散行列　20, 72, 217
　――均一性　156, 157
　――の分解式　254
　――比の検定　93
分析ツール　19, 24, 28
分布関数　252
分布ラグモデル　186

平均　242
　――ラグ　239
偏回帰係数　88
偏相関係数　71
変動回帰　166

ポートフォリオ　59
母自己相関係数　159

索　引

母集団　7, 23
母数　7, 23, 268
母相関係数　264
母標準偏差　12
母分散　7, 25, 110
母分布　242
母平均　7, 25, 110, 242
ボラティリティ　15
　——・クラスタリング　178
ホワイト　177, 178, 181
ホワイトノイズ　160

ま　行

マクロ経済モデル　3
マルチ・ファクターモデル　127
マルティコ　131
　——現象　172
　完全——　153

右裾　95
見せかけの相関　79
見せかけの無相関　80
密度関数　255

無危険資産　59
無作為標本　23, 268
結びつき　156

や　行

誘導型方程式　221
尤度関数　172
輸入関数　193

予測値　39, 67

ら　行

ラグ値　186
ラグ付き　164, 166
ラグランジュ乗数検定　164
ラムゼイ　180
乱数値　156
ランダム・パート　272

離散確率変数　242
離散選択モデル　185
リスク　15
　——・モデル　128
リターン・モデル　128, 181
両側仮説　23
両側検定　23
理論値　39

連続確率変数　255

ロジット　197〜199

わ　行

歪度　24

欧　字

AR　160, 282, 283
ARCH　179
BLUE　241, 272, 279
CAPM　59
CO 変換　168
DW 検定　161
ESS　47
EViews　4, 154
Excel　4
FIML　225
F 検定　93
F 分布　31
GLS　168
LIML　222
LM 検定　164, 177, 180
　——統計量　167
OLS　41
RSS　43
SUR　216
TSP　4, 108
TSS　46
t 検定　25, 285
t 値　53
χ^2 検定　32

著者紹介

森棟　公夫（もりむね　きみお）

1946年　東京都で生まれ，香川県で育つ
1969年　京都大学経済学部卒業
1975年　京都大学助教授（経済研究所）
　　　　スタンフォード大学 Ph.D.（経済学），京都大学経済学博士。日本統計学会，日本経済学会などに所属
2004年　日本統計学会賞受賞
2006年度日本経済学会会長
2012年4月　計量経済学の研究功労で紫綬褒章を受章
現　在　椙山女学園理事長・前大学長，京都大学名誉教授

■基礎コース［経済学］—8■

基礎コース　計量経済学

2005 年 3 月 25 日 ⓒ　　　　初 版 発 行
2018 年 9 月 10 日　　　　初版第5刷発行

著 者　森 棟 公 夫　　　発行者　森 平 敏 孝
　　　　　　　　　　　　印刷者　山 岡 景 仁
　　　　　　　　　　　　製本者　米 良 孝 司

　【発行】　　　　　株式会社　新世社
　〒151-0051　東京都渋谷区千駄ヶ谷1丁目3番25号
　☎ (03) 5474-8818（代）　　サイエンスビル

　【発売】　　　　　株式会社　サイエンス社
　〒151-0051　東京都渋谷区千駄ヶ谷1丁目3番25号
　☎ (03) 5474-8500（代）　　振替 00170-7-2387

印刷　三美印刷　　　製本　ブックアート
《検印省略》

本書の内容を無断で複写複製することは，著作者および出版者の権利を侵害することがありますので，その場合にはあらかじめ小社あて許諾をお求め下さい。

ISBN4-88384-081-6
PRINTED IN JAPAN

サイエンス社・新世社のホームページのご案内
http://www.saiensu.co.jp
ご意見・ご要望は
shin@saiensu.co.jp まで。